T0290768

श्रीमद्भगवद्गीता

मूल संस्कृत श्लोकों एवं उनके शुद्ध व सरल हिंदी अनुवाद व्याख्या सहित!

अनुवाद एंव व्याख्या

डॉ. अखिलेश कुमार

PRAKASH

पुनर्संस्करण: 2024

PRAKASH

प्रकाश बुक्स इंडिया प्राइवेट लिमिटेड का एक प्रकाशन

113/ए, दरियागंज, नई दिल्ली-110 002
Email: info@prakashbooks.com/sales@prakashbooks.com

Fingerprint Publishing
@FingerprintP
@fingerprintpublishingbooks
www.fingerprintpublishing.com

ISBN: 978 93 5440 087 2

श्री हरये नमः

ॐ पूर्णमदः पूर्णमिदं पूर्णात्पूर्ण मुदच्चते ।
पूर्णस्य पूर्णमादाय पूर्णमेवा वशिष्यते ॥

महापुरुषों की सत्संगति एवं शास्त्रों के अवलोकन के उपरांत मेरा यह निष्कर्ष है कि सामाजिक, शैक्षिक, राजनीतिक, आध्यात्मिक एवं वैयक्तिक उत्थान एवं कल्याण के लिए श्रीमद्भगवद्गीता से श्रेष्ठ ग्रंथ विश्व-साहित्य में उपलब्ध नहीं है।

ज्ञान, कर्म एवं भक्ति की त्रिवेणी के साथ ध्यान के महत्त्व का प्रतिपादन करने वाले ग्रंथ के किसी एक साधन का सम्यक् अध्ययन कर मनुष्य कल्याण के मार्ग पर शीघ्रतापूर्वक अग्रसारित हो सकता है। इन साधनों के अतिरिक्त परमात्म-तत्त्व, आत्म-तत्त्व एवं कर्मों का, समानुपातिक सहयोग जीव को किस तरह से श्रेष्ठता के सोपान पर स्थापित कर देता है, गीता में इसका प्रत्यक्ष प्रमाण भगवान् श्रीकृष्ण एवं अर्जुन के संवाद के माध्यम से बतलाया गया है।

हर युग का मानव उपर्युक्त तत्त्वों से समंजित होकर श्रेष्ठ जीवन जीता आया है। वर्तमान समय में भी यह ग्रंथ उतना ही समीचीन है, जितना पूर्व में था। हम सभी को इस अद्भुत ग्रंथ की सैद्धांतिक अवधारणा को प्रायोगिक स्तर पर जीने का जितना हो सके, प्रयास करना चाहिए।

डॉ. अखिलेश कुमार
25 नवंबर, 2020
कार्तिक शुक्ल एकादशी

सप्रेम-आग्रह

हे कृष्ण करुणा-सिन्धु दीन-बन्धु जगत्पते ।
गोपेश गोपिकाकान्त राधाकान्त नमोऽस्तुते ॥
वसुदेवसुतं देवं कंसचाणूरमर्दनम् ।
देवकी परमानन्दं कृष्णं वन्दे जगद्गुरुम् ॥

अलौकिक अद्भुत ग्रंथ गीता परब्रह्म भगवान् श्रीकृष्ण
की अनुपमेय दिव्य वाणी का शाश्वत स्रोत है। यह एक
परम रहस्यमय ग्रंथ है, इसीलिए इसकी महिमा अपार एवं
अपरिमित है। इतिहास, पुराण एवं अन्यान्य ग्रंथों में तथा
अनेकश: भाषाओं में इसकी महिमा के आख्यान मिलते हैं।
संपूर्ण महिमा को एकत्रित करने के बाद भी सत्य तो यह है
कि संपूर्णता के साथ इस दिव्य वाणी का मूल्यांकन कतई
संभव नहीं है। स्वयं महर्षि वेदव्यास जी के द्वारा इसकी
महत्ता पर प्रकाश डालते हुए महाभारत के भीष्म पर्व के
तैतालीसवें अध्याय के प्रथम श्लोक में कहा गया है—

गीता सुगीता कर्तव्या किमन्यैः शास्त्रविस्तरैः ।
या स्वयं पद्मनाभस्य मुखपद्माद्विनिःसृताः ॥

अर्थात् श्रीमद्भगवद्गीता को पूरी तरह श्रवण, कीर्तन, पठन-पाठन, मनन और धारण करना चाहिए। अन्य शास्त्रों के संग्रह की कोई आवश्यकता नहीं है, क्योंकि यह स्वयं भगवान् श्रीहरि पद्मनाभ के मुखकमल से निःसृत हुई है।

श्रीमद्भगवद्गीता को अगर भगवान् से भी श्रेष्ठ कहा जाए तो यह अतिशयोक्ति नहीं होगी, क्योंकि स्वयं भगवान् विष्णु ने वराह पुराण में कहा है—

गीता श्रयेऽहं तिष्ठामि गीता मे चोत्तमं गृहम् ।
गीता ज्ञानमुपाश्रित्यत्रींल्लोकान् पालयाम्यहम् ॥

अर्थात् मैं गीता के आश्रय में रहता हूं, गीता मेरा श्रेष्ठ घर है और गीता के ज्ञान का सहारा लेकर ही मैं तीनों लोकों का पालन करता हूं।

गीता के अर्थ, इसकी व्याख्या एवं अन्य संदर्भित ग्रंथों की रचना समयानुसार विद्वत्जनों द्वारा की गई है। मेरा मानना है, कि इस ग्रंथ की व्याख्या अथवा टीका शत प्रतिशत करना संभव नहीं है। पूर्व के टीकाकारों द्वारा बहुत श्रेष्ठ प्रयास हुए हैं। भगवद्-कृपा के बिना इस पवित्र ग्रंथ के विषय में कुछ भी लिख पाना असंभव-सा है।

वर्तमान समय में गीता की उपादेयता को ध्यान में रखते हुए भगवद्-कृपा, माता-पिता एवं श्रेष्ठ जनों के आशीर्वाद तथा स्नेह

के कारण मैंने अथाह ज्ञान-सागर में अनभिज्ञ तैराक की भांति तैरने की कोशिश की है। इस ग्रंथ के अर्थ को स्पष्ट करते हुए प्रत्येक श्लोक के संदर्भ को भी ठीक ढंग से रखने का प्रयास मैंने किया है। ऐसा नहीं है कि पूर्व में अर्थ नहीं हुए हैं, संदर्भ नहीं दिए गए हैं, परंतु मैंने सहज शैली एवं सरल शब्दों का सहारा लेकर सामान्य भाषा में संदर्भ के साथ अर्थ को समझाने की कोशिश इस 'सरल गीता' में जन सामान्य हेतु की है।

आशा ही नहीं, पूर्ण विश्वास है कि आपको इस भगवद्-अनुचर का भगवद्-कृपा के पश्चात् किया गया भगवद्विषयक एवं जनकल्याणप्रद लेखन संतोषदायक प्रतीत होगा।

डॉ. अखिलेश कुमार
हिंदी विभाग
मोतीलाल नेहरू खेलकूद विद्यालय,
राई सोनीपत (हरियाणा)
25 नवंबर, 2020
कार्तिक शुक्ल एकादशी

श्रीमद्भगवद्गीता

अध्याय विभाजन
(कुल अध्याय 18)
अध्याय 01 से 06 तक–कर्म खंड।
अध्याय 07 से 12 तक–ज्ञान खंड।
अध्याय 13 से 18 तक–भक्ति खंड।

उपर्युक्त विभाजन के आधार पर गीता के अध्यायों को तीन श्रेणियों में विभाजित कर सामान्य एवं विशिष्ट अर्थों के साथ सम-सामयिक उपयुक्तता को ध्यान में रखकर सुधि पाठक-गण एवं भक्तजनों के समक्ष सरल शब्दों में रखने का प्रयास किया गया है।

आशा है, आप वर्तमान समय में कर्म एवं ज्ञान की उपयोगिता को ध्यान में रखते हुए भक्ति तत्त्व के महत्त्व को प्रतिपादित करने वाले भगवान् श्रीकृष्ण की दुर्लभ वाणी को धारण करने का प्रयास करेंगे। सुधा सागर में भक्ति तत्त्व की महत्ता को भक्ति से उत्पन्न ज्ञान और वैराग्य के द्वारा स्थापित किया गया है। सुधा सागर में यह भी कहा गया है कि कलियुग में ज्ञान और वैराग्य को जन्म देने वाली भगवती

भक्ति नव-यौवना के रूप में स्थापित होगी। लीलाधर भगवान् श्रीकृष्ण ने कर्म-ज्ञान एवं भक्ति के अद्‌भुत सामंजस्य से इस परम पवि्त्र ग्रंथ में न केवल अर्जुन को मनसा, वाचा, कर्मणा, समत्व के यौगिक प्रवाह से सिंचित किया है, अपितु भविष्य के प्राणी-मात्र को इसके द्वारा उपदेशित किया गया है। श्रीमन्ननारायण के शब्दों का सटीक अर्थ तो केवल उन्हीं के द्वारा संभव है, लेकिन प्रभु-कृपा से एक सरल प्रयास मेरी तरफ से आपके समक्ष प्रस्तुत है।

॥ जय श्रीकृष्ण ॥

॥ जय गीता माता ॥

विषय-सूची

अध्याय-1

अर्जुनविषादयोग

इस अध्याय के अंतर्गत अर्जुन को विषादमुक्त करने का प्रयास श्रीकृष्ण द्वारा किया गया है। अर्जुन को आधार बनाकर जो बातें कर्म से संदर्भित श्रीकृष्ण द्वारा बताई गई हैं; वे अनुपमेय हैं। इस अध्याय का आरंभ पांडव और कौरव पक्ष के प्रधान-प्रधान योद्धाओं के नाम गिनवाने से होता है। इस अध्याय में मुख्य रूप से उस विषाद या मानसिक अवसाद का वर्णन है, जो मोहवश स्वजनों के नाश की आशंका पर आधारित है।

विषाद या अवसाद से ग्रस्त व्यक्ति किन-किन स्थितियों से गुजरता है, इसका स्वाभाविक वर्णन इस अध्याय का उपजीव्य है। भगवान् श्रीकृष्ण के द्वारा अर्जुन के विषाद को नष्ट करने का प्रयास किया गया है। सत्संगति विषाद-मुक्ति में सबसे सहायक तत्त्व है, यह सम-सामयिक समाज शास्त्रियों की भी स्वीकृति हैं। सांसारिक भोगों में वैराग्य की भावना केवल सत्संगति है, जिसके द्वारा व्यक्ति कल्याण के मार्ग पर अग्रसर होता है। यह अध्याय सत्संगति के माध्यम से तथाकथित स्वजनों के मोह से मुक्त होकर कर्म के प्रति प्रेरित करने का संदेश देता है। श्लोकों के द्वारा आइए इस पर विचार करें–

धृतराष्ट्र उवाच

धर्मक्षेत्रे कुरूक्षेत्रे समवेता युयुत्सवः ।
मामकाः पाण्डवाश्चैव किमकुर्वत सञ्जय ॥ 1 ॥

कौरवों के पिता धृतराष्ट्र ने श्री महर्षि व्यास के शिष्य संजय से पूछा–हे संजय! धर्मभूमि कुरुक्षेत्र में युद्ध हेतु एकत्रित हुए मेरे और पांडु के पुत्रों ने क्या किया?

उक्त श्लोक के माध्यम से यह बात स्पष्ट हो जाती है कि धृतराष्ट्र समझौता नहीं चाहते हैं, अपितु युद्ध की स्थिति से अवगत कराने हेतु संजय को आदेशित करते हैं।

संजय उवाच
दृष्ट्वा तु पाण्डवानीकं व्यूढं दुर्योधनस्तदा ।
आचार्यमुपसङ्गम्य राजा वचनमब्रवीत ॥ 2 ॥

संजय ने कहा–हे राजन! पांडवों के द्वारा सेना की व्यूह रचना को देखकर राजा दुर्योधन अपने गुरु (आचार्य) द्रोणाचार्य के पास पहुंचे और आचार्य से ये शब्द कहे–

पश्यैतां पाण्डुपुत्राणामाचार्य महतीं चमूम्।
व्यूढां द्रुपदपुत्रेण तव शिष्येण धीमता ॥ 3 ॥

हे आचार्य द्रोण! पांडवों (पांडुपुत्रों) की इस विशाल सेना को देखिए, जिसे आपके बुद्धिमान शिष्य द्रुपदपुत्र धृष्टद्युम्न द्वारा कुशलता से व्यवस्थित किया गया है।

श्लोक संख्या-4, 5 और 6 में पांडव सेना की व्यूह रचना को दिखलाकर दुर्योधन द्वारा पांडव सेना के प्रमुख महारथियों का नाम बतलाया गया है–

अत्र शूरा महेष्वासा भीमार्जुनसमा युधि ।
युयुधानो विराटश्च द्रुपदश्च महारथः ॥ 4 ॥

इस सेना (पांडव सेना) में भीम तथा अर्जुन के समान युद्ध करने वाले अनेक वीर धनुर्धर हैं, जैसे–महारथी सात्यकि, विराट और द्रुपद हैं।

धृष्टकेतुश्चेकितानः काशिराजश्च वीर्यवान् ।
पुरुजित्कुन्तिभोजश्च शैब्यश्च नरपुङ्गवः ॥ 5 ॥

इनके साथ ही धृष्टकेतु, चेकितान, काशिराज, पुरुजित्, कुंतिभोज तथा शैब्य जैसे महान शक्तिशाली योद्धा भी हैं।

युधामान्युश्च विक्रान्त उत्तमौजश्च वीर्यवान् ।
सौभद्रो द्रौपदेयाश्च सर्व एव महारथाः ॥ 6 ॥

पराक्रमी युधामन्यु, अन्यंत शक्तिशाली उत्तमौजा, सुभद्रा का पुत्र अभिमन्यु तथा द्रौपदी के पुत्र–ये सभी महारथी हैं।

- उपर्युक्त श्लोक में प्रयुक्त 'सर्व' शब्द पांडव सेना के समस्त महारथियों के लिए प्रयुक्त हुआ है।

अस्माकं तु विशिष्टा ये तान्निबोध द्विजोत्तम ।
नायका मम सैन्यस्य सञ्ज्ञार्थं तान् ब्रवीमि ते ॥ 7 ॥

इस श्लोक में दुर्योधन के द्वारा अपनी सेना की निपुणता का वर्णन

करते हुए द्रोणाचार्य से कहा गया है–हे ब्राह्मणश्रेष्ठ! आपकी सूचना के लिए अपने पक्ष में जो प्रधान हैं, उन नायकों के विषय में बतलाना चाहूंगा, जिनका सैन्य-संचालन विशेष रूप से निपुणता से भरा हुआ है।

- श्लोक संख्या-8 एवं 9 में दुर्योधन द्वारा अपने पक्ष के वीरों का नाम बतलाया गया है और अन्य वीरों की प्रशंसा की गई है–

भवान् भीमश्च कर्णश्च कृपश्च समितिञ्जयः ।
अश्वत्थामा विकर्णश्च सौमदत्तिस्तथैव च ॥ 8 ॥

भवान् शब्द का प्रयोग (आप) द्रोणाचार्य के लिए हुआ है। आप यानी द्रोणाचार्य और भीष्म पितामह तथा संग्राम विजयी कृपाचार्य, अश्वत्थामा, विकर्ण एवं सोमदत्त का पुत्र भूरिश्रवा आदि ऐसे वीर हैं, जो किसी भी युद्ध में सदैव विजयी रहे हैं।

अन्ये च बहवः शूरा मदर्थे त्यक्तजीविताः ।
नानाशस्त्र प्रहरणाः सर्वे युद्ध विशारदाः ॥ 9 ॥

हे ब्राह्मण श्रेष्ठ! ऐसे अनेक शूरवीर हैं, जो मेरे लिए स्वयं का जीवन त्याग देने के लिए तत्पर हैं। वे वीर अन्यान्य प्रकार के हथियारों से सुसज्जित हैं और युद्ध-विद्या में निपुण हैं।

- यहां 'अन्ये' शब्द का संबंध उन वीरों से है, जो दुर्योधन के लिए हमेशा प्राणों की आहुति देने के लिए तत्पर रहते हैं, उदाहरणार्थ–जयद्रथ, कृतवर्मा, शल्य, दुःशासन आदि।

अपर्याप्तम् तदस्माकं बलं भीष्माभिरक्षितम् ।
पर्याप्तम् त्विदमेतेषां बलं भीमाभिरक्षितम् ॥ 10 ॥

दुर्योधन द्वारा अपनी शक्ति (कौरव सेना) का परिचय देते हुए अपनी और पांडवों की शक्ति का तुलनात्मक अध्ययन प्रस्तुत करते हुए कहा गया है–हमारी शक्ति अजेय है और हम पितामह भीष्म द्वारा भली-भांति संरक्षित हैं, जबकि भीम द्वारा रक्षित पांडव सेना की शक्ति जीतने में सुगम है।

अयनेषु च सर्वेषु यथाभागमवस्थिताः ।
भीष्ममेवाभिरक्षन्तु भवन्तः सर्व एव हि ॥ 11 ॥

उक्त श्लोक में दुर्योधन के द्वारा आचार्य द्रोण को एक तरह से आदेशित करते हुए कहा गया है कि अतएव सभी मोर्चों पर स्थित रहते हुए, आप सभी लोग भीष्म पितामह (जो वर्तमान कौरव सेनापति हैं) की सभी तरह से रक्षा करें।

यहां पर दुर्योधन द्वारा 'शिखंडी' जिसके समक्ष पितामह भीष्म ने शस्त्र नहीं चलाने का प्रण लिया था, उससे पितामह भीष्म को रक्षित करने का आदेश देते हैं।

तस्य सञ्जनयन्हर्षं कुरुवृद्धः पितामहः ।
सिंहनादं विनद्योच्चैः शङ्खं दध्मौ प्रतापवान् ॥ 12 ॥

संजय के द्वारा धृतराष्ट्र से पितामह भीष्म की प्रशंसा के पश्चात् की घटनाओं का वर्णन करते हुए कहा गया है कि इसके पश्चात्

कुरुवंश के वयोवृद्ध परम प्रतापी पितामह भीष्म ने सिंह के समान गर्जन करने वाले अपने शंख को ध्वनि दी। शंख का ध्वनि स्वर इतना ऊंचा था कि शंख-ध्वनि सुनकर दुर्योधन को अत्यंत हर्ष हुआ।

ततः शङ्खाश्च भेर्यश्च पणवानकगोमुखाः ।

सहसैवाभ्यहन्यन्त स शब्दस्तुमुलोऽभवत् ॥ 13 ॥

इसके उपरांत शंख, नगाड़े, बिगुल, ढोल, मृदंग और रणसिंघे सहसा एक साथ बज उठे। उनके द्वारा निकले हुए समवेत् स्वर अत्यंत कोलाहलपूर्ण थे।

इसके पश्चात् संजय के द्वारा पांडव पक्ष के द्वारा बजाए गए शंख और प्रभाव का वर्णन श्लोक संख्या-14, 15, 16, 17, 18, 19 तक किया गया है।

ततः श्वेतैर्हयैर्युक्ते महति स्यन्दने स्थितौ ।

माधवः पाण्डवश्चैव दिव्यौ शङ्खौ प्रदध्मतुः ॥ 14 ॥

इसके अनंतर दूसरी तरफ से सफेद घोड़ों से युक्त विशाल एवं उत्तम रथ पर बैठे हुए श्रीकृष्ण महाराज और पांडुपुत्र अर्जुन ने भी अपने-अपने दिव्य शंख बजाए।

पाञ्चजन्यं हृषीकेशो देवदत्तं धनञ्जयः ।

पौण्ड्रं दध्मौ महाशङ्खं भीमकर्मा वृकोदरः ॥ 15 ॥

इस श्लोक में हृषीकेश शब्द का प्रयोग भगवान् श्रीकृष्ण के लिए

हुआ है। हृषीकेश इन्द्रिय स्वामी को कहा गया है। भगवान् श्रीकृष्ण ने अपना पांचजन्य नामक शंख बजाया। अर्जुन के द्वारा देवदत्त नामक शंख बजाया गया और भयानक तथा अतिमानवीय कार्य करने वाले भीमसेन के द्वारा पौण्ड्र महाशंख बजाया गया।

अनन्तविजयं राजा कुन्तीपुत्रो युधिष्ठिरः ।
नकुलः सहदेवश्च सुघोषमणिपुष्पकौ ॥ 16 ॥

कुंती-पुत्र राजा युधिष्ठिर के द्वारा अनंत विजय नामक शंख बजाया गया और माद्री पुत्र नकुल ने सुघोष और सहदेव ने मणिपुष्पक नामक शंख बजाए।

- यहां पर संजय द्वारा युधिष्ठिर को राजा की संज्ञा से विभूषित करना यह सूचित करता है कि भविष्य के सम्राट युधिष्ठिर ही हैं।

काश्यश्च परमेष्वासः शिखंडी च महारथः ।
धृष्टद्युम्नो विराटश्च सात्यकिश्चापराजितः ॥ 17 ॥

श्रेष्ठ धनुष वाले काशिराज और महारथी शिखंडी एवं धृष्टद्युम्न तथा राजा विराट और अजेय सात्यकि ने अपने-अपने शंख बजाए।

द्रुपदो द्रौपदेयाश्च सर्वशः पृथिवीपते ।
सौभद्रश्च महाबाहुः शङ्खान्दध्मुः पृथक्पृथक् ॥ 18 ॥

राजा द्रुपद एवं द्रौपदी के पांचों पुत्र तथा साथ ही बड़ी भुजा

वाले सुभद्रा पुत्र अभिमन्यु के द्वारा हे राजन्! (धृतराष्ट्र के लिए) अलग-अलग शंख बजाए गए।

स घोषो धार्तराष्ट्राणां हृदयानि व्यदारयत् ।
नभश्च पृथिवीं चैव तुमुलोऽभ्यनुनादयन् ॥ 19 ॥

उपर्युक्त श्लोक में संजय धृतराष्ट्र से पांडव सेना के द्वारा बजाए गए शंख की ध्वनि के परिणाम का वर्णन करते हुए कहते हैं कि शंखों के उस भयानक उद्घोष ने आकाश और पृथ्वी को गुंजायमान कर दिया और धृतराष्ट्रों यानी धृतराष्ट्र के पुत्रों के हृदयों को विदीर्ण करने लगी।

- उपर्युक्त श्लोक सहित श्लोक संख्या-21, 22 और 23 में अर्जुन द्वारा श्रीकृष्ण के प्रति कहे गए उत्साहपूर्ण वचनों का वर्णन है।

अथ व्यवस्थितान्दृष्ट्वा धार्तराष्ट्रान् कपिध्वजः ।
प्रवृत्ते शस्त्रसम्पाते धनुरुद्यम्य पाण्डवः ॥ 20 ॥

संजय ने कहा, हे राजन! इसके उपरांत कपिध्वज अर्जुन ने मोर्चा बांधकर डटे हुए धृतराष्ट्र के संबंधियों को शस्त्र चलाने की तैयारी हेतु उठाया।

- कपिध्वज शब्द का प्रयोग अर्जुन के लिए हुआ है।

हृषीकेशं तदा वाक्यमिदमाह महीपते ।
अर्जुन उवाच
सेनयोरुभयोर्मध्ये रथं स्थापय मेऽच्युत ॥ 21 ॥

हे हृषीकेश! हे अच्युत! मेरे रथ को दोनों सेनाओं के बीच में ले
चलकर खड़ा कीजिए। धनुष हाथ में लिये हुए यह वचन अर्जुन
द्वारा कहे गए।

यावदेतान्निरीक्षेऽहं योद्धुकामानवस्थितान् ।
कैर्मया सह योद्धव्यमस्मिन्रणसमुद्यमे ॥ 22 ॥

इस श्लोक में अर्जुन 21वें श्लोक से आगे बढ़ते हुए कहते हैं कि
जब तक कि मैं युद्ध-क्षेत्र में डटे हुए युद्ध के अभिलाषी इन विपक्षी
योद्धाओं को भली-भांति देख न लूं कि इस युद्ध रूपी व्यापार में
मुझे किन-किनके साथ युद्ध करना उचित है अथवा कौन-कौन
युद्ध करने योग्य है, जब तक मैं निर्णय न कर लूं, तब तक रथ
को खड़ा रखिए।

योत्स्यमानानवेक्षेऽहं य एतेऽत्र समागताः ।
धार्तराष्ट्रस्य दुर्बुद्धेर्युद्धे प्रियचिकीर्षवः ॥ 23 ॥

इस श्लोक में अर्जुन के द्वारा दुर्योधन के हित में युद्ध करने वालो
की स्थिति का जिक्र करते हुए कहा गया है, दुर्बुद्धि दुर्योधन का
युद्ध में हित चाहने वाले जो-जो ये राजा लोग इस सेना में आए हैं,
इन युद्ध करने वालों को मैं देखूंगा।

- मेरी दृष्टि में अर्जुन के उपर्युक्त कथन परोक्षतः मोह जनित स्थिति को सूचित करते हैं। इसके पश्चात् भगवान् श्रीकृष्ण एक कुशल सारथी के दायित्वों का कुशलतापूर्वक निर्वहन करते हुए आगे के दो श्लोकों में क्या करते हैं, इसको दर्शाया गया है।

सञ्जय उवाच
एकमुक्तो हृषीकेशो गुडाकेशेन भारत ।
सेनयोरुभयोर्मध्ये स्थापयित्वा रथोत्तमम् ॥ 24 ॥

संजय ने कहा–हे भरतवंशी! अर्जुन द्वारा इस प्रकार संबोधित किए जाने पर अच्युतानंद हृषीकेश भगवान् श्रीकृष्ण ने दोनों दलों के मध्य में उस रथ को लाकर खड़ा कर दिया।

भीष्मद्रोणप्रमुखतः सर्वेषां च महीक्षिताम् ।
उवाच पार्थ पश्यैतान्समवेतान्कुरूनिति ॥ 25 ॥

भीष्म, द्रोण सहित विश्व-भर से युद्ध हेतु एकत्रित अन्य समस्त राजाओं के सामने भगवान् श्रीकृष्ण ने कहा कि हे पार्थ! यहां पर एकत्र सारे कुरुओं को देखो।

- अगले श्लोक संख्या-26 और 27 में श्रीकृष्ण के उपर्युक्त कथन को सुनकर अर्जुन ने क्या किया, उसे संजय के द्वारा धृतराष्ट्र को बतलाते हुए कहा गया है–

तत्रापश्यत्स्थितान्पार्थः पितॄनथ पितामहान् ।
आचार्यान्मातुलान्भ्रातॄन्पुत्रान्पौत्रान्सखींस्तथा ॥ 26 ॥
श्वशुरान्सुहृदश्चैव सेनयोरुभयोरपि ।

इसके पश्चात् पृथा (कुंती) पुत्र अर्जुन ने दोनों ही सेनाओं में स्थित ताऊ-चाचाओं को, दादा-परदादाओं को, गुरुओं को, मामाओं को, भाइयों को, पुत्रों को, पौत्रों को तथा मित्रों को, श्वसुरों को और सुहृदों को भी देखा।

नोटः वाक्य विन्यास के व्यवस्थित क्रम को ध्यान में रखते हुए 26वां श्लोक पूर्ण और 27वें श्लोक का पूर्वार्द्ध दिया गया है।

अगले श्लोक में जो 27वें श्लोक का उत्तरार्द्ध और 28वें का पूर्वार्द्ध हैं, अर्जुन किस प्रकार से कारुणिक होकर शोकग्रस्त हो गए, इसका वर्णन किया गया है-

तान् समीक्ष्य स कौन्तेयः सर्वान्बन्धूनवस्थितान् ॥ 27 ॥
कृपया परयाविष्टो विषीदन्निदमब्रवीत् ।

उन उपस्थित समस्त बंधुओं को देखकर वे कुंतीपुत्र अत्यंत करुणा से युक्त होकर दुखी होते हुए भगवान् श्रीकृष्ण से यह वचन बोले-

अर्जुन उवाच

दृष्ट्वेमं स्वजनं कृष्ण युयुत्सुं समुपस्थितम् ॥ 28 ॥
सीदन्ति मम गात्राणि मुखं च परिशुष्यति ।
वेपथुश्च शरीरे मे रोमहर्षच जायते ॥ 29 ॥

युद्ध हेतु उपस्थित आत्मीय स्वजनों के मौत के मुंह में चले जाने एवं महायुद्ध के भयंकर परिणाम से घबराते हुए अर्जुन ने कहा–हे कृष्ण! युद्ध-क्षेत्र में डटे हुए युद्ध के अभिलाषी इस अपने जन-समुदाय को देखकर मेरे अंग शिथिल हुए जा रहे हैं और मुख सूखा जा रहा है तथा मेरे शरीर में कंपन एवं रोमांच की अनुभूति हो रही है।

**गाण्डीवं स्त्रंसते हस्तात्त्वक्चैव परिदह्यते ।
न च शक्नोम्यवस्थातुं भ्रमतीव च मे मन: ॥ 30 ॥**

उपर्युक्त श्लोक शोकाकुल अर्जुन की स्थिति को दर्शाता है। हाथ से गांडीव (धनुष) गिर रहा है और त्वचा भी बहुत जल रही है तथा मेरा मन भ्रमित-सा हो रहा है, जिसके कारण मैं खड़ा रहने में समर्थ नहीं हूं।

31वें श्लोक से लेकर इस अध्याय के अंतिम 47वें श्लोक तक विषादग्रस्त अर्जुन के उद्गारों की अभिव्यक्ति है, इसलिए व्याख्याकारों द्वारा इस अध्याय का नाम विषाद योग भी दिया गया है।

**निमित्तानि च पश्यामि विपरीतानि केशव ।
न च श्रेयोऽनुपश्यामि हत्वा स्वजनमाहवे ॥ 31 ॥**

भगवान् श्रीकृष्ण को संबोधित करते हुए अर्जुन कहते हैं, हे केशव! मैं लक्षणों को भी विपरीत ही देख रहा हूं तथा युद्ध में स्वजन समुदाय की हत्या कर कल्याण भी नहीं दृष्टिगत हो रहा है।

न काङ्क्षे विजयं कृष्ण न च राज्यं सुखानि च ।
किं नो राज्येन गोविन्द किं भोगैर्जीवितेन वा ॥ 32 ॥

हे कृष्ण! मैं न जो विजय का आकांक्षी हूं और न ही राज्य तथा सुखों की चाह रखता हूं। हे गोविन्द! आप ही बताइए हमें इस प्रकार के राज्य से क्या प्रयोजन है अथवा इस प्रकार के भोगों से जीवन में क्या लाभ होगा, जो स्वजनों को मारकर अर्जित हुआ हो?

अगले श्लोक में अर्जुन के द्वारा स्वजन वध से मिलने वाले राज्य भोग्यादि को न चाहने के कारणों का उल्लेख किया गया है

येषामर्थे काङ्क्षितं नो राज्यं भोगः सुखानि च ।
त इमेऽवस्थिता युद्धे प्राणांस्त्यक्त्वा धनानि च ॥ 33 ॥

इस श्लोक में अर्जुन राज्य-भोग आदि की आवश्यकता को ध्यान में रखकर कहते हैं–हे माधव! हमें जिनके लिए राज्य, भोग, सुखादि अभीष्ट है, वे ही ये सब धन और जीवन की आशा का परित्याग कर हमारे समक्ष युद्ध में खड़े हैं।

34वें श्लोक में अर्जुन द्वारा युद्ध के अनौचित्य पर प्रकाश डाला गया है और युद्ध हेतु प्रस्तुत स्वजनों को गिनाने का प्रयास किया गया है

आचार्याः पितरः पुत्रास्तथैव च पितामहाः ।
मातुलाः श्वसुराः पौत्राः श्यालाः संबंधिनस्तथा ॥ 34 ॥

गुरुजन, ताऊ, चाचे, लड़के और दादे, मामे, श्वसुर, पौत्र, साले तथा अन्य भी संबंधी लोग हैं।

35वें श्लोक में धनुर्धारी अर्जुन द्वारा सेना में समुपस्थित शूरवीरों के साथ अपना संबंध बतलाकर किसी भी कारण से इन्हें मारने में अपनी अनिच्छा प्रकट की गई है

एतान्न हन्तुमिच्छामि घ्नतोऽपि मधुसूदन ।
अपि त्रैलोक्यराजस्य हेतोः किं नु महीकृते ॥ 35 ॥

हे मधुसूदन! अगर इनके द्वारा मुझे मार दिया जाए, तब भी अथवा तीनों लोकों के राज्य के लिए अगर इन्हें मारना पड़े तो भी मैं इनको नहीं मार सकता, तो फिर इस पृथ्वी के लिए तो कहना ही क्या है? अर्थात् मैं किसी भी स्थिति में अपने इन स्वजनों का वध नहीं कर सकता।

36वें श्लोक में श्रेष्ठ नर अर्जुन के द्वारा त्रिलोक के राज्य के लिए भी अपने संबंधियों का वध ठीक नही हैं। संबंधियों को मारने में लाभ का अभाव और पाप की संभावना को आधार बनाकर सुंदर ढंग से प्रस्तुत करने का प्रयास किया गया है–

निहत्य धार्तराष्ट्रान्नः का प्रीतिः स्याज्जनार्दन ।
पापमेवाश्रयेदस्मान् हत्वैतानाततायिनः ॥ 36 ॥

भगवान् श्रीकृष्ण को जनार्दन नाम से संबोधित करते हुए अर्जुन कहते हैं–हे जनार्दन! धृतराष्ट्र के पुत्रों को मारकर हमें क्या प्रसन्नता होगी? ये आततायी हैं और इन आततायियों को मारकर तो हमें पाप ही लगेगा।

उपनिषद, मनुस्मृति इत्यादि में आततायी को मारना दोषमुक्त

माना गया है, लेकिन विषाद की स्थिति में अर्जुन के होने के कारण आततायियों के वध में भी स्वयं पर पाप पड़ने की आशंका जताई गई है–

तस्मान्नार्हा वयं हन्तुं धार्तराष्ट्रान् स्वबान्धवान् ।
स्वजनं हि कथं हत्वा सुखिनः स्याम माधव ॥ 37 ॥

37वें श्लोक में अर्जुन के द्वारा स्वजनों को मारना सभी प्रकार से हानिकारक बतलाते हुए कहा गया हैं–इसलिए हे माधव! अपने ही बांधव, धृतराष्ट्र के पुत्रों को मारने के लिए हम कतई योग्य नहीं हैं, क्योंकि आप सोचिए कि अपने ही कुटुंब को मारकर हम किस प्रकार सुखी होंगे।

37वें तथा 38वें श्लोक में पार्थ द्वारा इस प्रश्न का समाधान किया गया है कि मेरी ही दृष्टि में स्वजनों का वध पाप है। ये दृष्टि स्वजनों के भी अंदर होनी चाहिए। उन्हें भी युद्ध से स्वयं को हटा लेना चाहिए। अर्जुन इस पर अपना विचार रखते हुए कहते हैं–

यद्यप्येते न पश्यन्ति लोभोपहत चेतसः ।
कुलक्षयकृतं दोषं मित्रद्रोहे च पातकम् ॥ 38 ॥

हे जनार्दन यद्यपि लोभ की प्रवृत्ति से भ्रष्ट चित्त हुए ये लोग (कौरव पक्ष) अपने कुल के नाश से उत्पन्न दोष को नहीं देख रहे हैं और न ही इससे उत्पन्न दोष को देख रहे हैं और न ही इनके द्वारा मित्रों से विरोध करने में पाप की स्थिति दिखाई देती है–जो उचित नहीं हैं।

कथं न ज्ञेयमस्माभिः पापादस्मान्निवर्तितुम् ।
कुलक्षय कृतं दोषं प्रपश्यद्भिर्जनार्दन ॥ 39 ॥

फिर भी हे जनार्दन! कुल के नाश से उत्पन्न दोष को जानकर हम लोगों को इस पाप से हटने के लिए क्यों नहीं विचार करना चाहिए?

40वें श्लोक में अर्जुन के द्वारा कुल के नाश से उत्पन्न दोषों को बतलाया गया है। अर्जुन कहते हैं–

कुलक्षये प्रणश्यन्ति कुलधर्माः सनातनाः ।
धर्मे नष्टे कुलं कृत्स्नमधर्मोऽभिभवत्युत ॥ 40 ॥

हे केशव! कुल के नाश से सनातन कुल-धर्म नष्ट हो जाते हैं। धर्म के नष्ट हो जाने से संपूर्ण कुल में पाप की स्थिति बहुत फैल जाती है।

'सनातन कुल-धर्म'–अपने-अपने कुल से चली आती हुई वे शुभ और श्रेष्ठ मर्यादाएं, जो सदाचार को सुरक्षित रखती हैं, जिनके चलते कुल के स्त्री-पुरुषों में अधर्म का प्रवेश नहीं होता–'सनातन कुल-धर्म' कहलाती हैं।

अधर्माभिभवात्कृष्ण प्रदुष्यन्ति कुलस्त्रियः ।
स्त्रीषु दुष्टासु वार्ष्णेय जायते वर्णसङ्करः ॥ 41 ॥

आगे सनातन कुल-धर्म के नष्ट होने पर जो प्रभाव कुल में दिखता है, उसको बताते हुए अर्जुन कहते हैं–हे कृष्ण! पाप के अधिक बढ़

जाने से कुल की स्त्रियां अत्यंत दूषित हो जाती हैं और हे वार्ष्णेय! स्त्रियों के दूषित हो जाने पर वर्णसंकर उत्पन्न होता है।

42वें श्लोक में अर्जुन द्वारा वर्णसंकर संतान उत्पन्न होने के पश्चात् की हानियों को बतलाया गया है—

सङ्करो नरकायैव कुलघ्नानां कुलस्य च ।
पतन्ति पितरो ह्येषां लुप्तपिण्डोदकक्रियाः ॥ 42 ॥

वर्णसंकर संतानें कुलघातियों को और कुल को नरक में ले जाने के लिए ही होती हैं। लुप्त हुई पिंड और वारि की क्रिया वाले मतलब श्राद्ध और तर्पण से वंचित वर्णसंकरों के पितर लोग भी अधोगति को प्राप्त होते हैं।

वर्णसंकर—ऐसा माना जाता है, अगर कुल में वर्णसंकर संतानें आती हैं तो जिनकी वजह से वर्णसंकर संतानें आई हैं, उन कुलघातियों को तो नरक में पहुंचाती ही हैं, साथ ही समस्त कुल को नरक में ले जाने वाली होती हैं। ऐसी संतानों को कुल-धर्म का तनिक भी ध्यान नहीं रहता।

दोषैरेतैः कुलघ्नानां वर्णसङ्करकारकैः ।
उत्साद्यन्ते जातिधर्माः कुलधर्माश्च शाश्वताः ॥ 43 ॥

उपर्युक्त श्लोक में अर्जुन द्वारा वर्णसंकर कारक दोषों से होने वाली हानि को बतलाते हुए कहा गया है कि इन वर्णसंकर कारक दोषों के चलते कुलघातियों के सनातन कुल-धर्म और जाति-धर्म दोनों का नाश हो जाता है।

वर्णसंकर की उत्पत्ति के कारण चार दोष वंश-परंपरा में आ जाते हैं जिसके चलते सनातन कुल-धर्म और जाति-धर्म नष्ट हो जाते हैं, वे दोष निम्नलिखित हैं–

1. कुल का नाश।
2. कुल के नाश के कारण कुल-धर्म का नाश।
3. पापों की वृद्धि।
4. पाप-वृद्धि से कुल के स्त्री एंव पुरूषों का व्यभिचारादि दोषों से दूषित होना।

श्लोक संख्या-44 में अर्जुन के द्वारा कुल-धर्म और जाति-धर्म से होने वाली हानि पर प्रकाश डालते हुए कहा गया है–

उत्सन्नकुलधर्माणां मनुष्याणां जनार्दन ।
नरकेऽनियतं वासो भवतीत्यनुशुश्रुम ॥ 44 ॥

हे जनार्दन! जिन मनुष्यों का कुल-धर्म नष्ट हो गया हो, ऐसे मनुष्यों का अनिश्चित काल तक नरक में वास होता है, ऐसा हम पूर्व से सुनते आए हैं।

श्लोक संख्या-45 में अर्जुन के द्वारा स्वजन के वध से होने वाले महान अनर्थ का वर्णन करते हुए, युद्ध करने के लिए तैयार होने वाले अपने कृत्य पर अत्यंत शोक प्रकट किया गया है। अर्जुन कहते हैं–

अहो बत महत्पापं कर्तुं व्यवसिता वयम् ।
यद्राज्यसुखलोभेन हन्तुं स्वजनमुद्यताः ॥ 45 ॥

अहो! (खेद प्रकट करना) शोक! (कारुणिक होना) हम सभी इतने बुद्धिमान होने के बाद भी इस तरह के महान पाप को करने के लिए तैयार हो आए हैं। हम राज्य और सुख के लोभ के कारण स्वजनों को मारने के लिए उद्यत हो गए हैं।

इस तरह से पश्चाताप करने के पश्चात् 46वें श्लोक में अपना निर्णय सुनाते हुए अर्जुन कहते हैं–

यदि मामप्रतीकारमशस्त्रं शस्त्रपाणयः ।
धार्तराष्ट्रा रणे हन्युस्तन्मे क्षेमतरं भवेत् ॥ 46 ॥

यदि मुझ जैसे शस्त्र रहित और सामना न करने वालों को धृतराष्ट्र के पुत्र रण में मार डाले तो उनके द्वारा मारना भी मेरे लिए अत्यंत कल्याणकारक होगा।

इस अध्याय का अंतिम और 47वां श्लोक अर्जुन ने भगवान् श्रीकृष्ण से नहीं कहा है, अपितु अर्जुन की इस जिज्ञासा पर अर्जुन की स्थिति को बतलाते हुए संजय ने धृतराष्ट्र से यह श्लोक कहा है–

सञ्जय उवाच
एवमुक्त्वार्जुनः संख्ये रथोपस्थ उपाविशत् ।
विसृज्य सशरं चापं शोकसंविग्नमानसः ॥ 47 ॥

अर्जुन की इस स्थिति को बतालाते हुए संजय ने धृतराष्ट्र से

कहा—रणभूमि में शोक से व्याकुल मन वाला अर्जुन इस प्रकार कहकर बाण सहित धनुष को त्यागकर रथ के पिछले भाग में बैठ गया।

सुधी पाठकगण!

अगर हम श्रीमद्भगवद्गीता के प्रथम अध्याय के ऊपर गंभीरतापूर्वक विचार करें तो कुछ चीजें जो हमें अत्यधिक प्रभावित करती हैं, उनमें एक है स्वजन। स्वजनों से लगाव व्यक्ति की निर्वैयक्तिकता को अत्यधिक प्रभावित करता है। स्वजन के कारण व्यक्ति मोहग्रस्त होता है और विपरीत परिस्थितियों में जब स्वजनों के द्वारा संघर्ष का बिगुल पांडव जैसे व्यक्तित्त्व वाले जनों के प्रति बजाया जाता है, तो अर्जुन जैसे अद्वितीय शूरवीर की मनः स्थिति भी विषाद रूपी स्थिति से ग्रस्त हो जाती है और वह पहले तो किंकर्तव्यविमूढ़ स्थिति में स्वयं को पाता है, उसके पश्चात् मन में चलने वाला मोह इस प्रकार से प्रभावित करता है कि अधर्म, अन्याय और असत्य सत्य को प्रतिष्ठा के विरुद्ध छेड़े गए संघर्ष की दिशा बदल जाती है और व्यक्ति या समाज अर्जुन के समान अपने को संघर्ष की धारा से स्वयं को हटाकर अन्याय और अधर्म से स्वयं को विमुख कर लेते हैं, जिसके कारण धीरे-धीरे समाज से न्याय, धर्म और सत्य तिरोहित होते जाते हैं और असत्य का साम्राज्य फैलने लगता है।

॥ ॐ तत्सदिति श्रीमद्भगवद्गीतासूपनिषत्सु ब्रह्मविद्यायां योगशास्त्रे श्रीकृष्णार्जुनसंवादे ऽर्जुनविषादयोगो नाम प्रथमोऽध्यायः ॥

अध्याय-2

सांख्ययोग

दूसरे अध्याय के अंतर्गत विषादग्रस्त अर्जुन द्वारा शोक निवृत्ति का एकांतिक उपाय पूछे जाने पर भगवान् श्रीकृष्ण के द्वारा इस अध्याय के 30वें श्लोक तक आत्म-तत्त्व की स्थिति का वर्णन किया गया है। इस अध्याय के अंतर्गत भगवान् श्रीकृष्ण के उपदेश का आरंभ सांख्य योग से हुआ है। सांख्य योग के साधन में आत्म-तत्त्व का श्रवण और मनन मुख्य विषय है। इस अध्याय में आत्म-तत्त्व का वर्णन अन्य अध्यायों की अपेक्षा अत्यधिक विस्तारपूर्वक हुआ है।

इस अध्याय में 30वें श्लोक के पश्चात् भगवान् श्रीकृष्ण के द्वारा अर्जुन के समक्ष स्वधर्म का वर्णन करके कर्मयोग का स्वरूप भी समझाने का सार्थक प्रयास किया गया है, लेकिन आत्म-तत्त्व का वर्णन इस अध्याय की उपजीव्य विषय-वस्तु है, इसलिए इस अध्याय को सांख्ययोग नाम से भी अभिहित किया जाता है।

जैसा कि प्रथम अध्याय के अंतर्गत दोनों सेनाओं के महारथियों और उनकी शंख-ध्वनि के वर्णन के साथ अर्जुन का रथ दोनों सेनाओं के बीच में खड़ा करने की बात कही गई। उसके उपरांत दोनों सेनाओं में विराजमान स्वजन समुदाय को देखकर शोक एवं मोह के कारण युद्ध से अर्जुन के निवृत्त हो जाने की और अस्त्र-शस्त्रों को छोड़कर विषाद करते हुए बैठ जाने की बात कही गई है।

इस प्रकार के परिवेश में भगवान् श्रीकृष्ण ने अर्जुन से क्या बात कही और किस प्रकार से उन्हें युद्ध के लिए पुनः तैयार किया, यह सब बतलाने की आवश्यकता होने पर संजय द्वारा अर्जुन की स्थिति का वर्णन करते हुए दूसरे अध्याय का आरंभ होता हैं–

सञ्जय उवाच
तं यथा कृपयाविष्टमश्रुपूर्णाकुलेक्षणम् ।
विषीदन्तमिदं वाक्यमुवाच मधुसूदनः ॥ 1 ॥

दूसरे अध्याय के आरंभिक श्लोक में मधुसूदन शब्द का प्रयोग कर और वाक्य के साथ 'इदम्' विशेषण का प्रयोग करके संजय द्वारा धृतराष्ट्र को चेतावनी दी गई है। संजय कहते हैं–उस प्रकार की करुणा से व्याप्त और आंसुओं से परिपूर्ण तथा व्याकुल नेत्रों वाले शोकयुक्त उस अर्जुन के प्रति भगवान् मधुसूदन ने ये वचन कहे।

उपर्युक्त श्लोक में अर्जुन के मन में भौतिक पदार्थों के प्रति करुणा, शोक और अश्रु की स्थिति है, जो मूल आत्मा को जानने के लक्षण नहीं हैं। अर्जुन जैसे अद्वितीय शूरवीर से यह अपेक्षा भगवान् श्रीकृष्ण को नहीं थी। आत्म-तत्त्व से संबंधित इसी अज्ञानता रूपी तम को श्रीकृष्ण द्वारा आत्म-साक्षात्कार और आत्म-बोध के माध्यम से दूर करने का प्रयास किया गया है।

श्रीभगवानुवाच
कुतस्त्वा कश्मलमिदं विषमे समुपस्थितम् ।
अनार्यजुष्टमस्वर्ग्यमकीर्तिकरमर्जुन ॥ 2 ॥

इदम् विशेषण के सहित 'कश्मलम्' पद यहां अर्जुन के मोहजनित शोक का वाचक है तथा उपर्युक्त श्लोक में भगवान् श्रीकृष्ण अर्जुन को डांटते हुए उनसे आश्चर्य के साथ पूछते हैं–हे अर्जुन! तुझे इस असमय में मोह किस कारण से प्राप्त हुआ है? आगे भगवान् कहते हैं कि न जो यह श्रेष्ठ पुरुषों द्वारा किया जाने वाला आचरण है

और न स्वर्ग को प्रदान करने वाला और न ही तुम्हारे इस आचरण से कीर्ति को प्राप्त किया जा सकता है।

क्लैब्यं मा स्म गमः पार्थ नैतत्त्वय्युपपद्यते ।
क्षुद्रं हृदयदौर्बल्यं त्यक्त्वोत्तिष्ठ परन्तप ॥ 3 ॥

इसलिये हे पार्थ! इस हीन नपुंसकता को प्राप्त मत होओ। यह तुम्हारे लिए किसी प्रकार से शोभनीय नहीं है। हे शत्रुओं को दमन करने वाले! (परंतप) हृदय की तुच्छ दुर्बलता को त्यागकर युद्ध करने के लिए खड़े हो जाओ।

- पार्थ-संबोधन के द्वारा भगवान् श्रीकृष्ण ने अर्जुन से अपने रक्त संबंध को जोड़ने का प्रयास किया है। पृथा (कुंती) कृष्ण के पिता वसुदेव की बहन थी।
- **परंतप**–जो अपने शत्रुओं को ताप पहुंचाने वाला हो।
- श्लोक संख्या-4 एवं 5 में भगवान् श्रीकृष्ण के इस प्रकार कहने पर स्वजनों के साथ किए जाने वाले युद्ध को अनुचित सिद्ध करते हुए अर्जुन अपना निश्चय प्रकट करते हैं–

अर्जुन उवाच
कथं भीष्ममहं संख्ये द्रोणं च मधुसूदन ।
इषुभिः प्रतियोत्स्यामि पूजार्हावरिसूदन ॥ 4 ॥

अर्जुन बोले–हे शत्रुहंता! हे मधुसूदन! मैं रणभूमि में किस प्रकार बाणों से भीष्म पितामह और द्रोणचार्य के विरुद्ध लड़ूंगा? क्योंकि वे दोनों ही मेरे पूजनीय हैं।

- मधु नामक दैत्य को मारने के कारण भगवान् श्रीकृष्ण को मधुसूदन कहा जाता है और वैरियों का नाश करने के कारण अरिसूदन (शत्रुहंता) कहा जाता है।

- 'इषुभि:' शब्द के प्रयोग द्वारा अर्जुन यह बताने का प्रयास श्रीकृष्ण से कर रहे हैं कि जिन स्वजनों गुरुजनों के प्रति वाणी के हल्के वचनों का प्रयोग भी पातक माना गया है, उन पर तीक्ष्ण बाणों का प्रहार करके मैं उनसे कैसे लड़ सकूंगा? हे केशव मुझे पापाचार की तरफ क्यों प्रवृत्त कर रहे हैं–

गुरूनहत्वा हि महानुभावान् श्रेयो भोक्तुं भैक्ष्यमपीह लोके ।
हत्वार्थकामांस्तु गुरूनिहैव भुञ्जीय भोगान्रुधिरप्रदिग्धान् ॥ 5 ॥

अर्जुन भगवान् श्रीकृष्ण से कहते हैं–ऐसे महापुरुषों को जो मेरे गुरु हैं, उन्हें मारकर जीवन जीने की अपेक्षा संसार में भिक्षाटन करके अन्न खाना भी मैं कल्याणकारक समझता हूं। भले ही वे सांसारिक लाभ के इच्छुक हों, किंतु हैं तो मेरे गुरुजन ही! यदि उनका वध होता है, तो हमारे द्वारा भोग्य प्रत्येक वस्तु उनके रक्त से सनी होगी।

श्लोक संख्या-6 में अपना निश्चय प्रकट कर देने पर भी जब अर्जुन को संतोष नहीं हुआ और अपने निश्चय में शंका की उत्पत्ति हो गई, तब वे पुन: कहने लगे–

न चैतद्विद्मः कतरन्नो गरीयो
यद्वा जयेम यदि वा नो जयेयुः ।
यानेव हत्वा न जिजीविषाम—
स्तेऽवस्थिताः प्रमुखे धार्तराष्ट्राः ॥ 6 ॥

अर्जुन कहते हैं, हम यह भी नहीं जानते कि हमारे लिए क्या श्रेष्ठ
है—उनको जीतना या उनके द्वारा जीता जाना। यदि हम धृतराष्ट्र के
पुत्रों का वध कर देते हैं तो हमें जीवित रहने की आवश्यकता नहीं
है, फिर भी वे युद्धभूमि में हमारे समक्ष खड़े हैं।

कार्पण्यदोषोपहतस्वभावः
पृच्छामि त्वां धर्मसम्मूढचेताः ।
यच्छ्रेयः स्यान्निश्चितं ब्रूहि तन्मे
शिष्यस्तेऽहं शाधि मां त्वां प्रपन्नम् ॥ 7 ॥

हे कृष्ण! अब मैं कृपण दुर्बलता के कारण अपना कर्तव्य भूल गया
हूं और सारा धैर्य खो चुका हूं। इस स्थिति में मैं आपसे जानना
चाहता हूं कि जो मेरे लिए ठीक है, उसे निश्चित रूप से बताएं। मैं
अब आपका शिष्य हूं और शरणागत हूं। कृपया मुझे उपदेशित करें।

• उपर्युक्त श्लोक के माध्यम से यह शिक्षा देने का प्रयास
  किया गया है कि यह प्राकृतिक नियम है कि जीवन के
  किसी-न-किसी पड़ाव पर भौतिक कार्य-कलाप की प्रणाली ही
  हर एक के लिए चिंता का कारण है। अतः किसी प्रामाणिक
  गुरु के पास जाना चाहिए जिसके द्वारा समुचित पथ-प्रदर्शन
  हो सके।

न हि प्रपश्यामि ममापनुद्याद् –
यच्छोकमुच्छोषणमिन्द्रियाणाम्।
अवाप्य भूमावसपत्नमृद्धं
राज्यं सुराणामपि चाधिपत्यम् ॥ 8 ॥

अर्जुन ने पुनः निवेदन प्रस्तुत करते हुए कहा–मुझे ऐसा कोई साधन नहीं दिखता जो इन्द्रियों को सुखाने वाले इस शोक को दूर कर सके। स्वर्ग पर देवताओं के आधिपत्य की तरह इस धन-धान्य संपन्न सारी पृथ्वी पर निष्कंटक राज्य प्राप्त करके भी मैं इस शोक को दूर नहीं कर सकूंगा।

यहां इस तथ्य का संकेत है कि अर्जुन गुरु रूपी श्रीकृष्ण के सहायता के बिना अपनी असली समस्या का हल निकालने में अक्षम हैं। अर्जुन की तरह ही अन्य प्राणियों को भी श्रीकृष्ण रूपी गुरु की आवश्यकता महसूस होती है।

9वें श्लोक में अर्जुन ने क्या किया, यह बतलाया गया है–

सञ्जय उवाच

एवमुक्त्वा हृषीकेशं गुडाकेशः परन्तपः ।
न योत्स्य इति गोविन्दमुक्त्वा तूष्णीं बभूव ह ॥ 9 ॥

संजय बोले–हे राजन्! (धृतराष्ट्र) निद्रा को जीतने वाले अर्जुन अंतर्यामी श्रीकृष्ण महाराज के प्रति इस प्रकार कहकर फिर श्रीगोविंद भगवान् से 'युद्ध नहीं करूंगा' यह कहकर चुप हो गए।

धृतराष्ट्र अर्जुन के चुप हो जाने के एवं युद्ध नहीं करने की

स्थिति के बाद यह जानने के लिए उत्सुक हो गए कि श्रीकृष्ण ने क्या प्रतिक्रिया दी। इस जिज्ञासा पर संजय ने कहा–

तमुवाच हृषीकेशः प्रहसन्निव भारत ।
सेनयोरुभयोर्मध्ये विषीदन्त मिदं वचः ॥ 10 ॥

हे भरतवंशी धृतराष्ट्र! अंतर्यामी श्रीकृष्ण महाराज ने दोनों सेनाओं के बीच में शोक करते हुए उस अर्जुन को हंसते हुए ये शब्द कहे–

श्रीभगवान् उवाच
अशोच्यानन्वशोचस्त्वं प्रज्ञावादाश्च भाषसे ।
गतासूनगतासूंश्च नानुशोचन्ति पण्डिता ॥ 11 ॥

भगवान् श्रीकृष्ण बोले–हे अर्जुन! तू न शोक करने योग्य मनुष्यों के लिए शोक करता है और पंडितों के-से वचनों को कहता है; परंतु जिनके प्राण चले गए हैं, उनके लिए और जिनके प्राण नहीं गए हैं, उनके लिए भी पंडित जन शोक नहीं करते।

उपर्युक्त श्लोक को भगवान् ने अर्जुन को अधिकारी समझकर उसके शोक को सदा के लिए नष्ट करने के उद्देश्य से कहा है। इस श्लोक में भगवान् ने अर्जुन से इस बात का संकेत किया है कि भीष्मादि स्वजनों के लिए शोक करना उचित नहीं है। अगले श्लोकों में भगवान् यह बताते हैं, कि क्यों शोक करना उचित नहीं है। अतः भगवान् अगले श्लोक में आत्मा की नित्यता का प्रतिपादन करके आत्म-दृष्टि से उसके लिए शोक करना अनुचित सिद्ध करते हैं–

न त्वेवाहं जातु नासं न त्वं नेमे जनाधिपाः ।
न चैव न भविष्यामः सर्वे वयमतः परम् ॥ 12 ॥

हे पार्थ! ऐसा कभी नहीं हुआ है कि मैं न रहा होऊं या तुम किसी
रूप में न रहे हो अथवा यहां विद्यमान ये समस्त राजा न रहे हों
और न ऐसा है कि भविष्य में हम लोग नहीं रहेंगे।

- इस श्लोक में भगवान् श्रीकृष्ण ने आत्म-रूप से सबकी नित्यता
  सिद्ध करके यह भाव दिखलाया है कि हे अर्जुन! तुम जिनके
  नाश होने की आशंका कर रहे हो उन सबका या तुम्हारा-हमारा
  कभी और किसी काल में अभाव नहीं है। वर्तमान शरीरों की
  उत्पत्ति से पहले भी हम सब थे और पीछे भी रहेंगे, क्योंकि
  आत्मा नष्ट नहीं होती, इसलिए इन सबके लिए शोक करना
  उचित नहीं है।

- श्लोक संख्या-13 में भगवान् श्रीकृष्ण आत्मा की निर्विकारता
  का प्रतिपादन करते हुए आत्मा के लिए शोक करना अनुचित
  सिद्ध करते हैं–

देहिनोऽस्मिन् यथा देहे कौमारं यौवनं जरा ।
तथा देहान्तरप्राप्तिर्धीरस्तत्र न मुह्यति ॥ 13 ॥

हे अर्जुन! जिस प्रकार शरीरधारी आत्मा इस शरीर में बाल्यावस्था
से युवावस्था और फिर वृद्धावस्था में निरंतर अग्रसर होता रहता है,
ठीक उसी प्रकार मृत्यु होने पर आत्मा दूसरे शरीर में चला जाता है।
धीर व्यक्ति ऐसे परिवर्तन से मोह को प्राप्त नहीं होता।

- उपर्युक्त श्लोक में आत्मा को विकारी मानकर एक शरीर से

दूसरे शरीर में जाते-आते समय उसे कष्ट होने की आशंका से अज्ञानी जन शोक किया करते हैं, उसको भगवान् ने अनुचित बतलाया है। भगवान् कहते हैं–जिस प्रकार अवस्थाएं (बालपन, किशोर, युवावस्था, वृद्धावस्था) वास्तव में आत्मा की नहीं होती, स्थूल शरीर की होती हैं, उसी प्रकार एक शरीर से दूसरे शरीर में जाना-आना भी वास्तव में आत्मा का नहीं होता, सूक्ष्म शरीर का ही होता है और उसका आरोप आत्मा में किया जाता है, इसलिए हे अर्जुन! तुम्हारा शोक करना उचित नहीं है।

मात्रास्पर्शास्तु कौन्तेय शीतोष्णसुखदुःखदाः ।
आगमापायिनोऽनित्यास्तांस्तितिक्षस्व भारत ॥ 14 ॥

उपर्युक्त श्लोक में भगवान् सब प्रकार के संयोग-वियोगदि को अनित्य बतलाकर उनको सहन करने की आज्ञा देते हुए कहते हैं–

हे कुंतीपुत्र! सर्दी-गर्मी और सुख दुःख को देने वाले इन्द्रिय और विषयों के संयोग तो उत्पत्ति-विनाशशील और अनित्य है; इसीलिए हे भारत! उन सबको तू सहन कर।

उक्त श्लोक में अर्जुन को दो नामों से संबोधित किया गया है–'कौन्तेय' संबोधन से मातृकुल और भारत द्वारा पितृकुल से संबंध को प्रकट किया गया है।

- अर्जुन की इस जिज्ञासा का कि इन सबको सहन करने से क्या लाभ होगा? भगवान् कहते हैं–

यं हि न व्यथयन्त्येते पुरुषं पुरूषर्षभ ।
सम दु:खसुखं धीरं सोऽमृतत्वाय कल्पते ॥ 15 ॥

हे पुरुषश्रेष्ठ! (अर्जुन के लिए प्रयुक्त हुआ है) दुख-सुख को समान समझने वाले जिस धीर पुरुष को इन्द्रिय और विषयों के संयोग व्याकुल नहीं करते, वह मोक्ष के योग्य होता है।

भगवान् श्रीकृष्ण द्वारा उक्त श्लोक में कहा गया है कि परमात्मा-प्राप्ति का सफल पात्र वह बनता है जो सुख और दुख दोनों में सम स्वभाव धारण करता हो, तात्पर्य यह कि उपर्युक्त भाव से परमात्मा की प्राप्ति शीघ्र हो जाती है।

नासतो विद्यते भावो नाभावो विद्यते सतः ।
उभयोरपि दृष्टोऽन्तस्त्वनयोस्तत्त्वदर्शिभिः ॥ 16 ॥

उपर्युक्त श्लोक में भगवान् नित्य और अनित्य वस्तु के विवेचन की रीति स्पष्ट करने के लिए दोनों के लक्षण बतलाते हैं–

- असत् वस्तु की तो सत्ता नहीं है और सत् का अभाव नहीं है। इस प्रकार इन दोनों का ही तत्त्व तत्त्व-ज्ञानी पुरुषों द्वारा देखा गया है।

नोटः सत् पद यहां परमात्म-तत्त्व का वाचक है, जो सर्वव्यापी और अनित्य है। असत् पद यहां परिवर्तनशील शरीर, इन्द्रिय और इन्द्रियों के विषयों सहित समस्त जड़वर्ग का वाचक है।

- उभयोः पद असत् और सत् दोनों का वाचक है। श्लोक संख्या-16 में सत् तत्त्व के लिए कहा गया है कि 'उसका अभाव नहीं है'। अर्जुन की इस जिज्ञासा पर कि सत्त्व तत्त्व क्या है, भगवान् श्रीकृष्ण जिज्ञासा शांत करते हुए कहते हैं–

अविनाशि तु तद्विद्धि येन सर्वमिदं ततम् ।
विनाशमव्ययस्यास्य न कश्चित्कर्तुमर्हति ॥ 17 ॥

हे अर्जुन! जो समस्त शरीर में व्याप्त है, उसे ही तुम अविनाशी
समझो। उस अव्यय आत्मा को नष्ट करने में कोई भी समर्थ नहीं है।

• 17वें श्लोक में भगवान् श्रीकृष्ण संपूर्ण शरीर में व्याप्त आत्मा
की प्रकृति का अधिक स्पष्ट वर्णन करते हैं।

श्वेताश्वतर उपनिषद में आत्मा को बाल के अग्रभाग के दस
हजारवें भाग के तुल्य बतलाया गया है–

बालाग्रशतभागस्य शतधा कल्पितस्य च ।
भागो जीवः स विज्ञेयः स चानन्त्याय कल्पते ॥ 5/9 ॥

"यदि बाल के अग्रभाग को 100 भागों में विभाजित किया जाए
और फिर इनमें से प्रत्येक भाग को 100 भागों में तो इस तरह के
प्रत्येक भाग की माप आत्मा का परिमाप है।

इसके अतिरिक्त मुण्डकोपनिषद् आदि में भी आत्मा की विशिष्टता
की तुलना सूर्य-प्रकाश के कणों से की जाती है। जैसे सूर्य के प्रकाश
में असंख्य तेजोमय अणु होते हैं, इसी प्रकार परमेश्वर के अंश उनकी
किरणों के परमाणु स्फुलिंग होते हैं और ये प्रभा या पराशक्ति कहलाते हैं।
अतः चाहे कोई वैदिक ज्ञान का अनुगामी हो या आधुनिक विज्ञान का,
वह शरीर में आत्मा के अस्तित्व को नकार नहीं सकता। भगवान् श्रीकृष्ण
द्वारा स्वयं आत्मा के इस विज्ञान का विशद वर्णन किया गया है।
18वें श्लोक में भगवान् श्रीकृष्ण अर्जुन को युद्ध करने हेतु प्रोत्साहित
करते हुए कहते हैं–

अन्तवन्त इमे देहा नित्यस्योक्ताः शरीरिणः ।
अनाशिनोऽप्रमेयस्य तस्माद्युध्यस्व भारत ॥ 18 ॥

हे भारतवंशी अर्जुन! इस नाश रहित अप्रमेय, नित्य-स्वरूप जीवात्मा के ये सब शरीर नाशवान् कहे गए हैं, इसलिए तू युद्ध कर।

य एनं वेत्ति हन्तारम् यश्चैनं मन्यते हतम् ।
उभौ तौ न विजानीतो नायं हन्ति न हन्यते ॥ 19 ॥

अर्जुन के द्वारा पूर्व के अध्याय संख्या-1 में कही गई इस बात का कि 'मैं इनको मारना नहीं चाहता और यदि वे (कौरव पक्ष के योद्धा) मार डालें तो वह मेरे लिए क्षेमकर होगा।' उपर्युक्त श्लोक में अर्जुन की जिज्ञासा का समाधान करते हुए भगवान् श्रीकृष्ण कहते हैं–जो इस आत्मा को मारने वाला समझता है तथा जो इसको मरा मानता है, वे दोनों ही नहीं जानते; क्योंकि यह आत्मा वास्तव में न तो किसी को मारता है और न ही किसी के द्वारा मारा जाता है।

- आत्मा किसी के द्वारा मारा नहीं जाता, इस पर यह जानने की इच्छा होती है, कि आत्मा किसी के द्वारा नहीं मारा जाता–इसमें क्या कारण है? इसके उत्तर में श्लोक संख्या-20 में भगवान् श्रीकृष्ण द्वारा आत्मा में सभी प्रकार के विकारों का अभाव बतलाते हुए आत्मा के स्वरूप का प्रतिपादन करते हुए कहा गया है–

न जायते म्रियते वा कदाचिन्,
नायं भूत्वा भविता वा न भूयः ।
अजो नित्यः शाश्वतोऽयं पुराणो,
न हन्यते हन्यमाने शरीरे ॥ 20 ॥

आत्मा के लिए किसी भी काल में न तो जन्म है, न मृत्यु। वह न
तो कभी जन्मा है, न जन्म लेता है और भविष्य में न जन्म लेगा।
वह आत्मा शरीर के मारे जाने पर भी मारा नहीं जाता।

'न जायते म्रियते' पद में भगवान् ने आत्मा में उत्पत्ति और
विनाश रूपी आदि-अंत के दो विकारों का आभास बतलाया है।
उत्पत्ति आदि छः विकारों के अभाव की बात भी परमात्मा द्वारा
सिद्ध की गई है। उत्पत्ति, अस्तित्व, वृद्धि, विपरिणाम, अपक्षय और
विनाश आदि इन छः विकारों से आत्मा रहित है।

'अयं भूत्वा भूयः न भविता' अर्थात् आत्मा जन्म लेकर पुनः
सत्ता वाला नहीं होता, बल्कि स्वभाव से ही सत् है। उत्पत्ति और
अस्तित्व रूपी विकार का पुराण (चिर कालीन और सदा एकरस
रहने वाला) कहकर वृद्धि रूप विकार का, शाश्वत् (सदा एक
रूप में स्थित) कहकर विपरिणाम का, नित्यः (अखंड सत्तावाला)
कहकर 'क्षय' का और 'शरीर हन्यमाने न हन्यते' शरीर के नाश
से इसका नाश नहीं होता–यह कहकर विनाश का अभाव दिखाया
गया है।

21वें श्लोक में भगवान् श्रीकृष्ण के द्वारा यह बतलाया गया है
कि आत्मा किसी को मारता क्यों नहीं है–

वेदाविनाशिनं नित्यं य एनमजमव्ययम् ।
कथं स पुरुषः पार्थ कं घातयति हन्ति कम् ॥ 21 ॥

हे पृथापुत्र अर्जुन! जो मनुष्य इस आत्मा को नाशरहित, नित्य, अजन्मा और अव्यय जानता है, वह मनुष्य कैसे, किसको मरवाता है और कैसे, किसको मारता है।

- भगवान् यह बताना चाहते हैं कि सब कुछ अज्ञान से ही आत्मा में अध्यारोपित है, वास्तव में नहीं है। अतः किसी के लिए भी, किसी प्रकार का शोक करना उचित नहीं है।

इस श्लोक में एक शंका होती है कि आत्मा नित्य और अविनाशी है, उसका कभी नाश नहीं हो सकता, अतः उसके लिए शोक भी नहीं करना बनता। शरीर नाशवान है, उसका नाश होना अवश्यंभावी है, अतः उसके लिए भी शोक करना नहीं बनता। यह बिलकुल ठीक है; किंतु आत्मा का जो एक शरीर से संबंध छूटकर दूसरे शरीर से संबंध होता है, उसमें उसे अत्यंत कष्ट होता है, अतः उसके लिए शोक करना कैसे उचित नहीं है। इस प्रश्न का उत्तर 22वें श्लोक में देते हुए भगवान् श्रीकृष्ण कहते हैं–

वसांसि जीर्णानि यथा विहाय,
नवानि गृह्णाति नरोऽपराणि ।
तथा शरीराणि विहाय जीर्णान्य–
न्यानि संयाति नवानि देही ॥ 22 ॥

हे अर्जुन! जिस प्रकार मनुष्य अपने पुराने वस्त्रों को त्यागकर नए वस्त्र धारण करता है, ठीक उसी प्रकार यह आत्मा भी पुराने

और व्यर्थ शरीरों का परित्याग कर नवीन भौतिक शरीर को धारण करता है।

- आत्मा के संबंध में इसी प्रकार का मत मुण्डकोपनिषद् (03/01/02) और श्वेताश्वर-उपनिषद् (4/7) में व्यक्त किया गया है। उपर्युक्त श्लोक में भगवान् कृष्ण अर्जुन को उपदेश देते हुए संकेत करते हैं कि वह अपने पितामह तथा गुरु के देहांतरण पर शोक न प्रकट करे, अपितु उसे उनका वध करते समय प्रसन्न होना चाहिए, जिससे वे सभी विभिन्न शारीरिक कर्म-फलों से तुरंत मुक्त हो जाएं।

बलि वेदी पर या धर्मयुद्ध में प्राणों को अर्पित करने वाला व्यक्ति तुरंत ही शारीरिक पापों से मुक्त हो जाता है और श्रेष्ठ लोक प्राप्त करता है। अत: अर्जुन का शोक करना कहीं से भी उचित नहीं है।

अगले श्लोक संख्या-23, 24 व 25 में भगवान् श्रीकृष्ण के द्वारा आत्मा का स्वरूप दुर्विज्ञेय होने के चलते प्रकारांतर से उसकी नित्यता, निराकारता और निर्विकारता का प्रतिपादन करते हुए उसके विनाश की आशंका से किए गए शोक को अनुचित बताते हुए कहा गया है—

नैनं छिन्दन्ति शस्त्राणि नैनं दहति पावक: ।
न चैनं क्लेदयन्त्यापो न शोषयति मारुत: ॥ 23 ॥

इस आत्मा को शस्त्र द्वारा काटा नहीं जा सकता। इसको आग जला नहीं सकती। इसे जल के द्वारा गलाया नहीं जा सकता है। भगवान् श्रीकृष्ण अर्जुन को आत्मा की नित्यता और निराकारत्व को बताते

हुए कहते हैं, कि आत्मा अस्त्र-शस्त्रादि, पृथ्वी तत्त्व, वायु तत्त्व अग्नि तत्त्व और जल तत्त्व के द्वारा नष्ट नहीं हो सकता।

अच्छेद्योऽयमदाह्योऽयमक्लेद्योऽशोष्य एव च ।
नित्यः सर्वगतः स्थाणुरचलोऽयं सनातनः ॥ 24 ॥

हे अर्जुन! चूंकि यह आत्मा अच्छेद्य है, यह आत्मा अदाह्य है, अक्लेद्य और निःसंदेह अशोष्य है तथा यह आत्मा नित्य सर्वव्यापी, अचल, स्थिरप्रज्ञ और सनातन है।

• श्रीकृष्ण द्वारा श्लोक में सम्मिलित भारी भरकम शब्दों के द्वारा आत्मा की विलक्षणता को बताने का प्रयास किया गया है।

  'स्थाणु' और 'अचल' इन दो क्रियामूलक शब्दों का आत्मा में अभाव बतलाया गया है। स्थाणु (जो न हिलता है) व अचल (जो न चलता है) होना आत्मा का स्वाभाविक गुण है, क्योंकि वह सर्वव्यापी है और कोई भी स्थान उससे खाली नहीं है।

अव्यक्तोऽयमचिन्त्योऽयमविकार्योऽयमुच्यते ।
तस्मादेवं विदित्वैनं नानुशोचितुमर्हसि ॥ 25 ॥

हे अर्जुन! यह आत्मा अव्यक्त है। यह आत्मा अचिंत्य है। यह आत्मा विकार रहित है। आत्मा को भली-भांति ढंग से जानने के पश्चात् भी तुम्हारा यह शोक कहीं से भी उचित नहीं है। भगवान् द्वारा आत्मा को अव्यक्त और अचिंत्य कहने में अव्यक्त अर्थात् जो इन्द्रिय ज्ञान से परे हो और अचिंत्य मतलब जो मन के विषय से परे हो। 'अविकार' का भाव यह है कि आत्मा में कभी किसी

प्रकार का विकार नहीं होता, इसलिए अर्जुन को भगवान् श्रीकृष्ण ने शोक न करने की सलाह दी है।

अगले दो श्लोकों में (श्लोक संख्या-26 एवं 27 में) भगवान् श्रीकृष्ण द्वारा आत्मा का औपचारिक रूप से जन्मने और मरने वाला मानने पर भी उसके लिए शोक करना उचित नहीं है, इस तत्त्व को बतलाने का प्रयास किया गया है

अथ चैनं नित्यजातं नित्यं वा मन्यसे मृतम् ।
तथापि त्वं महाबाहो नैवं शोचितुमर्हसि ॥ 26 ॥

भागवान् श्रीकृष्ण द्वारा अर्जुन को महाबाहु शब्द से संबोधित करते हुए कहा गया है, कि यदि तुम सोचते हो कि आत्मा (अथवा जीवन का लक्षण) सदा जन्म लेता है और सदा मरता है तो भी हे महाबाहु! तुम्हारे शोक करने का कोई कारण नहीं है।

- उपर्युक्त श्लोक में 'अथ' और 'च' दोनों अव्यय यहां औपचारिक स्वीकृतिबोधक हैं।

जातस्य हि ध्रुवो मृत्युर्ध्रुवं जन्म मृतस्य च ।
तस्मादपरिहार्येऽर्थे न त्वं शोचितुमर्हसि ॥ 27 ॥

पूर्व के श्लोक संख्या-26 में भगवान् ने जिस मान्यता के अनुसार शोक करना अनुचित बतलाया है, उसी मान्यता के आधार पर परमात्मा श्रीकृष्ण कहते हैं कि जन्मे हुए की मृत्यु निश्चित है और मरे हुए का जन्म निश्चित है। इस स्थिति को ध्यान में रखकर अपने अपरिहार्य कर्तव्यपालन में तुम्हें शोक नहीं करना चाहिए।

श्लोक संख्या-28 में परमात्मा श्रीकृष्ण के द्वारा अर्जुन के माध्यम से विश्व के प्राणियों को यह संदेश दिया गया है कि प्राणियों के शरीर को उद्देश्य करके भी शोक नहीं करना चाहिए।

अव्यक्तादीनी भूतानि व्यक्तमध्यानि भारत ।
अव्यक्तनिधनान्येव तत्र का परिवेदना ॥ 28 ॥

बड़े सहज ढंग से परमात्मा श्रीकृष्ण जीव की अवस्था को ध्यान में रखकर शोक न करने का संदेश देते हुए कहते हैं–हे अर्जुन! समस्त जीव प्रारंभिक अवस्था में अव्यक्त रहते हैं, मध्य अवस्था में व्यक्त होते हैं और मरने के बाद पुनः अव्यक्त हो जाते हैं। अतः शोक करने की आवश्यकता है क्या?

- **महाभारत** के स्त्री पर्व के दूसरे अध्याय के 13वें श्लोक में विदुर द्वारा यह बात निम्नलिखित तरीके से कही गई है–

अदर्शनादापतिताः पुनश्चादर्शनं गताः ।
नैते तव न तेषां त्वं तत्र का परिवेदना ॥ 213 ॥

तात्पर्य जिनको तुम अपना मान रहे हो, वे सब अदर्शन से आए हुए थे यानी आने से पहले अव्यक्त (अप्रकट) थे और मृत्यु के पश्चात् अदर्शन को प्राप्त हो गए। अतः वास्तव में न ये तुम्हारे हैं और न तुम इनके हो, फिर इस विषय में शोक कैसा?

श्लोक संख्या-29 में भगवान् श्रीकृष्ण के द्वारा उस आत्मा रूपी आत्म-तत्त्व के दर्शन, वर्णन तथा श्रवण रूपी अलौकिकता और दुर्लभता की स्थिति को रूपायित करते हुए कहा गया है–

आश्चर्यवत्पश्यति कश्चिदेन–
माश्चर्यवद्वदति तथैव चान्यः ।
आश्चर्यवच्चैनमन्यः शृणोति,
श्रुत्वाप्येनं वेद न चैव कश्चित् ॥ 29 ॥

हे अर्जुन! कोई बिरला महापुरुष ही इस आत्मा को आश्चर्य की भांति देखता है और ठीक इसी प्रकार दूसरा कोई बिरला महापुरुष इस तत्त्व का आश्चर्य की भांति वर्णन करता है और दूसरा कोई अधिकारी पुरुष ही इसे आश्चर्य की भांति सुनता है और कोई-कोई तो सुनकर भी इस तत्त्व को नहीं जानता।

आत्मा को आश्चर्य की भांति देखना–

जिस प्रकार मनुष्य लौकिक दृश्य वस्तुओं को मन, बुद्धि और इदं बुद्धि से देखता है, वैसे आत्मा को नहीं देखा जा सकता। बिरला मानव उस समय स्वयं अपने को देखता है, जब एकमात्र चेतन आत्मा से भिन्न किसी की सत्ता ही नहीं रहती। उस दर्शन में द्रष्टा, दृश्य और दर्शन की त्रिपुटी नहीं रहती, इसलिए वह देखना आश्चर्य की भांति है।

आत्मा का आश्चर्य की भांति वर्णन करना–

जो महापुरुष परमात्म तत्त्व को भली-भांति जानने वाले और वेद-शास्त्र के ज्ञाता होते हैं। वे ही आत्मा का वर्णन कर सकते हैं और उनका यह आत्म-वर्णन आश्चर्य की भांति होता है। आत्मा का वर्णन अलौकिक एवं अद्‌भुत होता है। सत्य यह है कि आत्मा वाणी द्वारा अवर्णनीय है। बिरला व्यक्तित्त्व ही इसका वर्णन कर सकता है।

आत्मा को आश्चर्य की भांति सुनना–

मनुष्य जिन पदार्थों को पहले सत्य, सुख रूप और रमणीय समझता था तथा जिन शरीरादि को अपना स्वरूप मानता था, उन सबको अनित्य, नाशवान, दु:ख रूप और जड़ तथा आत्मा को उनसे सर्वथा विलक्षण सुनकर उसे भारी आश्चर्य होता है और सुनकर धीरे-धीरे मुग्ध-सा हो जाता है। इसके पश्चात् उसकी वृत्तियां दूसरी ओर नहीं जातीं। यही आत्मा को आश्चर्य की भांति सुनना है।

श्लोक संख्या-30 में योगेश्वर श्रीकृष्ण के द्वारा चूंकि आत्मा नित्य ही अवध्य है। अत: किसी भी प्राणी के लिए शोकाकुल होना उचित नहीं है, इस तत्त्व पर प्रकाश डाला है–

देही नित्यमवध्योऽयं देहे सर्वस्य भारत ।
तस्मात्सर्वाणि भूतानि न त्वं शोचितुमर्हसि ॥ 30 ॥

इस श्लोक में भगवान् द्वारा सांख्य योग प्रकरण का उपसंहार करते हुए अर्जुन से कहा गया है–

हे भारत! यह आत्मा सबके शरीर में सदा ही अवध्य है, इसलिए तुम्हें किसी भी जीव के लिए शोक करने की आवश्यकता नहीं है।

सांख्ययोग के आधार पर भगवान् श्रीकृष्ण द्वारा अनेक युक्तियों के माध्यम से जिसमें नित्य, शुद्ध, बुद्ध, सम, निर्विकार और अकर्ता आत्मा के एकत्व, नित्यत्व, अविनाशित्व आदि का प्रतिपादन करके तथा शरीर को विनाशशील बतलाकर आत्मा के या शरीर के लिए अथवा शरीर और आत्मा के वियोग के लिए शोक करना अनुचित सिद्ध किया गया है। इसके साथ ही आत्मा को जन्मने-मरने वाला

मानने पर भी शोक करने के अनौचित्य का प्रतिपादन किया गया और पार्थ को युद्ध के लिए आज्ञा दी है। आगे श्लोक संख्या-31 से लेकर 37 तक क्षत्रिय धर्म के अनुसार शोक करना सर्वथा अनुचित है, इसे प्रमाणित करते हैं और अर्जुन को युद्ध हेतु उत्साहित करते हैं–

स्वधर्ममपि चावेक्ष्य न विकम्पितुमर्हसि ।
धर्म्याद्धि युद्धाच्छ्रेयोऽन्यत्क्षत्रियस्य न विद्यते ॥ 31 ॥

धर्मयुक्त युद्ध में क्षत्रिय के महत्त्व को बतलाते हुए भगवान् कृष्ण कहते हैं–अपने धर्म को देखकर भी तू भय करने योग्य नहीं है यानी तुझे भय नहीं करना चाहिए; क्योंकि एक क्षत्रिय हेतु धर्मयुक्त युद्ध से बढ़कर दूसरा कोई कल्याणकारी कर्तव्य नहीं है।

यदृच्छया चोपन्नं स्वर्ग द्वारमपावृतम् ।
सुखिनः क्षत्रियाः पार्थ लभन्ते युद्धमीदृशम् ॥ 32 ॥

हे पार्थ! वे क्षत्रिय अत्यंत भाग्यवान और सुखी है, जिन्हें ऐसे युद्ध के अवसर अपने आप प्राप्त होते हैं, जिसके कारण उनके लिए स्वर्गलोक के द्वारा खुल जाते हैं।

यहां 'पार्थ' नाम से अर्जुन को संबोधित करके भगवान् श्रीकृष्ण माता कुंती द्वारा कहे गए उस संदेश की याद दिलाते हैं–

एतद्धनञ्जयो वाच्यो नित्योद्युक्तो वृकोदरः ।
यदर्थं क्षत्रिया सूते तस्य कालोऽयमागतः ॥
(महाभारत, उद्योगपर्व /37/ 9-10)

अर्थात् हे धनंजय! (भगवान् श्रीकृष्ण) अर्जुन से और सदा कमर कसकर तैयार रहने वाले भीम से तुम यह बात कहना कि जिस कार्य के लिए क्षत्रिय माता पुत्र उत्पन्न करती है, अब उसका समय सामने आ गया है।

श्लोक संख्या-33 से 36 तक भगवान् श्रीकृष्ण धर्ममय युद्ध न करने की हानि बतलाते हुए कहते हैं–

अथ चेत्त्वमिमं धर्म्यं सङ्ग्रामं न करिष्यसि ।
ततः स्वधर्मं कीर्तिं च हित्वा पापमवाप्स्यसि ॥ 33 ॥

यदि तू इस धर्मयुद्ध को नहीं करेगा तो तेरी स्वधर्म और कीर्ति समाप्त हो जाएगी और तू पाप को प्राप्त होगा।

- प्रकारांतर से 'अथ' पद के द्वारा युद्ध की कर्तव्यता सिद्ध की गई है।

अकीर्तिं चापि भूतानि कथयिष्यन्ति तेऽव्ययाम् ।
सम्भावितस्य चाकीर्तिर्मरणादतिरिच्यते ॥ 34 ॥

लोग सदैव तुम्हारे अपयश का वर्णन करेंगे और सम्मानित व्यक्ति के लिए अपयश तो मरण से भी बढ़कर है।

भयाद्रणादुपरतं मंस्यन्ते त्वां महारथाः ।
येषां च त्वं बहुमतो भूत्वा यास्यसि लाघवम् ॥ 35 ॥

जिन-जिन महान योद्धाओं द्वारा तुम्हारे नाम एवं यश को सम्मान दिया गया है, वे सोचेंगे कि तुमने डर के मारे युद्धभूमि छोड़ दी है और इस प्रकार वे तुम्हें तुच्छ मानेंगे।

अवाच्यवादांश्च बहून् वदिष्यन्ति तवाहिताः ।
निन्दन्तस्तव सामर्थ्यं ततो दुःखतरं नु किम् ॥ 36 ॥

तुम्हारे वैरी जन अनेक प्रकार के न कहने योग्य और कटु शब्दों से तुम्हारा वर्णन करेंगे तथा तुम्हारी सामर्थ्य क्षमता का उपहास (मज़ाक) उड़ाएंगे। तुम्हारे लिए इससे अधिक दुखदायी और क्या हो सकता है?

उपर्युक्त श्लोकों में अनेक प्रकार के कारणों को बतलाकर युद्ध न करने की अनेक प्रकार की हानियों का वर्णन करने के बाद अब भगवान् श्रीकृष्ण द्वारा युद्ध करने में दोनों तरह से लाभ दिखलाते हुए अर्जुन को युद्ध के लिए तैयार होने की आज्ञा दी गई है–

हतो वा प्राप्स्यसि स्वर्गं जित्वा वा भोक्ष्यसे महीम् ।
तस्मादुत्तिष्ठ कौन्तेय युद्धाय कृतनिश्चयः ॥ 37 ॥

हे कुंती-पुत्र! यदि तुम युद्ध में मारे जाओगे तो स्वर्ग को प्राप्त करोगे और यदि तुम जीत जाओगे तो पृथ्वी के साम्राज्य का उपभोग करोगे। अतः अब दृढ़ संकल्पित होकर खड़े होओ और युद्ध करो।

- उपर्युक्त श्लोक में भगवान् श्रीकृष्ण के द्वारा यह बतलाया गया है कि युद्ध में विजय निश्चित हो या न हो, धर्म के पक्ष में युद्ध करते हुए मारा गया या विजयी हुआ दोनों ही स्थितियों में जीतता है।

श्लोक संख्या-38 में भगवान् श्रीकृष्ण के द्वारा अर्जुन को राज्य-सुख और स्वर्ग की इच्छा न होने की स्थिति में भी युद्ध करने की सलाह दी गई है, जो विश्व के मानव समुदाय को एक संदेश है–

सुखदुःखे समे कृत्वा लाभालाभौ जयाजयौ ।
ततो युद्धाय युज्यस्व नैवं पापमवाप्स्यसि ॥ 38 ॥

हे अर्जुन! तुम सुख या दुख, हानि-लाभ, विजय या पराजय का विचार किए बिना युद्ध के लिए तैयार हो जाओ। ऐसा करने पर तुम्हें कोई पाप नहीं लगेगा।

- उक्त श्लोक में भगवान् ने अर्जुन के उन वचनों का उत्तर दिया है, जिनमें अर्जुन ने स्वजन वध को प्रथम अध्याय के 36, 39, 45वें श्लोक में महान पाप कर्म बतलाया है।

39वें श्लोक में भगवान् श्रीकृष्ण ने कर्मयोग के सिद्धांत से युद्ध का औचित्य बतलाने के लिये कर्मयोग के वर्णन की प्रस्तावना करते हुए कहते हैं–

एषा तेऽभिहिता सांख्ये बुद्धिर्योगे त्विमां शृणु ।
बुद्ध्या युक्तो यया पार्थ कर्मबन्धं प्रहास्यसि ॥ 39 ॥

यहां भगवान् श्रीकृष्ण ने वैश्लेषिक अध्ययन (सांख्य) द्वारा इस ज्ञान का वर्णन किया है। अब निष्काम भाव से कर्म करना बता रहा हूं, उसे सुनो। हे पार्थ! तुम यदि ऐसे ज्ञान से कर्म करोगे तो तुम कर्मों के बंधन से अपने को मुक्त कर सकते हो।

यहां पर सांख्य या बुद्धियोग का अर्थपूर्ण आनंद और भक्ति के ज्ञान में कर्म करना है। जो व्यक्ति भगवान् की तुष्टि के लिए कर्म करता है, चाहे वह कर्म कितना भी कठिन क्यों न हो, वह बुद्धियोग के सिद्धांत के अनुसार कार्य करता है और दिव्य आनंद का अनुभव करता है। बुद्धियोग (सांख्ययोग) हमारे द्वारा संपन्न कार्य का दिव्य गुण है।

नेहाभिक्रमनाशोऽस्ति प्रत्यवायो न विद्यते ।
स्वल्पमप्यस्य धर्मस्य त्रायते महतो भयात् ॥ 40 ॥

इस कर्मयोग में आरंभ का अर्थात् बीज का नाश नहीं है और उल्टा फलस्वरूप दोष भी नहीं है; बल्कि इस कर्मयोग रूपी धर्म का थोड़ा-सा भी साधन जन्म-मृत्यु रूपी महान् भय से रक्षा कर लेता है।

- शास्त्र विहित उत्तम क्रिया में ही कर्म है। कर्म का स्वभाव योग की श्रेणी में आता है। ममता-आसक्ति, काम-क्रोध और लोभ-मोह आदि से रहित होकर जो समतापूर्वक अपने वर्ण, आश्रम, स्वभाव और परिस्थिति के अनुसार शास्त्र विहित

कर्तव्य-कर्मों का आचरण करता है, वही कर्मयोग है। इसी को समत्व योग, बुद्धियोग, तदर्थकर्म, मदर्थकर्म और मत्कर्म भी कहते हैं।

कर्मयोग का महत्त्व बतलाकर अब उसके आचरण की विधि बतलाने के लिए पहले उस कर्मयोग में परम आवश्यक जो सिद्ध कर्मयोगी की निश्चियात्मिका स्थायी समबुद्धि है, उसका और कर्मयोग में बाधक जो सकाम मनुष्यों की भिन्न-भिन्न बुद्धियां हैं, भगवान् श्रीकृष्ण 41वें श्लोक में उनका भेद बतलाते हैं–

व्यवसायात्मिका बुद्धिरेकेह कुरुनन्दन ।
बहुशाखा ह्यनन्ताश्च बुद्धयोऽव्यवसायिनाम् ॥ 41 ॥

हे कुरुनंदन! इस कर्मयोग में निश्चयात्मिका बुद्धि एक ही होती है; किंतु अस्थिर विचार वाले विवेकहीन सकाम मनुष्यों की बुद्धियां निश्चय ही बहुत भेदों वाली और अनंत होती हैं। इस प्रकार कर्मयोगी के लिए अवश्य धारण करने योग्य निश्चयात्मिका बुद्धि का और त्याग करने योग्य सकाम मनुष्यों की बुद्धियों का स्वरूप बतलाकर अब तीन श्लोकों में सकाम भाव को त्याज्य बतलाने के लिए सकाम मनुष्यों के स्वभाव, सिद्धांत और आचार-व्यवहार का वर्णन करते हुए भगवान् श्रीकृष्ण कहते हैं–

यामिमां पुष्पितां वाचं प्रवदन्त्यविपश्चितः ।
वेदवादरताः पार्थ नान्यदस्तीति वादिनः ॥ 42 ॥
कामात्मानः स्वर्गपरा जन्मकर्मफलप्रदाम् ।
क्रियाविशेषबहुलां भोगैश्वर्यगतिं प्रति ॥ 43 ॥

हे पार्थ! अल्पज्ञानी मनुष्य वेदों के उन अलंकारिक शब्दों के प्रति अत्यधिक आसक्त रहते हैं, जो स्वर्ग की प्राप्ति, अच्छे जन्म, शक्ति इत्यादि के लिए विविध सकाम कर्म करने की संस्तुति करते हैं। इन्द्रिय-तृप्ति तथा ऐश्वर्यमय जीवन की अभिलाषा के कारण वे कहते हैं कि इससे बढ़कर और कुछ नहीं है।

भोगैश्वर्यप्रसक्तानां तयापहृतचेतसाम् ।
व्यवसायात्मिका बुद्धिः समाधौ न विधीयते ॥ 44 ॥

हे अर्जुन! जो लोग इन्द्रिय भोग तथा भौतिक ऐश्वर्य के प्रति अत्यधिक आसक्त होने से ऐसी वस्तुओं से मोहग्रस्त हो जाते हैं, उनके मन में भगवान् के प्रति भक्ति की दृढ़ निश्चयी प्रवृत्ति नहीं होती।

- समाधि में मन स्थिर होता है। जो मनुष्य इन्द्रिय-भोग में रुचि रखते हैं अथवा जो ऐसी क्षणिक वस्तुओं से मोहग्रस्त हैं, उनके लिए समाधि कभी संभव नहीं है। माया के चक्कर में पड़कर वे कम या अधिक पतन को प्राप्त होते हैं।

त्रैगुण्यविषया वेदा निस्त्रैगुण्यो भवार्जुन ।
निर्द्वन्द्वो नित्यसत्त्वस्थो निर्योगक्षेम आत्मवान् ॥ 45 ॥

भोग और ऐश्वर्य में आसक्त सकाम मनुष्यों मे निश्चयात्मिका बुद्धि न होने की बात कहकर अब कर्मयोग का उपदेश देने के उद्देश्य से पहले भगवान् अर्जुन को भोग और ऐश्वर्य में आसक्ति से रहित होकर समभाव से संपन्न होने के लिए उपर्युक्त श्लोक में कहते हैं–

हे अर्जुन! वेद उपर्युक्त प्रकार से तीनों गुणों के कार्यरूप, समस्त भोगों और अनेक साधनों का प्रतिपादन करने वाले हैं; इसलिए तू उन भोगों एवं उनके साधनों में आसक्ति हीन, हर्ष-शोक आदि द्वंद्वों से रहित; नित्य वस्तु परमात्मा में स्थित योगक्षेम को न चाहने वाला और स्वाधीन अंत:करण वाला हो।

त्रैगुण्य विषया कहने का अर्थ?

सत्व, रज और तम इन तीनों गुणों के कार्य को त्रैगुण्य कहते हैं तथा उन सबका अंग-प्रत्यंगों सहित जिनमें वर्णन हो, उनको 'त्रैगुण्य विषया' कहते हैं। अत: समस्त भोग और ऐश्वर्यमय पदार्थों और उनकी प्राप्ति के उपायभूत समस्त कर्मों का वाचक 'त्रैगुण्य' शब्द है।

निस्त्रैगुण्य क्या है?

तीन गुणों के कार्यरूप इस लोक और परलोक के समस्त भोगों में तथा उनके साधनभूत समस्त कर्मों में ममता, आसक्ति और कामना से सर्वथा रहित हो जाना ही निस्त्रैगुण्य है।

द्वंद्व क्या है?

अनुकूल-प्रतिकूल, लाभ-हानि, कीर्ति-अपकीर्ति, सुख-दुख, मान-अपमान आदि परस्पर विरोधी युग्मों का नाम द्वंद्व है।

योगक्षेम किसे कहते है?

अप्राप्त वस्तु की प्राप्ति योग है और प्राप्त वस्तु की रक्षा क्षेम है।

46वें श्लोक में भगवान् श्रीकृष्ण के द्वारा तीनों गुणों के

कार्यरूप समस्त भोगों और उनके साधनों से आसक्ति रहित होने के पश्चात् ब्रह्मज्ञान का महत्त्व बतलाया गया है–

यावानर्थ उदपाने सर्वतः सम्प्लुतोदके ।
तावान् सर्वेषु वेदेषु ब्राह्मणस्य विजानतः ॥ 46 ॥

हे अर्जुन! सभी तरह से परिपूर्ण जलाशय के प्राप्त हो जाने पर छोटे जलाशय से मनुष्य का जितना प्रयोजन रहता है, ब्रह्म को तात्त्विक आधार पर जाननेवाले ब्राह्मण का समस्त वेदों से उतना ही प्रयोजन रह जाता है।

इस श्लोक में जलाशय के दृष्टांत से भगवान् ने ज्ञानी महात्माओं के पूर्ण तृप्ति का वर्णन किया है।

- इस प्रकार समबुद्धि रूपी कर्मयोग का और उसके फल का महत्त्व बतलाकर अब श्लोक संख्या-47 और 48 में कर्मयोग का स्वरूप बतलाते हुए, अर्जुन को कर्मयोग में स्थित होकर कर्म करने के लिए कहते हैं–

कर्मण्येवाधिकारस्ते मा फलेषु कदाचन् ।
मा कर्मफलहेतुर्भूर्मा ते सङ्गोऽस्त्वकर्मणि ॥ 47 ॥

हे अर्जुन! तुम्हें (मनुष्य-मात्र के लिए) अपना कर्म करने का अधिकार है, किंतु कर्म के फलों के तुम अधिकारी नहीं हो। हे अर्जुन! तुम न तो कभी अपने-आपको अपने कर्मों के फलों का कारण मानो और न ही कर्म करने में कभी आसक्त होओ।

'कर्मणि' पद में यहां और भगवान् श्रीकृष्ण अर्जुन को कर्म

करने के अधिकार की बात करते हैं। ठीक उसी प्रकार का जैसे
सरकार के द्वारा लोगों को आत्म-रक्षा के लिए या प्रजा की रक्षा
के लिए नाना प्रकार के शस्त्र रखने और उनके प्रयोग करने का
अधिकार दे दिया जाता है, साथ ही प्रयोग के नियम भी बतला
दिए जाते हैं। अगर कोई मनुष्य उस अधिकार का दुरुपयोग करता
है तो उसे दंड दिया जाता है और अधिकार भी छीन लिया जाता
है। ठीक वैसे ही जीव को जन्म-मृत्यु रूपी सांसारिक बंधन से मुक्त
होने के लिए और दूसरों का हित करने के लिए मन, बुद्धि और
इन्द्रियों सहित यह मनुष्य-शरीर देकर इसके द्वारा नवीन कर्म करने
का अधिकार दिया गया है, इसलिए जो इस अधिकार का सदुपयोग
करता है, वह तो कर्मबंधन से छूटकर परम पद को प्राप्त हो जाता
है और जो दुरुपयोग करता है, वह दंड का भागी होता है तथा उससे
वह अधिकार छीन लिया जाता है अर्थात् उसे पुनः सूकर-कूकरादि
योनियों में ढकेल दिया जाता है। इस रहस्य को समझकर मनुष्य
को इस अधिकार का सदुपयोग करना चाहिए।

कर्म मूलतः 3 प्रकार के होते हैं–

स्वकर्म, विकर्म तथा अकर्म में स्वकर्म को स्वधर्म भी कहते हैं।
स्वकर्म, कर्म अथवा स्वधर्म वे कार्य आते हैं जिनका आदेश प्रकृति
के गुणों के रूप में प्राप्त किया जाता है। अधिकारी की सम्मति के
बिना किए गए कर्म विकर्म कहलाते हैं, अकर्म का अर्थ है अपने
कर्मों को न करना। भगवान् ने अर्जुन को उपदेश देते हुए कहा कि
वह निष्क्रिय न हो, अपितु फल के प्रति आसक्त हुए बिना अपना
कर्म करे। इस श्लोक में भगवान् ने अर्जुन को फलशक्ति रहित
होकर स्वकर्म (स्वधर्म) करने की आज्ञा दी है। अर्जुन का युद्ध

विमुख होना आसक्ति का दूसरा पहलू है। ऐसी आसक्ति से कभी मुक्ति-पथ की प्राप्ति नहीं हो पाती। आसक्ति चाहे स्वीकारात्मक हो या निषेधात्मक, वह बंधन का कारण है। अकर्म पापमय है। अतः कर्तव्य के रूप में युद्ध करना ही सर्वाधिक कल्याणकारी मार्ग है।

श्लोक संख्या-48 में भगवान् श्रीकृष्ण अर्जुन को किस प्रकार का कर्म करना चाहिए इसके संबंध में बतलाते हैं-

योगस्थः कुरु कर्माणि सङ्गं त्यक्त्वा धनञ्जय ।
सिद्ध्यसिद्ध्योः समो भूत्वा समत्वं योग उच्यते ॥ 48 ॥

उक्त श्लोक में भगवान् श्रीकृष्ण अर्जुन को समता योग अर्थात् कर्मों का समत्व ही योग है, इस तथ्य को समझाते हुए कहते हैं-हे धनंजय! तू आसक्ति को त्यागकर तथा सिद्धि और असिद्धि में समान बुद्धिवाला होकर योग में स्थित होकर कर्तव्याधारित कर्मों को करो। कर्मों का समत्व ही योग है।

समत्व ही योग है, का अभिप्राप यह है कि यहां योग समता का नाम है और किसी भी साधन के द्वारा समत्व प्राप्त कर लेना ही योगी बनना है, इसलिए कर्मयोगी बनने के लिए समभाव में स्थित होकर कर्म करना चाहिए। कर्मयोग की प्रक्रिया बतलाने के पश्चात् भगवान् श्रीकृष्ण द्वारा 49वें श्लोक में सकाम भाव की निंदा और समभाव रूप बुद्धि योग का महत्त्व प्रकट करते हुए अर्जुन को उसका आश्रय लेने हेतु आज्ञा दी गई है-

दूरेण ह्यवरं कर्म बुद्धियोगाद्धनञ्जय ।
बुद्धौ शरणमन्विच्छ कृपणाः फलहेतवः ॥ 49 ॥

हे धनंजय! इस समत्वरूप बुद्धियोग से सकाम कर्म अत्यंत ही निम्न श्रेणी का है, इसलिए तुम समबुद्धि में ही रक्षा का उपाय ढूंढो अर्थात् बुद्धियोग का आश्रय ग्रहण करो, क्योंकि जिन मनुष्यों के कर्मों में फल निहित होते हैं, वे अत्यंत 'दीन' होते हैं। यहां 'बुद्धौ' शब्द समबुद्धि का वाचक है जिसमें ममता, आसक्ति और कामना का त्याग करके समबुद्धि पूर्वक कर्तव्य-कर्मों का अनुष्ठान किया जाता है।

भगवान् श्रीकृष्ण द्वारा श्लोक संख्या-50 एवं 51 में उस समता रूप बुद्धि से युक्त महापुरुषों की प्रशंसा करते हुए अर्जुन को कर्मयोग का अनुष्ठान करने की पुनः आज्ञा देकर उसका फल बतलाते हुए कहा गया है–

बुद्धियुक्तो जहातीह उभे सुकृतदुष्कृते ।
तस्माद्योगाय युज्यस्व योगः कर्मसु कौशलम् ॥ 50 ॥

हे अर्जुन! समबुद्धि से युक्त पुरुष पाप और पुण्य दोनों को ही इस लोक में त्याग देता है, इसलिए तू समत्व रूपी योग में लग जा। वह समत्च रूपी योग ही कर्मों की कुशलता है अर्थात् कर्म रूपी बंधन से छूटने का एकमात्र उपाय समत्व योग रूपी कर्म में कुशलता है।

यह समत्व रूप योग ही कर्मों में कुशलता का आधार है, इसका भाव यह है कि कर्म स्वभावतः मनुष्य को बंधन में डालने वाले होते हैं और बिना कर्म किए कोई मनुष्य रह नहीं सकता।

उसके लिए सबसे अच्छी युक्ति समत्व योग है। इस समबुद्धि से युक्त होकर कर्म करने वाला मनुष्य इसके प्रभाव से उनके बंधन में नहीं आता, इसलिए कर्मों में योग ही कुशलता है।

भगवान् श्रीकृष्ण श्लोक संख्या-51 में उस समता रूप बुद्धि से युक्त महापुरुषों की प्रशंसा करते हुए अर्जुन को कर्मयोग का अनुष्ठान करने की पुन: आज्ञा देकर उसका फल बतलाते हुए कहते हैं–

कर्मजं बुद्धियुक्ता हि फलं त्यक्त्वा मनीषिणः ।
जन्मबन्धविनिर्मुक्ताः पदं गच्छन्त्यनामयम् ॥ 51 ॥

भगवद् भक्ति में लगे रहकर बड़े-बड़े ऋषि मुनि अथवा भक्त लोग अपने-आपको इस भौतिक संसार में कर्मफलों से मुक्त कर लेते हैं। इस प्रकार वे जन्म-मृत्यु के चक्र से छूट जाते हैं और भगवान् के पास जाकर उस अवस्था को प्राप्त करते हैं, जो समस्त दुःखों से परे हैं।

भगवान् श्रीकृष्ण अर्जुन को यह बताना चाह रहे है कि मुक्त जीवों का संबंध उस स्थान से होता है, जहां भौतिक कष्ट नहीं होते। आगे भगवान् श्रीकृष्ण द्वारा श्लोक संख्या-52 एवं 53 में परम धाम की प्राप्ति से संबंधित अनामय परम पद प्राप्ति के विषय में बतलाते हुए कहा गया है–

यदा ते मोहकलिलं बुद्धिर्व्यतितरिष्यति ।
तदा गन्तासि निर्वेदं श्रोतव्यस्य श्रुतस्य च ॥ 52 ॥

जिस समय तुम्हारी बुद्धि मोहरूपी दल-दल को भली-भांति पार कर जाएगी, हे अर्जुन! उस समय तुम सुने हुए और सुनने में आनेवाले इस लोक और परलोक से संबंधित सभी भोगों से वैराग्य प्राप्त कर लोगे।

श्रुतिविप्रतिपन्ना ते यदा स्थास्यति निश्चला ।
समाधावचला बुद्धिस्तदा योगमवाप्स्यसि ॥ 53 ॥

भगवान् श्रीकृष्ण अर्जुन से कहते हैं, जब तुम्हारा मन वेदों की अलंकारमयी भाषा से विचलित न हो और वह आत्मा साक्षात्कार की समाधि में स्थिर हो जाए, तब तुम्हे दिव्य चेतना की वास्तविकता से नित्य संयोग हो जाएगा।

- उपर्युक्त श्लोकों में भगवान् श्रीकृष्ण ने बतलाया है, जब तुम्हारी बुद्धि मोह रूपी दल-दल को पूरी तरह पार कर जाएगी, तुम इस लोक और परलोक में समस्त भोगों से मुक्त हो जाओगे। जब तुम्हारी बुद्धि परमात्मा में निश्छल ठहर जाएगी, तब तुम परमात्मा को प्राप्त हो जाओगे। इस पर परमात्मा को प्राप्त करने वाले स्थिरप्रज्ञ सिद्ध योगी के लक्षण और आचरण जानने की इच्छा से अर्जुन पूछते हैं–

अर्जुन उवाच

स्थिरप्रज्ञस्य का भाषा समाधिस्थस्य केशव ।
स्थितधी: किं प्रभाषेत किमासीत व्रजेत किम् ॥ 54 ॥

अर्जुन ने कहा—हे केशव! समाधि में स्थित परमात्मा को प्राप्त
हुए स्थिरबुद्धि पुरुष का क्या लक्षण है? वह स्थिरबुद्धि पुरुष कैसे
बोलता है, कैसे बैठता है और कैसे चलता है?

इस श्लोक में भगवान् श्रीकृष्ण से अर्जुन ने चार प्रश्न
किए हैं—स्थिर बुद्धि पुरुष का लक्षण, उसकी बोलचाल, उसका
उठना-बैठना और उसका चलना

55वें श्लोक में भगवान् श्रीकृष्ण द्वारा स्थिरबुद्धि पुरुष का
लक्षण बतलाया गया है—

श्रीभगवान् उवाच

प्रजहाति यदा कामान् सर्वान् पार्थ मनोगतान् ।
आत्मन्येवात्मना तुष्ट: स्थितप्रज्ञस्तदोच्यते ॥ 55 ॥

श्रीभगवान् बोले—हे अर्जुन! जब मनुष्य मनोधर्म से उत्पन्न होने वाली
इन्द्रिय-तृप्ति की समस्त कामनाओं का परित्याग कर देता है और
आत्मा से आत्मा में ही संतुष्ट रहता है तो वह विशुद्ध चेतना प्राप्त
स्थितप्रज्ञ पुरुष कहा जाता है।

• अर्जुन के द्वारा स्थितप्रज्ञ पुरुष के लक्षण वाला प्रश्न इतना
  व्यापक है कि उसके पश्चात् के तीनों प्रश्नों का उसमें अंतर्भाव
  हो जाता है। अगर ध्यान से देखें तो यह उस एक ही प्रश्न का

उत्तर है, पर अगले श्लोक में स्थितप्रज्ञ पुरुष कैसे बोलता है उस पर प्रकाश डालते हुए भगवान् श्रीकृष्ण कहते हैं–

दुःखेष्वनुद्विग्नमनाः सुखेषु विगतसपृहः ।
वीतरागभयक्रोधः स्थितधीर्मुनिरुच्यते ॥ 56 ॥

दुःखों की प्राप्ति होने पर जिसके मन में उद्वेग नहीं होता है, सुखों की प्राप्ति में जो सर्वथा निःस्पृह है तथा जिसके राग, भय और क्रोध नष्ट हो गए हैं, ऐसा मुनि स्थिरबुद्धि कहा जाता है।

- श्लोक संख्या-57 में पुनः भगवान् कहते हैं–

यः सर्वत्रानभिस्नेहस्तत्तत्प्राप्य शुभाशुभम् ।
नाभिनन्दति न द्वेष्टि तस्य प्रज्ञा प्रतिष्ठिता ॥ 57 ॥

हे अर्जुन! इस भौतिक जगत् में जो मनुष्य न तो शुभ की प्राप्ति से खुश होता है और न ही अशुभ के प्राप्त होने पर घृणा करता है, उसकी बुद्धि स्थिर है।

- श्लोक संख्या-58 में श्रीभगवान् अर्जुन को 'स्थिरप्रज्ञ पुरुष कैसे बैठता है'? इस प्रश्न का उत्तर देते हुए बतलाते हैं कि स्थिरप्रज्ञ पुरुष की इन्द्रियों का सर्वथा उसके वश में हो जाना और आसक्ति से रहित होकर अपने-अपने विषयों से उपरत हो जाना ही स्थिर पुरुष का बैठना है–

यदा संहरते चायं कूर्मोऽङ्गानीव सर्वशः ।
इन्द्रियाणीन्द्रियार्थेभ्यस्तस्य प्रज्ञा प्रतिष्ठिता ॥ 58 ॥

जिस प्रकार से कछुआ सब ओर से अपने अंगों को जैसे समेट
लेता है, ठीक वैसे ही स्थिरप्रज्ञ पुरुष इन्द्रियों को इन्द्रियों के विषयों
से हटा लेता है, तब हमें समझना चाहिए कि ऐसे पुरुष की बुद्धि
स्थिरप्रज्ञ बुद्धि है।

अगले श्लोक संख्या-59 में श्रीभगवान् द्वारा अन्य प्रकार से
किए जाने वाले इन्द्रिय संयम की अपेक्षा स्थिरप्रज्ञ के इन्द्रिय संयम
की विलक्षणता को बतलाते हुए परमात्मा की ओर चलायमान होने
की स्थिति का जिक्र किया गया है।

विषया विनिवर्तन्ते निराहारस्य देहिनः ।
रसवर्जं रसोऽप्यस्य परं दृष्ट्वा निवर्तते ॥ 59 ॥

हे अर्जुन! देहधारी जीव इन्द्रिय भोग से भले ही निवृत्त हो जाए,
पर उसमें इन्द्रिय भोगों की इच्छा बनी रहती है। स्थिरप्रज्ञ पुरुष के
चलने की दिशा इससे अलग होती है। स्थिरप्रज्ञ पुरुष की आसक्ति
भी परमात्मा का साक्षात्कार करके निवृत्त हो जाती है।

श्लोक संख्या-60 में श्रीभगवान् द्वारा आसक्ति का नाश और
इन्द्रिय संयम नहीं होने से क्या हानि होती है? इस विषय पर प्रकाश
डालते हुए कहा गया है–

यततो ह्यपि कौन्तेय पुरुषस्य विपश्चितः ।
इन्द्रियाणि प्रमाथीनि हरन्ति प्रसभं मनः ॥ 60 ॥

हे अर्जुन! आसक्ति का नाश न होने के कारण ये प्रमथन स्वभाव वाली इन्द्रियां यत्न करने के बाद भी बुद्धिमान पुरुष के मन को भी बलात् हर लेती हैं।

'प्रमाथिनी' एक विशेषण शब्द है जिसके द्वारा यह दिखलाया गया है कि जब तक मनुष्य की इन्द्रियां वश में नहीं हो जातीं, तब तक उसकी इन्द्रियों के विषयों में आसक्ति रहती है और इन्द्रियां मनुष्य के मन को बार-बार विषय-सुख का प्रलोभन देकर उसे स्थिर नहीं होने देती। उसका मंथन ही करती रहती हैं।

उपर्युक्त श्लोक में इन्द्रिय संयम की आवश्यकता का प्रतिपादन करके अब श्रीभगवान् द्वारा साधक का कर्तव्य बतलाते हुए पुनः इन्द्रिय संयम को स्थितप्रज्ञ अवस्था का हेतु बतलाया गया है–

तानि सर्वाणि संयम्य युक्त आसीत मत्परः ।
वशे हि यस्येन्द्रियाणि तस्य प्रज्ञा प्रतिष्ठिता ॥ 61 ॥

साधक को चाहिए कि उसके द्वारा संपूर्ण इन्द्रियों को वश में करके इन्द्रिय संयमन करे और अपनी चेतना को मुझमें स्थिर करे, ऐसा ही मनुष्य स्थिरप्रज्ञ अथवा स्थिरबुद्धि कहलाता है।

इस प्रकार से मन सहित इन्द्रियों को वश में न करने से और भगवत्परायण न होने से क्या हानि है, यह बात श्रीहरि के द्वारा श्लोक संख्या-62 एवं 63 में बतलाई गई है–

ध्यायतो विषयान् पुंसः सङ्गस्तेषूपजायते ।
सङ्गात्सञ्जायते कामः कामात्क्रोधोऽभिजायते ॥ 62 ॥

विषयों का चिंतन करने वाले मनुष्य की उन विषयों में आसक्ति हो जाती है। आसक्ति से उन विषयों की कामना उत्पन्न होती है और कामना में विघ्न पड़ने से क्रोध उत्पन्न होता है।

क्रोधाद्भवति सम्मोहः सम्मोहात्स्मृतिविभ्रमः ।
स्मृतिभ्रंशाद् बुद्धिनाशो बुद्धिनाशात्प्रणश्यति ॥ 63 ॥

क्रोध से पूर्ण मोह उत्पन्न होता है और मोह से स्मरणशक्ति का विभ्रम हो जाता है। जब स्मरणशक्ति भ्रमित हो जाती है तो बुद्धि नष्ट हो जाती है और बुद्धि के नष्ट होते ही ऐसा पुरुष अपनी स्थिति से गिर जाता है।

- उपर्युक्त श्लोक में मन सहित इन्द्रियों को वश में न करने वाले मनुष्य के पतन का क्रम बतलाकर अब भगवान् श्रीकृष्ण श्लोक संख्या-64 व 65 में मुख्य रूप से स्थितप्रज्ञ योगी कैसे चलता है, इस चौथे प्रश्न का उत्तर आरंभ करते हुए पहले दो श्लोकों में जिसके मन और इन्द्रियों के वश में होते हैं, ऐसे साधक द्वारा विषयों में विचरण किए जाने का प्रकार और फल बतलाते हुए कहते हैं–

राग द्वेष वियुक्तैस्तु विषयानिन्द्रियैश्चरन् ।
आत्मवश्यैर्विधेयात्मा प्रसादमधिगच्छति ॥ 64 ॥

अपने अधीन किए हुए अंतःकरण वाला साधक समस्त राग-द्वेष से मुक्त एवं अपनी इन्द्रियों को संयम द्वारा वश में करने में समर्थ व्यक्ति भगवान् की पूर्ण कृपा प्राप्त कर सकता है। इस प्रकार से इन्द्रिय संयम भी भगवद्प्राप्ति में सहायक होता है।

- यहां 'प्रसादम्' पद आध्यात्मिक सुख-शांति का वाचक है, परंतु श्लोक संख्या-65 में स्थिरप्रज्ञ पुरुष के लिए 'प्रसन्नचेतसः' पद का प्रयोग किया गया है, इसलिए प्रसादम् पद का अर्थ अंतःकरण की आध्यात्मिक प्रसन्नता मानना न्यायसंगत लगता है।

प्रसादे सर्वदुःखानां हानिरस्योपजायते ।
प्रसन्नचेतसो ह्याशु बुद्धिः पर्यवतिष्ठते ॥ 65 ॥

अंतःकरण की प्रसन्नता होने पर स्थिरप्रज्ञ पुरुष में संपूर्ण दुःखों का अभाव हो जाता है और उस प्रसन्नचित्त वाले कर्मयोगी की बुद्धि शीघ्र ही सब ओर से हटकर एक परमात्मा में ही भली-भांति स्थिर हो जाती है।

इस प्रकार मन और इन्द्रियों को वश में करके अनासक्त भाव से इन्द्रियों द्वारा व्यवहार करने वाले साधक को सुख-शांति और स्थिरप्रज्ञ अवस्था प्राप्त होने की बात कहकर अब श्लोक संख्या-66 एवं 67 द्वारा इसके विपरीत जिसके मन इन्द्रिय जीते हुए नहीं हैं, ऐसे विषय ही आसक्ति से युक्त मनुष्य में सुख-शांति का

अभाव दिखलाकर भगवान् द्वारा विषयों के संग से उसकी बुद्धि के विचलित हो जाने का प्रकार बतलाते हुए कहा गया है–

नास्ति बुद्धिरयुक्तस्य न चायुक्तस्य भावना ।
न चाभावयतः शान्तिरशान्तस्य कुतः सुखम् ॥ 66 ॥

न जीते हुए मन और इन्द्रियों वाले मनुष्य में निश्चयात्मिका बुद्धि नहीं होती। हे अर्जुन! उस अयुक्त मनुष्य के अंतःकरण में भावना भी नहीं होती। भावनाहीन मनुष्य को शांति तत्त्व की प्राप्ति नहीं होती और शांति रहित मनुष्य को सुख कैसे मिल सकता है?

'अयुक्तस्य' पद विषयासक्त अविवेकी मनुष्य का वाचक है।

इन्द्रियाणां हि चरतां यन्मनोऽनुविधीयते ।
तदस्य हरति प्रज्ञां वायुर्नावमिवाम्भसि ॥ 67 ॥

भगवान् श्रीकृष्ण कहते हैं जिस प्रकार पानी में तैरती हुई नौका को प्रचंड वायु द्वारा दूर बहा ले जाया जाता है, ठीक उसी प्रकार से विचरणशील इन्द्रियों में से कोई एक जिस पर मन निरंतर लगा रहता है, मनुष्य की बुद्धि को हर लिया जाता है।

जल में चलने वाली नौका और वायु का दृष्टांत इसलिए दिया गया हैं, क्योंकि नौका के स्थान में बुद्धि, वायु के स्थान में जिसके साथ मन लगा रहता है, वे इन्द्रियां हैं। जलाशय के स्थान में संसार रूपी समुद्र है और जल के स्थान में शब्दादि समस्त विषयों का समुदाय है। जल में अपने गंतव्य स्थान की ओर जाती हुई नौका को प्रबल वायु दो प्रकार से विचलित करती है–(1)

उसे पथभ्रष्ट करके जल की भीषण तरंगों में उलझाती है अथवा (2) अथाह समुद्र के अगाध जल में डुबो देती है। यदि कोई होशियार नाविक उस वायु की क्रिया को अपने अनुकूल बना लेता है, तो फिर उस वायु द्वारा नौका को विचलित नहीं किया जा सकता, अपितु वायु उसे गंतव्य स्थल तक पहुंचाने में सहायक सिद्ध होती है। ठीक उसी प्रकार जिसका मन इन्द्रियों के वश में नहीं है, ऐसा मनुष्य यदि बुद्धि को परमात्मा के स्वरूप में स्थापित करना चाहता है, तो इन्द्रियों एवं मन द्वारा उसकी बुद्धि को दो प्रकार से विचलित किया जाएगा–(1) इन्द्रियां बुद्धि रूपी नौका को परमात्मा की तरफ से भटकाकर नाना प्रकार के भोगों की प्राप्ति की तरफ लगा देंगी, (2) पापों में प्रवृत्त करके उस मनुष्य का अधःपतन करा देंगी, लेकिन जिसका मन और इन्द्रियां वश में रहते हैं, उसकी बुद्धि विचलित नहीं होती, अपितु इन्द्रियां और मन बुद्धि रूपी नौका को परमात्मा के पास पहुंचाने में सहायक सिद्ध होते हैं

एक बात ध्यान देने योग्य है कि इन्द्रियों द्वारा जब तक मन का साथ न मिले बुद्धि का हरण नहीं किया जा सकता, लेकिन इन्द्रियां बिना मन अकेला भी बुद्धि का हरण कर सकता है।

68वें श्लोक में भगवान् श्रीकृष्ण के द्वारा पुनः स्थितप्रज्ञ अवस्था की प्राप्ति में सभी प्रकार से इन्द्रिय संयम की विशेष आवश्यकता सिद्ध करते हुए स्थित प्रज्ञपुरुष की अवस्था का वर्णन किया गया है–

तस्माद्यस्य महाबाहो निगृहीतानि सर्वशः ।
इन्द्रियाणीन्द्रियार्थेभ्यस्तस्य प्रज्ञा प्रतिष्ठिता ॥ 68 ॥

हे महाबाहो! जिस मनुष्य की इन्द्रियां अपने-अपने विषयों से सब
प्रकार से विरत होकर उसके वश में हैं, उसी की बुद्धि नि:संदेह
स्थिर है।

• महाबाहो संबोधन अर्जुन हेतु किया गया है, जिसकी भुजाएं
लंबी, मजबूत और बलिष्ठ हों, उसे 'महाबाहु' कहते हैं।

बुद्धि स्थिर है, इस कथन का भाव यह है कि मन सहित
जिसकी समस्त इन्द्रियां वश में की हुई हैं, उसी की बुद्धि स्थिर
है, जिसके मन और इन्द्रियां वशहीन हैं, उसकी बुद्धि स्थिर नहीं
हो सकती।

69वें श्लोक में भगवान् श्रीकृष्ण के द्वारा साधारण विषयासक्त
मनुष्यों एवं मन व इन्द्रियों का संयम करके परमात्मा को प्राप्त
हुए स्थिरबुद्धि (प्रज्ञ) संयमी महापुरुष में क्या अंतर है? इस तथ्य
को रात और दिन के दृष्टांत के माध्यम से समझाते हुए उनकी
स्वाभाविक स्थिति का वर्णन करते हुए कहते हैं–

या निशा सर्वभूतानां तस्यां जागर्ति संयमी ।
यस्यां जाग्रति भूतानि सा निशा पश्यतो मुने:। ॥ 69 ॥

जो सभी जीवों के लिए रात्रि के समान है, उसमें वह आत्म-संयमी
स्थितप्रज्ञ योगी नित्य ज्ञान स्वरूप परमानंद की प्राप्ति हेतु जागता
है तथा जो समस्त जीवों के लिए जागने का समय है, वह
आत्म-निरीक्षक मुनि के लिए रात्रि है।

• यहां बुद्धिमान मनुष्यों की दो श्रेणियों की बात भगवान् के द्वारा की गई है, एक वह जो इन्द्रिय-तृप्ति हेतु भौतिक कार्य में निपुण होते हैं और दूसरी वे जो आत्म-निरीक्षक हैं और आत्म-साक्षात्कार के अनुशीलन के लिए जागते हैं।

उपर्युक्त श्लोक में रात्रि के रूपक से ज्ञानी और अज्ञानियों की स्थिति का भेद दिखलाकर 70वें श्लोक में श्रीकृष्ण द्वारा समुद्र की उपमा से यह भाव दिखलाया गया है कि ज्ञानी परम शांति को प्राप्त होता है और भोगों की कामना करने वाला अज्ञानी मानव शांति के लिए भटकता रहता है–

आपूर्यमाणमचल प्रतिष्ठम्,
समुद्रमापः प्रविशन्ति यद्वत् ।
तद्वत्कामा यं प्रविशन्ति सर्वे,
स शान्तिमाप्नोति न कामकामी ॥ 70 ॥

जो मनुष्य समुद्र में निरंतर प्रवेश करती रहने वाली नदियों के समान इच्छाओं के निरंतर प्रवाह से विचलित नहीं होता और सदैव समुद्र के समान स्थिर रहता है, वहीं शांति प्राप्त कर सकता है। वह मनुष्य कभी भी शांति नहीं प्राप्त कर सकता, जो अपनी भौतिक इच्छाओं को तुष्ट करने की चेष्टा करता हो।

• स्थिरप्रज्ञ कैसे चलता है? अर्जुन का यह चौथा प्रश्न परमात्मा को प्राप्त हुए पुरुष के विषय में था; किंतु यह प्रश्न आचरण विषयक होने के कारण उसके उत्तर में श्लोक संख्या-64 से 70 तक किस प्रकार आचरण करने वाला मनुष्य शीघ्र स्थितप्रज्ञ बन सकता है, कौन नहीं बन सकता और कब मनुष्य स्थितप्रज्ञ

हो जाता है, उस समय उसकी स्थिति कैसी होती है? ये सारी बातें बतलाई गई है। श्लोक संख्या-71 में चौथे प्रश्न का स्पष्ट उत्तर देते हुए स्थितप्रज्ञ पुरुष के आचरण को बतलाते हुए भगवान् श्रीकृष्ण कहते हैं–

विहाय कामान् यः सर्वान् पुमांश्चरति निःस्पृहः ।
निर्ममो निरहङ्कारः स शान्तिमधिगच्छति ॥ 71 ॥

जो व्यक्ति कामना और स्पृहा रहित होकर जीवन व्यतीत करता है, वही वास्तविक शांति को प्राप्त करता है या कर सकता है। स्पृहारहित होने का अर्थ है, जिसके मन में इन्द्रिय तृप्ति के लिए कुछ भी इच्छा न हो।

वह शांति को प्राप्त करता है, के द्वारा पुरुष के विचरने की विधि बतलाकर अर्जुन के स्थितप्रज्ञ विषयक चौथे प्रश्न का उत्तर दिया गया है।

इस प्रकार भगवान् श्रीकृष्ण द्वारा अर्जुन के चारों प्रश्नों का उत्तर देने के पश्चात् इस अध्याय के 72वें श्लोक में स्थितप्रज्ञ पुरुष के महत्त्व को बतलाकर इस अध्याय का उपसंहार किया गया है–

एषा ब्रह्मी स्थितिः पार्थ नैनां प्राप्य विमुह्यति ।
स्थित्वास्यामन्तकालेऽपि ब्रह्मनिर्वाणमृच्छति ॥ 72 ॥

हे अर्जुन! यह ब्रह्म को प्राप्त पुरुष की स्थिति है, इसको प्राप्त कर मानव कभी भी मोहित नहीं होता। अगर कोई मानव जीवन के

अंतिम समय में भी इस तरह की स्थिति से संपन्न हो यानी ब्राह्मी स्थिति से युक्त हो तो ब्रह्मानंद को प्राप्त हो जाता है।

अंतकाल में भी इस स्थिति में स्थित होकर व्यक्ति ब्रह्मानंद को प्राप्त हो जाता है, इस कथन में यह भाव दिखलाया गया है कि जो मनुष्य जीवित अवस्था में ही इस स्थिति को प्राप्त कर लेता है, उसके विषय में तो कहना ही क्या है, वह तो ब्रह्मानंद को प्राप्त जीवन मुक्त है ही; परंतु जो साधन करते-करते या अकस्मात् मरणकाल में भी इस ब्राह्मी स्थिति में स्थित हो जाता है अर्थात् अहंकार, ममता, आसक्ति, स्पृहा और कामना से रहित होकर अचल भाव से परमात्मा के स्वरूप में स्थित हो जाता है, वह भी ब्रह्मानंद का प्राप्त हो जाता है

॥ ॐ तत्सदिति श्रीमद्भगवद्गीतासूपनिषत्सु ब्रह्मविद्यायां योगशास्त्रे श्रीकृष्णार्जुनसंवादे साङ्ख्ययोगो नाम द्वितीयोऽध्यायः ॥

अध्याय-3

कर्मयोग

श्रीमद्भगवद्गीता के इस अध्याय में भगवान् श्रीकृष्ण एवं अर्जुन के संवाद के द्वारा नाना प्रकार के हेतुओं की कर्तव्यपरक आवश्यकता सिद्ध की गई है। इस अध्याय में प्रत्येक मनुष्य को अपने-अपने निर्धारित कर्मों को किस प्रकार करना चाहिए, क्यों करना चाहिए, उन्हें न करने से किस प्रकार की हानि होती है, करने से किस प्रकार के लाभ होते हैं—इन्हें बतलाया गया है। इसके अतिरिक्त कौन-से कर्म बंधनकारक हैं तथा कौन-से मुक्ति में सहायक हैं, इत्यादि बातें भी भली-भांति समझाई गई हैं।

कुल मिलाकर इस अध्याय में कर्मयोग के विषय का विश्लेषण अन्य अध्यायों की अपेक्षा विस्तारपूर्वक किया गया है तथा दूसरे विषयों का समावेश बहुत कम हुआ है। इस वजह से विद्वानों द्वारा इस अध्याय का नाम 'कर्मयोग' रखा गया है, जो सर्वाधिक उचित है।

दूसरे अध्याय के विभिन्न श्लोकों में भगवान् श्रीकृष्ण द्वारा अर्जुन को कर्मयोग का स्वरूप बतलाकर कर्म करने के लिए प्रेरित किया गया है। 49वें श्लोक में समबुद्धि रूप कर्मयोग की अपेक्षा सकाम कर्म को अति निम्न बतलाया गया है। 50वें श्लोक में समबुद्धि युक्त पुरुष की प्रशंसा कर भगवान् ने अर्जुन को कर्मयोग में लगने हेतु कहा है। 51वें श्लोक में समबुद्धि पुरुष द्वारा 'अनानय' पद की प्राप्ति बतलाई गई है। इस प्रसंग को सुनकर अर्जुन द्वारा इसके मूल अभिप्राय को समझने में भ्रम उत्पन्न हो गया और अर्जुन को भगवान् श्रीकृष्ण के वचनों में 'कर्म' की अपेक्षा 'ज्ञान' की प्रशंसा प्रतीत होने लगी तथा वे वचन उनको स्पष्ट न दिखाई देकर मिले हुए से जान पड़ने लगे। अतः भगवान् से उक्त वचनों का स्पष्टीकरण करवाने और अपने लिए निश्चित श्रेय:साध जानने

की इच्छा से तीसरे अध्याय के पहले श्लोक में अर्जुन भगवान् श्रीकृष्ण से पूछते हैं–

अर्जुन उवाच

ज्यायसी चेत्कर्मणस्ते मता बुद्धिर्जनार्दन ।
तत्किं कर्मणि घोरे मां नियोजयसि केशव ॥ 1 ॥

अर्जुन अपने मन में उठने वाले ज्ञान से संबंधित संशय को बतलाते हुए कहते हैं–हे जनार्दन! यदि आप कर्म की अपेक्षा ज्ञान को अधिक श्रेयस्कर मानते हो, तो फिर हे केशव! मुझे इस भयंकर कर्म में क्यों लगाना चाहते हो?

- इस श्लोक में अर्जुन के द्वारा भगवान् श्रीकृष्ण को जनार्दन और केशव दो नामों से अभिहित किया गया है–आइए, दोनों का मतलब जान लें।

'सर्वैर्जनैरर्द्यते याच्यते स्वाभिलषितसिद्धये इति जनार्दनः। इस व्युत्पत्ति के अनुसार सब लोग जिनसे अपने मनोरथ सिद्धि हेतु याचना करते हैं, उनका नाम जनार्दन होता है। साथ ही 'क' से ब्रह्मा 'अ' से विष्णु और 'ईश' से महेश–ये तीनों जिनके 'व' से वपु अर्थात् स्वरूप है, उनको केशव कहते हैं। भगवान् को इन तीनों नामों से संबोधित करके अर्जुन यह सूचित कर रहे हैं कि मैं आपके शरणागत हूं। आप मुझे बतलाने की एवं भ्रम दूर करने की कृपा करें। आगे अर्जुन कहते हैं–

व्यामिश्रेणेव वाक्येन बुद्धि मोहयसीव मे ।
तदेकं वद निश्चित्य येन श्रेयोऽहमाप्नुयाम् ॥ 2 ॥

हे प्रभु! आपके व्यामिश्रित (अनेक अर्थों को देने वाले) उपदेशों से मेरी बुद्धि मोहित हो गई है। अतः कृपा करके निश्चयपूर्वक मुझे बताएं कि इनमें से मेरे लिए सर्वाधिक श्रेयस्कर क्या है?

इस प्रकार अर्जुन के पूछने पर भगवान् श्रीकृष्ण उनका निश्चित कर्तव्य भक्ति प्रधान कर्मयोग बतलाने के उद्देश्य से पहले उनके प्रश्न का उत्तर देते हुए यह समझाते हैं कि मेरे वचन व्यामिश्रित अर्थात् मिले हुए नहीं हैं, अपितु स्पष्ट और अलग-अलग हैं–

श्रीभगवान् उवाच
लोकेऽस्मिन्द्विविधा निष्ठा पुरा प्रोक्ता मयानघ ।
ज्ञानयोगेन साङ्ख्यानां कर्मयोगेन योगिनाम् ॥ 3 ॥

श्रीभगवान् बोले–हे निष्पाप अर्जुन! इस लोक में दो प्रकार की निष्ठा मेरे द्वारा पहले कही गई है। उनमें से सांख्य योगियों की निष्ठा ज्ञानयोग से संबंधित है और योगियों की निष्ठा कर्मयोग से होती है।

अनद्य शब्द का अर्थ है, जो पाप रहित हो।

पूर्व श्लोक में भगवान् ने जो बात कही है कि सांख्यनिष्ठा ज्ञानयोग के साधन से होती है और योगनिष्ठा कर्मयोग के साधन से होती है, उसी बात को सिद्ध करने के लिए अगले श्लोक में यह दिखलाते हैं कि कर्तव्य रूपी कर्मों के स्वरूपतः त्याग किसी भी निष्ठा का हेतु नहीं है।

न कर्मणामनारम्भान्नैष्कर्म्यं पुरुषोऽश्नुते ।
न च सन्न्यसनादेव सिद्धिं समधिगच्छति ॥ 4 ॥

हे अर्जुन! मनुष्य न तो कर्मों का आरंभ किए बिना निष्कर्मता यानी योगनिष्ठा को प्राप्त होता है और न ही कर्मों के केवल त्याग-मात्र से सिद्धि यानी सांख्यनिष्ठा को ही प्राप्त करता है।

नैष्कर्म्यम् पद कर्म की वह स्थिति है जिसमें पुरुष समस्त कर्म करते हुए कर्म से तो मुक्त हो जाते हैं, परंतु उसके बंधन से मुक्त नहीं होते।

सिद्धिम् शब्द तत्त्व-ज्ञान की प्राप्ति का वाचक है।

श्लोक संख्या-5 में भगवान् श्रीकृष्ण अर्जुन को कर्तव्य-कर्मों में प्रवृत्त करने के उद्देश्य से भिन्न-भिन्न हेतुओं से कर्म करने की आवश्यकता सिद्ध करने के लिए पहले कर्मों के सर्वथा त्याग को अशक्य बतलाते हुए कहते हैं–

न हि कश्चित्क्षणमपि जातु तिष्ठत्यकर्मकृत् ।
कार्यते ह्यवशः कर्म सर्वः प्रकृतिजैर्गुणैः ॥ 5 ॥

इसमें कोई संशय नहीं है कि कोई भी मनुष्य किसी भी काल में क्षण-मात्र भी बिना कर्म किए नहीं रहता, क्योंकि समस्त मानव समूह प्रकृति जनित गुणों द्वारा परवश होकर कर्म करने के लिए बाध्य किया जाता है।

उक्त श्लोक में भगवान् द्वारा यह बात बतलाई गई है कि कोई भी मानव क्षण-मात्र भी कर्म किए बिना नहीं रह सकता। इस स्थिति में प्रश्न यह उठता है कि इन्द्रियों की क्रियाओं को हठ से

रोककर भी तो मानव कर्मों का त्यागकर सकता है, इसलिए ऊपर से इन्द्रियों की क्रियाओं का त्याग कर देना कर्मों का त्याग नहीं है। छठे श्लोक में यह भाव दर्शाने के लिए भगवान् कहते हैं–

कर्मेन्द्रियाणि संयम्य य आस्ते मनसा स्मरन् ।
इन्द्रियार्थान्विमूढात्मा मिथ्याचारः स उच्यते ॥ 6 ॥

जो कर्मेंद्रियों को तो वश में करता है, परंतु जिसका मन इन्द्रिय विषयों का चिंतन करता रहता है, वह निश्चित रूप से स्वयं का धोखा देता है और मिथ्याचारी कहलाता है।

- उपर्युक्त श्लोक में केवल ऊपर से इन्द्रियों को विषयों से हटा लेने को मिथ्याचार बतलाने के पश्चात् सातवें श्लोक में आसक्ति का त्याग करके इन्द्रियों द्वारा निष्काम भाव से कर्तव्य-कर्म करने वाले योगी की प्रशंसा करते हुए भगवान् श्रीकृष्ण कहते हैं–

यस्त्विन्द्रियाणि मनसा नियम्यारभतेऽर्जुन ।
कर्मेन्द्रियैः कर्मयोगमसक्तः स विशिष्यते ॥ 7 ॥

हे अर्जुन! जो मनुष्य मन से इन्द्रियों को वश में करके अनासक्त हुआ, सभी इन्द्रियों द्वारा कर्मयोग का आचरण करता है, वही श्रेष्ठ है।

श्लोक संख्या-8 में अर्जुन ने पूर्व में जो यह पूछा था कि मुझे घोर कर्म में क्यों लगाते हैं, उसका उत्तर देते हुए भगवान् कर्मों का त्याग करने वाले मिथ्याचारी की निंदा और कर्मयोगी की प्रशंसा करके अब अर्जुन को कर्म करने की आज्ञा देते हुए कहते हैं–

नियंत कुरु कर्म त्वं कर्म ज्यायो ह्यकर्मणः ।
शरीरयात्रापि च ते न प्रसिद्ध्येदकर्मणः ॥ 8 ॥

अपना नियत कर्म करो, क्योंकि कर्म न करने की अपेक्षा कर्म करना श्रेष्ठ है। कर्म के बिना तो शरीर का निर्वाह भी करना संभव नहीं है।

कर्म न करने की अपेक्षा कर्म करना श्रेष्ठ है, का अभिप्राय यह है कि कर्तव्य-कर्म करने से मनुष्य का अंतःकरण शुद्ध होता है और उसके पापों का प्रायश्चित्त होता है तथा कर्तव्य कर्मों का त्याग करने से वह पाप का भागी बनता है एवं निद्रा, आलस्य और प्रमाद में फंसकर अधोगति को प्राप्त होता है। अतः कर्म न करने की अपेक्षा कर्म करना श्रेष्ठ है।

उक्त श्लोक के द्वारा एक जिज्ञासा होती है कि शास्त्रविहित यज्ञ, दान और तप आदि शुभ कर्म भी तो बंधन के हेतु माने गए हैं; फिर कर्म न करने की अपेक्षा कर्म करना श्रेष्ठ कैसे है? इस पर भगवान् श्रीकृष्ण कहते हैं–

यज्ञार्थात्कर्मणोऽन्यत्र लोकोऽयं कर्मबन्धनः ।
तदर्थं कर्म कौन्तेय मुक्तसङ्गः समाचार ॥ 9 ॥

भगवान् श्रीकृष्ण कहते हैं, यज्ञ के निमित्त किए जाने वाले कर्मों से अतिरिक्त दूसरे कर्मों में लगने वाला यह मानव समुदाय ही कर्मों के बंधन में बंधता है इसलिए हे अर्जुन! मनुष्य को आसक्ति रहित होकर उस यज्ञ के निमित्त ही भली-भांति कर्म करना चाहिए। तू भी उस यज्ञ के निमित्त ही भली-भांति कर्तव्य कर्म कर।

- उपर्युक्त श्लोक में प्रयुक्त 'लोकोऽयं' 'पद' का अभिप्राय है कि मानव को ही कर्म करने का अधिकार है और मनुष्य योनि में किए हुए कार्यों को भोगने के लिए दूसरी योनियां मिलती है, उनमें पुण्य-पाप रूप नए कर्म नहीं बनते। इस कारण अन्य योनियों में किए हुए कर्म बांधने वाले नहीं होते हैं–यह भाव दर्शाने के लिए 'लोकोऽयं:' पद का प्रयोग हुआ है।

उपर्युक्त श्लोक में भगवान् ने यह बात कही है कि यज्ञ के निमित्त कर्म करने वाला मनुष्य कर्मों से नहीं बंधता। श्लोक संख्या-10, 11, 12 में भगवान् ब्रह्माजी के वचनों को प्रमाण सहित प्रस्तुत कर यज्ञ की परिभाषा, यज्ञ क्यों और यज्ञ करने वाला मनुष्य कैसे नहीं बंधता इन तथ्यों को समझाने का प्रयास करते हैं–

सहयज्ञाः प्रजाः सृष्ट्वा पुरोवाच प्रजापतिः ।
अनेन प्रसविष्यध्वमेष वोऽस्तित्वष्टकामधुक् ॥ 10 ॥

प्रजापति ब्रह्मा ने सृष्टि के आरंभ में यज्ञ सहित मनुष्यों तथा देवताओं की संततियों को रचा और उनसे कहा कि तुम सभी इस यज्ञ से सुखी रहो, क्योंकि इसके करने से तुम सबको सुखपूर्वक रहने तथा मुक्ति प्राप्त करने के लिए समस्त वांछित वस्तुएं प्राप्त हो सकेंगी।

11वें श्लोक में भगवान् श्रीकृष्ण कहते हैं–

देवान्भावयतानेन ते देवा भावयन्तु वः ।
परस्परे भावयन्तः श्रेयः परमवाप्स्यथ ॥ 11 ॥

तुम लोग इस यज्ञ के द्वारा देवताओं को प्रसन्न करो और वे देवता तुम लोगों को प्रसन्न करेंगे। इसके माध्यम से निःस्वार्थ भाव से एक दूसरे को उन्नत तथा प्रसन्न बनाते हुए मनुष्यों तथा देवताओं के मध्य सहयोग से तुम सबको संपन्नता प्राप्त होगी।

12वें श्लोक में भगवान् श्रीकृष्ण मानव समूह को संबोधित करते हुए कहते हैं–

इष्टान्भोगान्हि वो देवा दास्यन्ते यज्ञभाविताः ।
तैर्दत्तानप्रदायैभ्यो यो भुङ्क्ते स्तेन एव सः ॥ 12 ॥

जीवन की विभिन्न आवश्यकताओं की पूर्ति करने वाले विभिन्न देवता यज्ञ संपन्न होने पर प्रसन्न होकर तुम्हारी सारी आवश्यकताओं की पूर्ति करते रहेंगे, परंतु देवताओं द्वारा प्रदत्त भोगों को जो पुरुष उन्हें दिए बिना स्वयं भोगता है, वह निश्चय ही चोर है।

- इस प्रकार ब्रह्माजी के वचनों का प्रमाण देकर भगवान् ने यज्ञादि कर्मों की कर्तव्यता का प्रतिपादन किया और साथ ही उसका पालन न करने वाले को चोर बतलाकर निंदा की। अगले श्लोक संख्या-13 में उन कर्तव्य कर्मों का आचरण करने वाले पुरुषों की प्रशंसा करते हुए उनसे विपरीत केवल शरीर पोषण के लिए कर्म करने वाले पापियों की निंदा करने हुए कहते हैं–

यज्ञशिष्टाशिनः सन्तो मुच्यन्ते सर्वकिल्बिषैः ।
भुञ्जते ते त्वघं पापा ये पचन्त्यात्मकारणात् ॥ 13 ॥

यज्ञ के बचे हुए अन्न को खाने वाले श्रेष्ठ पुरुष सभी पापों से मुक्त
हो जाते हैं और जो पापी लोग अपना शरीर पोषण करने के लिए
ही अन्न पकाते हैं, उनके द्वारा केवल पाप को ही खाया जाता है।

प्रत्येक मानव के द्वारा निम्नलिखित पांच यज्ञ आवश्यक बतलाए
गए हैं–

सतशास्त्रों का पाठ (ब्रह्म यज्ञ या ऋषि यज्ञ), हवन
(देव यज्ञ), अतिथियों की सेवा (मनुष्य यज्ञ), श्राद्ध और तर्पण
(पितृ यज्ञ), प्राणि-मात्र के लिए आहार देकर उनकी सेवा करना
(भूत यज्ञ) ये पांच महायज्ञ या ब्रह्म यज्ञ कहलाते हैं।

श्लोक संख्या-14 और 15 में भगवान् ने मानव समूह की इस
जिज्ञासा को शांत किया है कि यज्ञ न करने से कौन-कौन सी हानि
होती है? भगवान् ने इन श्लोकों के द्वारा सृष्टिचक्र को सुरक्षित
रखने के लिए यज्ञ की आवश्यकता के महत्त्व को प्रतिपादित करते
हुए कहा है–

अन्नाद्भवन्ति भूतानि पर्जन्यादन्नसम्भवः ।
यज्ञाद् भवति पर्जन्यो यज्ञः कर्मसमुद्भवः ॥ 14 ॥

हे अर्जुन! समस्त प्राणी अन्न पर आश्रित हैं। अन्न वर्षा से उत्पन्न
होता है। वर्षा यज्ञ संपन्न करने से होती है और यज्ञ नियत कर्मों
से उत्पन्न होता है।

कर्म ब्रह्मोद्भवं विद्धि ब्रह्माक्षरसमुद्भवम् ।
तस्मात्सर्वगतं ब्रह्म नित्यं यज्ञे प्रतिष्ठितम् ॥ 15 ॥

संपूर्ण कर्म वेद से उत्पन्न और वेद अविनाशी परमात्मा से उत्पन्न
हुए। इसी से सिद्ध होता है कि परम अक्षर परमात्मा सदैव यज्ञ में
प्रतिष्ठित होते हैं।

- वेदों में नियमित कर्मों का विधान है और ये वेद साक्षात्
  श्रीभगवान् (परब्रह्म) से प्रकट हुए हैं, इसलिए हे अर्जुन!
  मानव-मात्र का कल्याण करने वाला सर्वव्यापी यज्ञकर्मों में
  हमेशा स्थित होता है।

16वें श्लोक में श्रीभगवान् द्वारा सृष्टिचक्र के अनुकूल न चलने
वाले की यानी अपना कर्तव्य-पालन न करने वाले की निंदा करते
हुए कहा गया है–

एवं प्रवर्तितं चक्रं नानुवर्तयतीह यः ।
अघायुरिन्द्रियारामो मोघं पार्थ स जीवति ॥ 16 ॥

हे पार्थ! जो मानव जीवन में इस प्रकार वेदों द्वारा स्थापित यज्ञ-चक्र
का पालन नहीं करता, वह निश्चय ही भौतिक सुखों को भोगते हुए
भी पापमय जीवन व्यतीत करता है। ऐसा व्यक्ति केवल इन्द्रियों की
तुष्टि के लिए व्यर्थ ही जीवन जीता है।

- यहां यह जिज्ञासा होती है कि उपर्युक्त प्रकार की सृष्टि चक्र के
  अनुसार चलने का दायित्व किस श्रेणी के मनुष्यों पर है? इस
  पर परमात्मा को प्राप्त सिद्ध महापुरुष के सिवा इस सृष्टि से
  संबंध रखने वाले सभी मनुष्यों पर अपने-अपने कर्तव्य-पालन

का दायित्व है–यह भाव दिखलाने के लिए भगवान् 17वें एवं
18वें श्लोकों में ज्ञानी महापुरुष के लिये कर्तव्य का अभाव
और उसका हेतु बतलाते हुए कहते हैं–

यस्त्वात्मरतिरेव स्यादात्मतृप्तश्च मानवः ।
आत्मन्येव च संतुष्टस्तस्य कार्यं न विद्यते ॥ 17 ॥

जो व्यक्ति आत्मा में ही आनंद लेता है तथा जिसका जीवन
आत्म-साक्षात्कार युक्त है और जो अपने में ही पूर्णतया संतुष्ट रहता
है, हे अर्जुन! उसके लिए कुछ भी करणीय (कर्तव्य) नहीं होता है।

नैव तस्य कृतेनार्थो नाकृतेनेह कश्चन ।
न चास्य सर्वभूतेषु कश्चिदर्थव्यपाश्रयः ॥ 18 ॥

उस महापुरुष का इस विश्व में न कर्म करने से कोई प्रयोजन नहीं
रहता है। वह संपूर्ण प्राणियों में भी किंचित-मात्र भी स्वार्थ का
संबंध नहीं रखता।

श्रीभगवान् ने यह प्रमाणित किया है कि जब तक मनुष्य को परम
श्रेय रूप परमात्मा की प्राप्ति न हो जाए, तब तक उसके लिए स्वधर्म
का पालन करना अर्थात् अपने वर्णाश्रम के अनुसार विहित कर्मों का
अनुष्ठान निःस्वार्थ भाव से करना आवश्यक कर्तव्य है और परमात्मा
को प्राप्त हुए पुरुष के लिए किसी प्रकार का कर्तव्य न रहने पर भी
उसके मन-इन्द्रियों द्वारा लोक संग्रह के लिए प्रारब्धानुसार कर्म होते हैं।
अब उपर्युक्त वर्णन को लक्ष्य करते हुए भगवान् अर्जुन को अनासक्त
भाव से कर्तव्य कर्म करने के लिए आज्ञा देते हुए कहते हैं–

तस्मादसक्तः सततं कार्यं कर्म समाचार ।
असक्तो ह्याचरन्कर्म परमाप्नोति पूरुषः ॥ 19 ॥

कर्मफल में आसक्त हुए बिना मनुष्य को अपना कर्तव्य समझकर निरंतर कर्म करते रहना चाहिए, क्योंकि अनासक्त होकर कर्म करने से उसे परब्रह्म (परम) की प्राप्ति होती है।

कर्मणैव हि संसिद्धिमास्थिता जनकादयः ।
लोकसङ्ग्रहमेवापि सम्पश्यन्कर्तुमर्हसि ॥ 20 ॥

हे अर्जुन! जनक जैसे राजाओं ने केवल नियत कर्मों को करने से ही सिद्धि प्राप्त की। अतः सामान्य जनों को शिक्षित करने की दृष्टि से तुम्हें कर्म करना चाहिए।

- श्लोक संख्या-20 में श्रीभगवान् ने अर्जुन को लोक-संग्रह की ओर देखते हुए कर्मों को करना उचित बतलाया है। इस पर एक जिज्ञासा यह जाग्रत होती है कि कर्म करने से किस प्रकार लोक-संग्रह होता है? यही बात समझाने के लिए भगवान् 21वें श्लोक में कहते हैं–

यद्यदाचरति श्रेष्ठस्तत्तदेवेतरो जनः ।
स यत्प्रमाणं कुरुते लोकस्तदनुवर्तते ॥ 21 ॥

महापुरुष जो-जो आचरण करता है, अन्य पुरुष भी वैसा-वैसा ही आचरण करते हैं। वह महापुरुष अपने अनुसरणीय कार्यों से जो आदर्श प्रस्तुत करता है, संपूर्ण मनुष्य समुदाय उसका अनुसरण करता है।

श्रेष्ठ महापुरुषों के आचरणों को लोक-संग्रह में हेतु बतलाकर अब भगवान् श्रीकृष्ण श्लोक संख्या-22, 23, 24 में अपना उदाहरण देकर वर्णाश्रम के अनुसार विहित कर्मों के करने की आवश्यक कर्तव्यता का प्रतिपादन करते हुए कहते हैं–

न मे पार्थास्ति कर्तव्यं त्रिषु लोकेषु किञ्चन ।
नानवाप्तमवाप्तव्यं वर्त एव च कर्मणि ॥ 22 ॥

हे अर्जुन! तीनों लोकों में मेरे लिए कोई भी कर्म नियत नहीं है, न मुझे किसी वस्तु का अभाव है और न ही आवश्यकता ही है, तो भी मैं नियत कर्म करने में तत्पर रहता हूं।

यदि ह्यहं न वर्तेयं जातु कर्मण्यतन्द्रितः ।
मम वर्त्मानुवर्तन्ते मनुष्याः पार्थ सर्वशः ॥ 23 ॥

हे पार्थ! इसका कारण यह है, यदि मैं नियत कर्मों को सावधानीपूर्वक न करूं तो इससे बहुत बड़ी हानि हो जाए, क्योंकि सारे मनुष्य निश्चय ही मेरे पथ का अनुगमन करेंगे।

उत्सीदेयुरिमे लोका न कुर्यां कर्म चेदहम् ।
सङ्करस्य च कर्ता स्यामुपहन्यामिमाः प्रजाः ॥ 24 ॥

यदि मैं नियत कर्मों को न करूं तो ये समस्त जन नष्ट हो जाएं, तब मैं अवांछित (वर्णसंकर) को उत्पन्न करने का कारण हो जाऊंगा और इस प्रकार से संपूर्ण प्राणियों को नष्ट करने वाला बन जाऊंगा।

उपर्युक्त तीन श्लोकों में कर्मों को सावधानी के साथ न करने और उनका त्याग करने के कारण होने वाले परिणाम का अपने ऊपर दिए गए उदाहरण से वर्णन करके तथा लोक-संग्रह की दृष्टि से सबके लिए विहित कर्मों एवं आवश्यक कर्तव्यों का प्रतिपादन करके श्लोक संख्या-25 में ज्ञानी व्यक्ति को कर्म करने के लिए प्रेरित करते हुए भगवान् कहते हैं-

सक्ताः कर्मण्यसविद्वांसो यथा कुर्वन्ति भारत ।
कुर्याद्विद्वांस्तथासक्तश्चिकीर्षुर्लोकसङ्ग्रहम् ॥ 25 ॥

हे भारत! जिस प्रकार अज्ञानी-जन फल की आसक्ति से कार्य करते हैं, ठीक उसी प्रकार से विद्वान जनों को चाहिए कि वे लोगों को उचित पथ पर ले जाने के लिए अनासक्त रहकर कार्य करें।

न बुद्धिभेदं जनयेद ज्ञानां कर्मसङ्गिनाम् ।
जोषसेत्सर्वकर्माणि विद्वान्युक्तः समाचरन् ॥ 26 ॥

परमात्मा के स्वरूप में अटल स्थित हुए ज्ञानी जन को चाहिए कि वह शास्त्र विहित कर्मों में आसक्ति वाले अज्ञानियों की बुद्धि में भ्रम अर्थात् कर्मों में अश्रद्धा उत्पन्न न करें, किंतु स्वयं शास्त्रोक्त समस्त कर्म भली-भांति करता हुआ उनसे भी वैसे ही कार्य करवाएं।

श्लोक संख्या-27 एवं 28 में कर्मासक्त जन-समुदाय की अपेक्षा सांख्ययोगी की विलक्षणता का प्रतिपादन करते हुए भगवान् श्रीकृष्ण कहते हैं-

प्रकृतेः क्रियमाणानि गुणैः कर्माणि सर्वशः ।
अहङ्कारविमूढात्मा कर्ताहमिति मन्यते ॥ 27 ॥

वास्तव में समस्त कर्म सब प्रकार से प्रकृति के गुणों द्वारा किए जाते हैं तो भी जीवात्मा अहंकार के प्रभाव से मोहग्रस्त होकर अपने-आप को समस्त कर्मों का कर्ता मान बैठता है।

तत्त्ववित्तु महाबाहो गुणकर्मविभागयोः ।
गुणा गुणेषु वर्तन्त इति मत्वा न सज्जते ॥ 28 ॥

हे महाबाहो! भक्ति भाव से युक्त कर्म तथा सकाम कर्म के भेद को भली-भांति जानते हुए, जो परम सत्य को जानने वाला है, वह कभी भी अपने आपको इन्द्रियों में तथा इन्द्रिय तृप्ति में नहीं लगाता।

श्लोक संख्या-29 में आत्म तत्त्व को पूर्णतया समझाने वाले महापुरुष को प्रेरित करते हुए अपेक्षा की जाती है कि वह कर्मासक्त अज्ञानी मनुष्यों को विचलित न करें–

प्रकृतेर्गुणसम्मूढ़ाः सज्जन्ते गुणकर्मसु ।
तानकृत्स्नविदो मन्दान्कृत्स्नविन्न विचालयेत् ॥ 29 ॥

माया के गुणों से मोहग्रस्त होने पर अज्ञानी मनुष्य पूर्णतया भौतिक कार्यों में संलग्न रहकर उनमें आसक्त हो जाते हैं। यद्यपि उनके ये कार्य उनमें ज्ञान के अभाव के कारण अधम स्थिति प्रदाता होते है। ऐसे में ज्ञानी जनों को चाहिए कि उन्हें विचलित न करें, सही मार्ग पर लाने की कोशिश करें।

- तृतीय अध्याय के श्लोक संख्या-4 से लेकर 29 तक श्रीभगवान् द्वारा कर्मों की आवश्यक कर्तव्यता का प्रतिपादन किया गया है। 30वें श्लोक में अर्जुन द्वारा की गई दूसरे श्लोक की प्रार्थना के अनुसार भगवान् युद्ध को वर्तमान समय में कल्याण प्राप्ति का एकांतिक और सर्वश्रेष्ठ निश्चित साधन बतलाते हुए युद्ध करने की आज्ञा देते हैं-

मयि सर्वाणि कर्माणि सन्न्यस्याध्यात्मचेतसा ।
निराशीर्निर्ममो भूत्वा युध्यस्व विगतज्वरः ॥ 30 ॥

हे अर्जुन! अपने समस्त कार्यों को मुझे समर्पित करके मेरे पूर्ण ज्ञान से युक्त होकर लाभ की आकांक्षा से रहित, स्वामित्व के किसी दावे के बिना तथा आलस्य से रहित होकर युद्ध करो।

- अर्जुन को उनके कल्याण का निश्चित साधन बतलाते हुए भगवान् उन्हें युद्ध करने की आज्ञा देने के पश्चात् 31वें श्लोक में अब उसका अनुष्ठान करने के फल का वर्णन करते हुए कहते हैं-

ये मे मतमिदं नित्यमनुतिष्ठन्ति मानवाः ।
श्रद्धावन्तोऽनसूयन्तो मुच्यन्ते तेऽपि कर्मभिः ॥ 31 ॥

हे अर्जुन! जो व्यक्ति मेरे आदेशों के अनुसार अपना कर्तव्य करते रहते हैं और ईर्ष्या रहित होकर इस उपदेश का श्रद्धापूर्वक पालन करते हैं, वे सकाम, कर्मों के बंधन से मुक्त हो जाते हैं।

श्लोक संख्या-32 में भगवान् श्रीकृष्ण अपने उपर्युक्त मत का

अनुष्ठान करने का फल बतलाकर, अब उसके अनुसार न चलने में हानि बतलाते हैं–

ये त्वेतदभ्यसूयन्तो नानुतिष्ठन्ति मे मतम् ।
सर्वज्ञानविमूढांस्तान्विद्धि नष्टानचेतसः ॥ 32 ॥

हे अर्जुन! जो ईर्ष्यावश इन उपदेशों की उपेक्षा करते हैं और इनका पालन नहीं करते, उन्हें समस्त ज्ञान से रहित, दिग्भ्रमित तथा सिद्धि के प्रयासों में नष्ट-भ्रष्ट समझना चाहिए।

33वें श्लोक में अर्जुन की इस जिज्ञासा का कि यदि कोई भगवान् के मत के अनुसार कर्म न करके हठपूर्वक कर्मों का सर्वथा त्यागकर दे तो क्या हानि है? इस पर भगवान् कहते हैं–

सदृशं चेष्टते स्वस्याः प्रकृतेर्ज्ञानवानपि ।
प्रकृतिं यान्ति भूतानि निग्रहः किं करिष्यति ॥ 33 ॥

सभी प्राणी प्रकृति को प्राप्त होते हैं अर्थात् अपने स्वभाव के वश में हुए कर्म करते हैं। ज्ञानवान् भी अपनी प्रकृति के अनुसार कर्म करने का प्रयास करता है, इसलिए इसमें किसी के हठ के द्वारा किसी भी परिवर्तन की उम्मीद नहीं है।

श्लोक संख्या-34 में भगवान् श्रीकृष्ण के द्वारा उस जिज्ञासा का कि सभी को अपनी प्रकृति के अनुसार कर्म करने पड़ते हैं तो फिर कर्म-बंधन से छूटने के लिए मुनष्य को क्या करना चाहिए? भगवान् कहते हैं–

इन्द्रियस्येन्द्रियस्यार्थे रागद्वेषौ व्यवस्थितौ ।
तयोर्न वशमागच्छेत्तौ ह्यस्य परिपन्थिनौ ॥ 34 ॥

प्रत्येक इंन्द्रिय के विषय में राग और द्वेष छिपे हुए स्थित हैं। मनुष्य को उन दोनों के वश में नहीं होना चाहिए, क्योंकि वे दोनों ही इसके कल्याण के मार्ग में विघ्न करने वाले महान् शत्रु हैं।

श्लोक संख्या-35 में अर्जुन के मन की संभावित जिज्ञासा जो निकलकर सामने नहीं आई है, जो मानव की हो सकती है कि मैं यह युद्ध रूपी घोर कर्म न करके यदि भिक्षावृत्ति से अपना निर्वाह करता हुआ शांतिमय कर्मों में लगा रहूं तो सहजता के साथ राग-द्वेष से छूट सकता हूं, फिर आप मुझे युद्ध करने की आज्ञा क्यों दे रहे हैं, इस पर भगवान् कहते हैं-

श्रेयान्स्वधर्मो विगुणः परधर्मात्स्वनुष्ठितात् ।
स्वधर्मे निधनं श्रेयः परधर्मो भयावहः ॥ 35 ॥

अपने नियत कर्मों को दोषपूर्ण ढंग से संपन्न करना भी अन्य के कर्मों को भली-भांति करने से श्रेयस्कर है। अपने कर्मों को करते हुए मृत्यु प्राप्त करना, पराए कर्मों में प्रवृत्त होने की अपेक्षा श्रेष्ठतर है, क्योंकि दूसरे मार्ग का धर्म भय को प्रदान करने वाला होता है।

उपर्युक्त श्लोक में भगवान् द्वारा बताया गया है कि मनुष्य के स्वधर्म पालन को कल्याणपरक तथा परधर्म का सेवन और निषिद्ध कर्मों का आचरण करने में सभी प्रकार से हानि है।

- इस बात को भली-भांति समझ लेने के बाद भी मनुष्य अपनी इच्छा, विचार और धर्म के विरुद्ध, पापाचार में किस प्रकार

प्रवृत्त हो जाते हैं–इस तथ्य को जानने की इच्छा से अर्जुन पूछते हैं–

अर्जुन उवाच

अथ केन प्रयुक्तोऽयं पापं चरति पूरुषः ।
अनिच्छन्नपि वार्ष्णेय बलादिव नियोजितः ॥ 36 ॥

अर्जुन बोले–हे केशव! तो फिर यह मनुष्य स्वयं न चाहता हुआ भी बलात् लगाए हुए की भांति किससे प्रेरित होकर पाप का आचरण करता है?

37वें श्लोक में अर्जुन के इस प्रश्न का उत्तर देते हुए भगवान् श्रीकृष्ण कहते हैं–

श्रीभगवान् उवाच

काम एष क्रोध एष रजोगुणसमुद्भवः।
महाशनो महापाप्मा विद्ध्येनमिह वैरिणम् ॥ 37 ॥

श्री भगवान् ने कहा–हे अर्जुन! रजोगुण से उत्पन्न यह काम ही क्रोध है, यह बहुत खानेवाला अर्थात् भोगों से कभी न अघाने वाला और पापी है। इसको ही तुम इस विषय में वैरी जानो।

- उपर्युक्त श्लोक में सभी अनर्थों का मूल मनुष्य को बिना इच्छा के पापों में लगाने वाला वैरी काम को बतलाया गया है। प्रश्न यह उठता है कि यह काम मनुष्य को किस प्रकार पापों में प्रवृत्त करता है? श्लोक संख्या–38, 39 और 40 में भगवान् श्रीकृष्ण के द्वारा यह समझाया गया है कि काम मनुष्य के

ज्ञान को ढककर उसे अंधा बनाकर पापों के गड्ढे में ढकेल देता है–

धूमेनाव्रियते वह्निर्यथादर्शो मलेन च ।
यथोल्बेनावृतो गर्भस्तथा तेनेदमावृतम् ॥ 38 ॥

भगवान् कहते हैं कि जिस प्रकार धुएं से आग, मैल से दर्पण को ढक जाता है और जेर (गर्भाशय) से गर्भ भी ढका रहता है, वैसे ही काम के द्वारा ज्ञान को ढक दिया जाता है।

- श्लोक संख्या-38 में 'तेन' पद 'काम' का और 'इदम्' पद 'ज्ञान' का वाचक है। श्लोक संख्या-39 में भगवान् उस काम को अग्नि की भांति कभी पूर्ण न होने वाला बतलाते हैं–

आवृतं ज्ञानमेतेन ज्ञानिनो नित्य वैरिणा ।
कामरूपेण कौन्तेय दुष्पूरेणानलेन च ॥ 39 ॥

हे कौंतेय! ठीक उसी प्रकार से इस अग्नि के समान कभी न पूर्ण होने और कामरूप ज्ञानियों के नित्य शत्रु के द्वारा मनुष्य का ज्ञान ढका हुआ है।

उपर्युक्त श्लोक में काम के द्वारा ज्ञान को आवृत्त बतलाकर अब उसे मारने का उपाय बतलाने के उद्देश्य से उसके वास (निवास) स्थान और उसके द्वारा जीवात्मा के मोहित किए जाने का प्रकार बतलाते हुए 40वें श्लोक में भगवान् श्रीकृष्ण कहते हैं–

इन्द्रियाणि मनो बुद्धिरस्याधिष्ठानमुच्यते ।
एतैर्विमोहयत्येष ज्ञानमावृत्य देहिनम् ॥ 40 ॥

इन्द्रियां, मन और बुद्धि ये सभी काम के वास स्थान माने जाते
हैं। यह काम मन, बुद्धि और इन्द्रियों के द्वारा ही ज्ञान को ढककर
(आच्छादित) करके जीवात्मा को मोहित करता है।

उपर्युक्त श्लोक में काम के वास स्थान को बतलाने के पश्चात्
भगवान् श्रीकृष्ण 41वें श्लोक में उस काम रूपी वैरी को मारने
की युक्ति बतलाते हुए अर्जुन को इस काम को मार डालने की
आज्ञा देते हैं–

तस्मात्त्वमिन्द्रियाण्यादौ नियम्य भरतर्षभ ।
पाप्मानं प्रजहि ह्येनं ज्ञानविज्ञाननाशनम् ॥ 41 ॥

इसलिए हे भारत! तू सबसे पहले इन्द्रियों को वश में करके इस
ज्ञान और विज्ञान का नाश करने वाले महान पापी काम को निश्चित
रूप से मार डालो।

उपर्युक्त तीनों श्लोकों में इन्द्रिय निग्रह द्वारा काम को परास्त
करने की बात कही गयी है। इस पर एक प्रश्न यह खड़ा होता
है कि जब इन्द्रियों, मन और बुद्धि पर काम का अधिकार है और
काम ने जीवात्मा को मोहित कर रखा है, तो ऐसी परिस्थिति में वह
इन्द्रियों को वश में करके काम को कैसे मार सकता है? इस शंका
को दूर करने के लिए भगवान् श्रीकृष्ण आत्मा के यथार्थ स्वरूप
का लक्ष्य कराते हुए 42वें श्लोक में आत्म-बल को याद (स्मृति)
कराते हुए कहते हैं–

इन्द्रियाणि पराण्याहुरिन्द्रियेभ्यः परं मनः ।
मनसस्तु परा बुद्धिर्यो बुद्धेः परतस्तु सः ॥ 42 ॥

कर्मेंद्रियां जड़ पदार्थ की अपेक्षा श्रेष्ठ हैं, मन इन्द्रियों से श्रेष्ठ व अलग है, बुद्धि मन से श्रेष्ठ एवं अलग है और आत्मा बुद्धि से भी बढ़कर है और बुद्धि से अत्यंत परे है।

इस अध्याय के 43वें और अंतिम श्लोक में भगवान् श्रीकृष्ण आत्मा को सर्वश्रेष्ठ समझाकर अर्जुन को काम रूपी शत्रु को मारने की आज्ञा देते हुए कहते हैं–

एवं बुद्धेः परं बुद्ध्वा संस्तभ्यात्मानमात्मना ।
जहि शत्रुं महाबाहो कामरूपं दुरासदम् ॥ 43 ॥

हे महाबाहो! इस प्रकार ये बुद्धि से अलग अर्थात् सूक्ष्म, बलवान और अत्यंत श्रेष्ठ आत्मा को जानकर और बुद्धि द्वारा मन को वश में करके तुम इस काम रूपी दुर्जेय शत्रु को मार डालो।

श्रीमद्भगवद्गीता की तरह ही 'कठोपनिषद्' में भी आत्मा के विषय में अपना विचार रखते हुए कहा गया है कि सब भूतों (प्राणियों) के अंदर छिपा हुआ यह आत्मा प्राणियों के प्रत्यक्ष नहीं होता। केवल सूक्ष्मदर्शी पुरुष ही अत्यंत तीक्ष्ण और सूक्ष्म बुद्धि के माध्यम से इसे प्रत्यक्ष कर सकते हैं।

श्रीमद्भगवद्गीता के तृतीय अध्याय में कर्म पक्ष की विवेचना और आत्म-तत्त्व के अन्वेषण के माध्यम से भगवान् श्रीकृष्ण द्वारा कर्म एवं आत्मा के समानुपातिक संबंधों को विशदता के साथ

दर्शाया गया है, इसलिए हमें आत्मा की अनुभूति आधारित कर्म का प्रश्रय लेना चाहिए।

॥ ॐ तत्सदिति श्रीमद्भगवद्गीतासूपनिषत्सुब्रह्मविद्यायां योगशास्त्रे श्रीकृष्णार्जुनसंवादे कर्मयोगो नाम तृतीयोऽध्याय: ॥

अध्याय-4

ज्ञानकर्मसंन्यासयोग

इस अध्याय में कर्मयोग की परंपरा एवं प्रशंसा, जन्म-विषयक प्रश्न एवं समाधान, अवतार के तत्त्व रहस्य, समय तथा निमित्त वर्णन, भगवद् आश्रय निष्काम एवं कर्म रहस्य तथा कर्म में अकर्म तथा अकर्म में कर्म को देखा गया है। इस अध्याय में ब्रह्म यज्ञ, दैव यज्ञ और अभेद्दर्शन यज्ञ का वर्णन भी किया गया है। द्रव्यमय यज्ञ की अपेक्षा ज्ञानमय यज्ञ को उत्तम बतलाया गया है। तत्त्वज्ञान की प्रशंसा, कर्मयोगी को स्वत: ज्ञान-प्राप्ति का अधिकारी, ज्ञान फल को परम शांतिप्रद तथा ज्ञान खड्ग द्वारा अज्ञान जनित संशय का नष्ट होना बतलाया गया है। कर्मयोग में डटे रहने के लिए अर्जुन को युद्ध हेतु प्रेरित करने के साथ इस अध्याय का समापन हुआ है।

चूंकि इस अध्याय में भगवान् ने अपने अवतार के रहस्य और तत्त्व सहित कर्मयोग तथा संन्यास योग तथा इन सबके फलस्वरूप जो परमात्मा के तत्त्व का यथार्थ ज्ञान है, उसका वर्णन किया है, इसलिए विद्वत् जन के द्वारा इस अध्याय का नाम 'ज्ञान, कर्म संन्यास योग' भी रखा गया है।

तीसरा अध्याय मूलत: भक्ति प्रधान कर्मयोग की उपादेयता पर आधारित हैं। विभिन्न संदर्भों के आलोक में भगवान् कर्म की श्रेष्ठता को प्रमाणित करते हैं, परंतु कर्मयोग का तत्त्व बड़ा ही गहन है, इसलिए अब भगवान् पुन: उसके संबंध में बहुत-सी बातों को बतलाने का उद्देश्य से कर्म तत्त्व का प्रकरण आरंभ करते हुए इस अध्याय के पहले, दूसरे और तीसरे श्लोकों में कर्मयोग की परंपरा बतलाकर उसकी अनादिता सिद्ध करते हुए कहते हैं–

श्रीभगवान् उवाच

इमं विवस्वते योगं प्रोक्तवानहमव्ययम् ।
विवस्वान्मनवे प्राह मनुरिक्ष्वाकवेऽब्रवीत् ॥ 1 ॥

भगवान् ने अर्जुन से कहा–मैंने इस अविनाशी योग को (कर्मयोग को) सूर्य से कहा था, सूर्य ने अपने पुत्र वैवस्वत मनु से कहा और मनु के द्वारा इस योग के विषय से राजा इक्ष्वाकु को अवगत कराया गया।

- भगवान् यह बताना चाहते हैं कि सर्वप्रथम कर्मयोग की परंपरा लोक में क्षत्रियों के माध्यम से आई।

दूसरे श्लोक में भगवान् श्रीकृष्ण कहते हैं–

एवं परम्पराप्राप्तमिमं राजर्षयो विदुः ।
स कालेनेह महता योगो नष्टः परन्तप ॥ 2 ॥

हे परंतप अर्जुन! इस प्रकार परंपरा से प्राप्त इस योग को राजर्षियों ने जाना, लेकिन उसके पश्चात् वह योग बहुत काल से इस पृथ्वीलोक से प्रायः लुप्त हो गया।

राजर्षि वे लोग कहलाते हैं, जो राजा होते हुए ऋषि दोनों हों यानी राजसत्ता के संरक्षक के साथ वेद-मंत्रों के अर्थ का तत्त्व जानने वाले हों।

भगवान् अपने भक्त एवं प्रिय सखा को तीसरे श्लोक में समझाते हुए कहते हैं–

स एवायं मया तेऽद्य योगः प्रोक्तः पुरातनः।
भक्तोऽसि मे सखा चेति रहस्यं ह्येतदुत्तमम् ॥ 3 ॥

हे पार्थ! तुम मेरे प्रिय भक्त और सखा हो, इसलिए मैंने उसी पुरातन कर्मयोग को तुमसे कहा है, क्योंकि यह बड़ा ही उत्तम रहस्य है अर्थात् यह गुप्त रखने योग्य विषय है।

चौथे अध्याय के पहले श्लोक को आधार बनाकर यह बताने के लिए कि योग को मैंने सूर्य को बतलाया। प्रश्न उठता है कि कृष्ण तो द्वापरयुग में हुए, तब सूर्य को योग संदेश कैसे दिया, इसका समाधान करने के लिए अर्जुन अवतार तत्त्व के विषय में भगवान् श्रीकृष्ण से पूछते हैं–

अर्जुन उवाच
अपरं भवतो जन्म परं जन्म विवस्वतः।
कथमेतद्विजानीयां त्वमादौ प्रोक्तवानिति ॥ 4 ॥

अर्जुन ने कहा–आपका जन्म तो अर्वाचीन यानी अभी हाल का है और सूर्य का जन्म बहुत पुराना है अर्थात् कल्प के आदि में हो चुका था। हे माधव! तब मैं इस बात को कैसे समझूं कि आप ही ने कल्प के आदि में सूर्य से इस योग को कहा था।

इस तरह से अर्जुन द्वारा पूछे जाने पर अपने अवतार तत्त्व का रहस्य समझाने के लिए अपनी सर्वज्ञता प्रकट करते हुए श्री भगवान् कहते हैं–

श्रीभगवान् उवाच
बहूनि मे व्यतीतानि जन्मानि तव चार्जुन ।
तान्यहं वेद सर्वाणि न त्वं वेत्थ परन्तप ॥ 5 ॥

श्रीभगवान् ने कहा–तुम्हारे और मेरे अनेकानेक जन्म हो चुके हैं। अर्जुन! मुझे तो उसका स्मरण है, परंतु तुम्हें (या जीवत्मा) को उसका स्मरण नहीं रह सकता।

• भगवान् श्रीकृष्ण के मुख से यह बात सुनकर कि अब तक मेरे बहुत जन्म हो चुके हैं, तब यह जानने की इच्छा होती है कि आपका जन्म किस प्रकार होता है और आपके जन्म में तथा अन्य लोगों के जन्म में क्या भेद है? इसलिए इस बात को समझाने के लिए भगवान् अपने जन्म का तत्त्व बतलाते हैं–

अजोऽपि सन्नव्ययात्मा भूतानामीश्वरोऽपि सन् ।
प्रकृतिं स्वामधिष्ठाय सम्भवाम्यात्ममायया ॥ 6 ॥

हे पार्थ! यद्यपि मैं अजन्मा तथा अविनाशी हूं और साथ ही मैं समस्त जीवों का स्वामी हूं तो भी प्रत्येक युग में मैं अपने आदि दिव्य रूप में प्रकट होता हूं।

इस तरह भगवान् श्रीकृष्ण के मुख से उनके जन्म का तत्त्व सुनने पर यह जिज्ञासा होती है कि आप किस-किस समय और किन-किन कारणों से इस प्रकार अवतार धारण करते हैं। श्लोक संख्या-7 एवं 8 में भगवान् द्वारा अपने अवतार के अवसर, हेतु और उद्देश्य को बतलाते हुए कहा गया है–

यदा यदा हि धर्मस्य ग्लानिर्भवति भारत ।
अभ्युत्थानमधर्मस्य तदात्मानं सृजाम्यहम् ॥ 7 ॥

हे भारत! जब भी और जहां भी धर्म का पतन होता है और अधर्म
की प्रधानता होने लगती है, तब-तब मैं अपने रूप को रचता हूं
अर्थात् अवतरित होकर लोगों के सम्मुख प्रकट होता हूं।

'यदा-यदा' पद का दो बार प्रयोग करके यह बतलाया गया है
कि जब-जब धर्म की हानि एवं अधर्म की विजय वृद्धि होती है,
भगवान् प्रकट होते हैं।

परित्राणाय साधूनां विनाशाय च दुष्कृताम् ।
धर्मसंस्थापनार्थाय सम्भवामि युगे-युगे ॥ 8 ॥

भक्तों अथवा साधु पुरुषों का उद्धार करने के लिए तथा पाप-कर्म
करने वालों का विनाश करने के लिए और धर्म की विधिवत्
स्थापना के लिए मैं युग-युग में प्रकट हुआ करता हूं।

साधु शब्द—जो पुरुष अहिंसा, सत्य, अस्तेय, ब्रह्मचर्य आदि
समस्त सामान्य धर्मों का तथा यज्ञ, दान, तप एवं अध्यापन, प्रजा
आदि का पालन और दूसरों का हित जिनके स्वभाव में हमेशा
निहित रहता है तथा जो सद्गुणों के भंडार, श्रद्धा और प्रेम के साथ
प्रभु एवं समाज से जुड़े होते हैं, वे साधु कहलाते हैं।

8वें श्लोक में भगवान् अपने दिव्य जन्मों के अवसर, हेतु और
उद्देश्य का वर्णन करके अब उन जन्मों की और उनमें किए जाने
वाले कर्मों की दिव्यता को तत्त्व से जानने का फल बतलाते हुए
9वें श्लोक में कहते हैं—

जन्म कर्म च मे दिव्यमेवं यो वेत्ति तत्त्वतः ।
त्यक्त्वा देहं पुनर्जन्म नैति मामेति सोऽर्जुन ॥ 9 ॥

हे पार्थ! मेरे जन्म और कर्म दिव्य अर्थात् निर्मल और अलौकिक हैं। इस प्रकार हे भारत! जो मनुष्य यह तत्त्व जान लेता है, वह शरीर को त्यागकर फिर जन्म को प्राप्त नहीं होता, अपितु वह मुझे ही प्राप्त होता है।

भगवान् के जन्म और कर्मों को तत्त्वतः समझ लेने का जो फल बतलाया गया है, वह अनादि परंपरा से चला आ रहा है, इस बात को स्पष्टतः समझाने के लिए भगवान् 10वें श्लोक में कहते हैं–

वीतरागभयक्रोधा मन्मया मामुपाश्रिताः ।
बहवो ज्ञानतपसा पूता मद्भावमागताः ॥ 10 ॥

पूर्व में भी जिनके राग, भय और क्रोध सर्वथा नष्ट हो गए थे और जो मुझमें अनन्य प्रेमपूर्वक स्थित रहते थे, हे अर्जुन! ऐसे मेरे आश्रित रहने वाले बहुत-से भक्त उपर्युक्त ज्ञान रूपी तप से पवित्र होकर मेरे स्वरूप को प्राप्त हो चुके हैं।

मामुपाश्रिता–– वे जो भगवत् शरण ग्रहण कर लेते हैं, सर्वथा ईश्वर पर निर्भर रहते हैं और सदा संतुष्ट होते हुए जिनका अपने लिए कुछ भी कर्तव्य नहीं होता, मामुपाश्रिता कहलाते हैं।

भगवान् के द्वारा यह बताए जाने पर कि जो मेरे जन्म एवं कर्मों को दिव्य समझ लेते हैं, उन अनन्य प्रेमी भक्तों को मेरी प्राप्ति हो जाती है। प्रश्न यह उठता है कि उनको भगवान् किस

प्रकार और किस रूप में मिलते हैं? इस पर श्लोक संख्या-11 में भगवान् कहते हैं–

ये यथा मां प्रपद्यन्ते तांस्तथैव भजाम्यहम् ।
मम वर्त्मानुवर्तन्ते मनुष्याः पार्थ सर्वशः ॥ 11 ॥

हे पार्थ! जो भक्त मुझे जिस प्रकार भजते हैं, मैं भी उनको उसी प्रकार भजता हूं; क्योंकि समस्त मानव सब प्रकार से मेरे ही मार्ग का अनुसरण करते हैं।

भगवद्-भजन न कर अन्य देवताओं की उपासना के संदर्भ में भगवान् श्रीकृष्ण 12वें श्लोक में कहते हैं–

काङ्क्षतः कर्मणां सिद्धिं यजन्त इह देवताः ।
क्षिप्रं हि मानुषे लोके सिद्धिर्भवति कर्मजा ॥ 12 ॥

इस मानवलोक में कर्मों के फल को चाहने वाले लोग देवताओं का पूजन किया करते हैं, क्योंकि उन लोगों को कर्मों से उत्पन्न होने वाली सिद्धियां शीघ्र ही प्राप्त हो जाती हैं।

कर्मों का फल चाहने वाले लोग देवताओं का पूजन करते हैं और उन्हें सिद्धियां भी शीघ्र मिल जाती हैं। भगवान् के इस कथन में यह भाव है कि देवता लोगों के लिए व्यक्ति का समर्पण नहीं, बल्कि दिव्यता के साथ पूर्ण हुआ अनुष्ठान सिद्धि प्राप्ति का आधार बनता है, जबकि मैं अपने भक्तों की पूर्णता को परखे बिना अपनी कृपा उन पर नहीं बरसाता, इसलिए मानवलोक में कर्म फल की प्राप्ति हेतु जन विविध देवजन की पूजा करते हैं।

इसी अध्याय के नवम् श्लोक में भगवान् के दिव्य जन्म और कर्मों को तत्त्वतः जानने का फल भगवद्-प्राप्ति बतलाया गया है। 13वें और 14वें श्लोक में कर्मों की दिव्यता को स्पष्ट करते हुए सृष्टि रचना के कर्मों में कर्तापन, विषमता और स्पृहा का अभाव दिखलाकर कर्मों की दिव्यता को समझाते हुए भगवान् कहते हैं–

चातुर्वर्ण्यं मया सृष्टं गुणकर्मविभागशः ।
तस्य कर्तारमपि मां विद्ध्यकर्तारमव्ययम् ॥ 13 ॥

प्रकृति के तीनों गुणों (सत्व, रज, तम) और उनसे संबंध कर्म के अनुसार ही मेरे द्वारा मानव समाज के चार विभाग (ब्राह्मण, क्षत्रिय, वैश्य, शूद्र) रचे गए हैं।

हे अर्जुन! यद्यपि मैं इस व्यवस्था का स्रष्टा हूं, तथापि तुम यह जान लो इतने के बाद भी मैं अव्यय और अकर्ता हूं।

गीता का गुणकर्म विभाग–

सत्व का आधिक्य + रज = ब्राह्मण।

रज का आधिक्य + सत्त्व = क्षत्रिय।

रज का आधिक्य + तम = वैश्य।

तम का आधिक्य + रज = शूद्र।

कर्म–

ब्राह्मण– शम-दमादि युक्त कर्म।

क्षत्रिय – शौर्य-तेजादि युक्त कर्म।

वैश्य – कृषि व्यापार, गौरक्षादि युक्त कर्म।

शूद्र – सेवा परायणादि से संबंधित कर्म।

भगवान् ने वर्णों को जन्म, गुण और कर्म के आधार पर प्रधानता देते हुए कहा है कि संस्कारादि एवं कुछ हद तक जीविका का आधार जन्म होता है, लेकिन कल्याण-प्राप्ति और कुछ हद तक जीविका का आधार कर्माधारित होना चाहिए। परमात्मा द्वारा जन्म से कम महत्त्व गुण और कर्म को नहीं दिया गया है। गुण-कर्म के आधार पर ही व्यक्ति का व्यक्तित्व प्रतिफलित होता है और अधिकतर स्थितियों में प्रसिद्धि को प्राप्त होता है।

भगवान् द्वारा जगत् की रचना के साथ कर्मों का कर्ता होने के बाद भी स्वयं को अकर्ता इसलिए कहा गया है, क्योंकि भगवान् उन कर्मों से सर्वथा अतीत है। यद्यपि उनके सकाम से उनकी प्रकृति द्वारा सारे कर्म किए जाते हैं, इसलिए कर्मों के कर्ता माने जाते हैं, लेकिन वास्तव में भगवान् उदासीन हैं जिसके कारण कर्ता दिखते हुए भी मूलत: अकर्ता हैं।

न मां कर्माणि लिम्पन्ति न मे कर्मफले स्पृहा ।
इति मां योऽभिजानाति कर्मभिर्न स बध्यते ॥ 14 ॥

मुझ पर किसी भी कर्मफल का कोई प्रभाव नहीं पड़ता और न ही मैं कर्मफल की कामना करता हूं। जो मेरे संबंध में इस सत्य को जानता है, वह भी कर्मों के फल के पाश मे नहीं बंधता।

उपर्युक्त दो श्लोकों में भगवान् अपने कर्मों की दिव्यता और उनका तत्त्व जानने का महत्त्व बतलाने के पश्चात् अब मुमुक्षु पुरुषों (मुक्तात्माओं) के उदारतापूर्वक उसी प्रकार निष्काम भाव से कर्म करने के लिए अर्जुन को आज्ञा देते हुए 15वें श्लोक में कहते हैं–

एवं ज्ञात्वा कृतं कर्म पूर्वैरपि मुमुक्षुभिः ।
कुरु कर्मैव तस्मात्त्वं पूर्वैः पूर्वतरं कृतम् ॥ 15 ॥

प्राचीनकाल में समस्त मुमुक्षुओं (मुक्तात्माओं) ने मेरी दिव्य प्रकृति को जान-समझकर ही कर्म किया; अतः हे अर्जुन! तुम्हें चाहिए कि तुम भी उनके पदचिह्नों का अनुसरण करते हुए अपने कर्तव्यों का निष्ठापूर्वक पालन करो।

उपर्युक्त श्लोक में भगवान् श्रीकृष्ण ने अर्जुन को निष्काम भाव से कर्म करने की आज्ञा दी है, परंतु कर्म-अकर्म का तत्त्व समझे बिना मनुष्य निष्काम भाव से कर्म नहीं कर सकता; इसलिए अब भगवान् की ममता, आसक्ति, फलेच्छा और अहंकार के बिना किए जाने वाले दिव्य कर्मों का तत्त्व भली-भांति समझाने के लिए कर्मतत्त्व की दुर्विज्ञेयता और उसके जानने का महत्त्व प्रकट करते हुए 16वें श्लोक में कहते हैं-

किं कर्म किमकर्मेति कवयोऽप्यत्र मोहिताः ।
तत्ते कर्म प्रवक्ष्यामि यज्ज्ञात्वा मोक्ष्यसेऽशुभात् ॥ 16 ॥

कर्म क्या है? और अकर्म क्या है? हे अर्जुन! इसे निश्चित करने में बुद्धिमान व्यक्ति भी मोहित हो जाते हैं। अतः वह कर्मतत्त्व मैं तुम्हें भली-भांति समझाकर बतलाऊंगा जिसे जान-समझकर तुम अशुभ अर्थात् कर्म रूपी बंधन से मुक्त हो जाओगे।

- यहां स्वभावतः मनुष्य मान सकता है कि शास्त्रविहित करने योग्य कर्मों का नाम ही कर्म है और क्रियाओं का स्वरूप से त्यागकर देना ही अकर्म है। इसमें मोहित होने की कौन-सी

बात है और इन्हें जानना क्या है? किंतु इतना जान लेने से ही वास्तविक कर्म और अकर्म का निर्णय नहीं हो सकता, कर्म तत्त्व को भली-भांति समझने की आवश्यकता है। इसी भाव को 17वें श्लोक में स्पष्ट करते हुए भगवान् कहते हैं—

कर्मणो ह्यपि बोद्धव्यं बोद्धव्यं च विकर्मणः ।
अकर्मणश्च बोद्धव्यं गहना कर्मणो गतिः ॥ 17 ॥

कर्म की बारीकियों को समझना अत्यंत दुष्कर कार्य है, इसलिए मनुष्य को चाहिए कि वह ठीक ढंग से यहां जाने कि कर्म का स्वरूप क्या है? विकर्म का स्वरूप क्या है और अकर्म का स्वरूप क्या है?

शास्त्र विहित कर्तव्य कर्म कहलाते हैं, मन, वाणी और शरीर की क्रियाओं का स्वरूप से त्यागकर देना अकर्म है। सामान्य रूप से हिंसा, झूठ, व्यभिचार, कपट, चोरी आदि पाप कर्मों को करना विकर्म है। वर्ण, आश्रम और अधिकार के भेद से जो कर्म एक के लिए विहित होने से कर्म हैं, वही दूसरे के लिए निषिद्ध होने से पाप हो जाते हैं। अतएव कर्म के बंधन से मुक्त होने की इच्छा करने वाले मनुष्यों को उन महापुरुषों से कर्म, अकर्म और विकर्म के स्वरूप को समझकर उनके कर्म की गति को गहन भी कहा गया है। श्लोक संख्या-18 में भगवान् द्वारा कर्म का तत्त्व समझाते हुए कहा गया है—

कर्मण्यकर्म यः पश्येदकर्मणि च कर्म यः ।
स बुद्धिमान्मनुष्येषु स युक्तः कृत्स्नकर्मकृत् ॥ 18 ॥

जो मनुष्य कर्म में अकर्म देखता है और अकर्म में कर्म देखता है, वह मनुष्यों में बुद्धिमान है और वह योगी समस्त कर्मों को करने वाला है।

कर्म में अकर्म को देखने का क्या आशय है?

यज्ञ, दान, तप तथा वर्णाश्रम धर्म के अनुसार जीविका और शरीर निर्वाह संबंधी जितने भी शास्त्र विहित कर्म हैं–उन सबमें आसक्ति, फलेच्छा, ममता और अहंकार का त्यागकर देने से इहलोक या परलोक में सुख-दुःख इत्यादि भुगतने और पूर्व जन्म के हेतु नहीं बनते, अपितु समस्त शुभ और अशुभ कर्मों का नाश हो जाता है और मनुष्य सांसारिक बंधन से मुक्त हो जाता है। इस रहस्य को समझना ही कर्म में अकर्म को देखना है।

श्लोक संख्या-19 से 23 तक भगवान् श्रीकृष्ण द्वारा भिन्न-भिन्न शैली में उपर्युक्त कर्म में अकर्म और अकर्म में कर्म दर्शनपूर्वक कर्म करने वाले सिद्ध एवं साधक पुरुषों की असंगतता का वर्णन इस विषय को स्पष्ट करते हुए कहा गया है–

यस्य सर्वे समारम्भाः कामसङ्कल्पवर्जिताः ।
ज्ञानाग्निदग्धकर्माणं तमाहुः पण्डितं बुधाः ॥ 19 ॥

जिसके संपूर्ण शास्त्रोक्त कर्म बिना किसी कामना और संकल्प के होते हैं तथा जिसके समस्त कर्म ज्ञान रूपी अग्नि द्वारा भस्म हो गए हैं, उस महापुरुष को ज्ञानी जन भी पंडित कहते हैं।

- काम और संकल्प शब्दों का तात्पर्य जितने भी विषय हैं–स्त्री, पुरुष, धन, मकान प्रतिष्ठा आदि के विषय में किंचित् मात्र इच्छा काम है तथा किसी विषय को ममता, अहंकार, राग, द्वेष एवं रमणीय बुद्धि से स्मरण करने का नाम संकल्प है। कामना संकल्प का कार्य है और संकल्प उसका कारण है।

त्यक्त्वा कर्मफलासङ्गं नित्यतृप्तो निराश्रयः ।
कर्मण्यभिप्रवृत्तोऽपि नैव किञ्चित्करोति सः ॥ 20 ॥

जो मनुष्य समस्त कर्मों में और साथ ही उसके फल में आसक्ति का सर्वथा त्याग करके संसार के आश्रय से रहित हो गया है और परमात्मा में नित्य तृप्त है, वह कर्मों में भली-भांति सावधानी बरतता हुआ भी वास्तव में कुछ भी नहीं करता। उपर्युक्त श्लोकों में ममता, आसक्ति, फलेच्छा और अहंकार के बिना केवल लोक के लिए शास्त्रसम्मत यज्ञ, दान और तप आदि कर्म करता हुआ भी ज्ञानी पुरुष वास्तव में कुछ भी नहीं करता। इस वजह से वह कर्म के बंधन में नहीं पड़ता। अब प्रश्न यह उठता है कि ज्ञानी को आदर्श मानकर उपर्युक्त प्रकार के कर्म करने वाले साधक तो नित्य-नैमित्तिक आदि कर्मों का त्याग नहीं करते, निष्काम भाव से सब प्रकार के शास्त्र विहित कर्तव्य कर्मों का अनुष्ठान करते रहते हैं। इस वजह से वे किसी पाप के भागी नहीं बनते; किंतु जो साधक शास्त्र विहित यज्ञ-दानादि कर्मों का अनुष्ठान न करके केवल शरीर निर्वाह हेतु आवश्यक शौच-स्नान और खान-पान आदि कर्म करते हैं, वे पाप के भागी होंगे। इस शंका के समाधान हेतु 21वें श्लोक में भगवान् श्रीकृष्ण कहते हैं–

निराशीर्यतचित्तात्मा त्यक्तसर्वपरिग्रहः ।
शारीरं केवलं कर्म कुर्वन्नाप्नोति किल्बिषम् ॥ 21 ॥

ऐसा ज्ञानी पुरुष जो पूर्णरूपेण संयमित मन तथा बुद्धि से कार्य करता है तथा अपनी अर्जित संपति के सारे स्वामित्व को त्याग देता है और केवल शरीर निर्वाह के लिए कर्म करता है, इस तरह से कार्य करता हुआ भी वह पाप रूपी फलों से प्रभावित नहीं होता है।

श्लोक संख्या-22 में भगवान् श्रीकृष्ण यह बतलाते हैं कि कर्म में अकर्म दर्शनपूर्वक कर्म करने वाला कर्मयोगी भी कर्म के बंधन में नहीं पड़ता–

यदृच्छालाभसन्तुष्टो द्वन्द्वातीतो विमत्सरः ।
समः सिद्धावसिद्धौ च कृत्वापि न निबध्यते ॥ 22 ॥

जो मनुष्य स्वतः होने वाले लाभ से संतुष्ट रहता है, जो द्वंद्वमुक्त और ईर्ष्यामुक्त रहता है, जो सफलता और असफलता दोनों ही स्थितियों में स्थिर रहता है, वह कर्म करता हुआ भी कभी बंधता नहीं है।

उपर्युक्त प्रकार से किए हुए कर्म बंधन के कारण नहीं बनते, इतनी ही बात है या उनका और भी कुछ महत्त्व है। इस पर भगवान् श्रीकृष्ण 23वें श्लोक में कहते हैं–

गतसङ्गस्य मुक्तस्य ज्ञानावस्थित चेतसः ।
यज्ञायाचरतः कर्म समग्रं प्रविलीयते ॥ 23 ॥

जिसकी आसक्ति सर्वथा नष्ट हो गई है, जो देहाभिमान और ममता

से रहित हो गया है तथा जिसका चित्त निरंतर परमात्मा के ज्ञान में स्थित रहता है; ऐसे केवल यज्ञ संपन्नता हेतु कर्म करने वाले मनुष्य के संपूर्ण कर्म भली-भांति विलीन हो जाते हैं।

23वें श्लोक में यह बात कही गई है कि यज्ञ के लिए कर्म करने वाले पुरुष के समस्त कर्म समाप्त हो जाते हैं। केवल हवन ही यज्ञ नहीं है, अपितु वर्ण, आश्रम, स्वभाव और परिस्थिति के अनुसार जिसका जो कर्तव्य है, वहीं उसी के लिए यज्ञ है और उसका पालन करने के लिए आवश्यक क्रियाओं का नि:स्वार्थ बुद्धि से लोक हेतु करना ही यज्ञ के लिए कर्म करना है। इस भाव को स्पष्ट करने के लिए भगवान् श्रीकृष्ण के द्वारा श्लोक संख्या-24 से 30 तक भिन्न-भिन्न योगियों द्वारा किए जाने वाले परमात्मा की प्राप्ति के साधन रूपी शास्त्र विहित कर्तव्य-कर्मों का विभिन्न यज्ञों के नाम से वर्णन कर्तव्य करते हुए कहते हैं–

ब्रह्मार्पणं ब्रह्म हविर्ब्रह्माग्नौ ब्रह्मणा हुतम् ।
ब्रह्मैव तेन गन्तव्यं ब्रह्मकर्म समाधिना ॥ 24 ॥

जिस यज्ञ में अर्पण (स्रुवा) आदि भी ब्रह्म है और हवन किए जाने योग्य द्रव्य भी ब्रह्म है तथा ब्रह्म रूपी कर्ता के द्वारा ब्रह्म रूपी अग्नि में आहुति देना रूपी क्रिया करना भी ब्रह्म है; उस ब्रह्म कर्म में स्थित रहने वाले योगी द्वारा प्राप्त किए जाने योग्य फल भी ब्रह्म ही हैं।

श्लोक संख्या-25 में श्रीभगवान् द्वारा देव-पूजन रूपी यज्ञ का और आत्मा-परमात्मा के 'अभेद' दर्शन रूपी यज्ञ का वर्णन करते हुए कहा गया है–

दैवमेवापरे यज्ञं योगिनः पर्युपासते ।
ब्रह्मग्नावापरे यज्ञं यज्ञेनैवोपजुह्वति ॥ 25 ॥

अन्य योगिजन देवताओं के पूजन रूपी यज्ञ का ही भली-भांति अनुष्ठान किया करते हैं और दूसरे योगिजन परब्रह्म परमात्मा रूपी अग्नि में अभेद दर्शन रूपी यज्ञ के माध्यम से आत्म रूपी यज्ञ का हवन किया करते हैं।

26वें श्लोक में भगवान् श्रीकृष्ण के द्वारा 'इन्द्रिय संयम' रूपी यज्ञ का वर्णन करते हुए कहा गया है–

श्रोत्रादीनीन्द्रियाण्यन्ये संयमाग्निषु जुह्वति ।
शब्दादीन्विषयानन्य इन्द्रियाग्निषु जुह्वति ॥ 26 ॥

इनमें से कुछ (विशुद्ध ब्रह्मचारी) श्रवणादि क्रियाओं तथा इन्द्रियों को मन की नियंत्रण रूपी अग्नि में स्वाहा कर देते हैं तो कुछ अन्य दूसरे योगी लोग (सद्-गृहस्थ संत) इन्द्रियों विषयों को इन्द्रियों की अग्नि में स्वाहा कर देते हैं।

27वें श्लोक में भगवान् श्रीकृष्ण द्वारा आत्म-संयम योग रूपी यज्ञ का वर्णन करते हुए कहा गया है–

सर्वाणीन्द्रियकर्माणि प्राणकर्माणि चापरे ।
आत्मसंयमयोगाग्नौ जुह्वति ज्ञानदीपिते ॥ 27 ॥

अन्य (दूसरे) योगिजन इन्द्रियों की संपूर्ण क्रियाओं को और प्राणों
की सभी क्रियाओं को ज्ञान से प्रकाशित आत्म-संयम योग रूपी
अग्नि में हवन किया करते हैं।

इस प्रकार से समाधियोग के साधन को यज्ञ का रूप देकर
अब 28वें श्लोक में द्रव्ययज्ञ, तपोयज्ञ, योगयज्ञ और स्वाध्याय रूपी
ज्ञानयज्ञ का संक्षेप में वर्णन करते हुए भगवान् श्रीकृष्ण कहते हैं–

द्रव्ययज्ञास्तपोयज्ञा योगयज्ञास्तथापरे ।
स्वाध्यायज्ञानयज्ञाश्च यतयः संशितव्रताः ॥ 28 ॥

कुछ मनुष्य द्रव्य संबंधी यज्ञ करने वाले होते हैं। कितने ही मनुष्य
तपस्या रूपी यज्ञ करने वाले हैं। कुछ दूसरे योग रूपी यज्ञ करने
वाले हैं, कितने ही अहिंसा आदि तीक्ष्ण व्रतों से युक्त यत्नशील
मनुष्य स्वाध्याय रूपी ज्ञानयज्ञ करने वाले हैं।

श्लोक संख्या-29 और 30 में प्राणायाम रूपी यज्ञों का वर्णन
करते हुए भगवान् श्रीकृष्ण द्वारा सभी प्रकार के साधकों की प्रशंसा
की गई है–

अपाने जुह्वति प्राणं प्राणेऽपानं तथापरे ।
प्राणापानगती रुद्ध्वा प्राणायामपरायणाः ॥ 29 ॥
अपरे नियताहाराः प्राणान्प्राणेषु जुह्वति ।
सर्वेऽप्येते यज्ञविदो यज्ञक्षपितकल्मषा ॥ 30 ॥

अन्य दूसरे योगिजनों द्वारा अपान वायु में प्राणवायु का हवन किया जाता है। इसके साथ ही अन्य कितने ही नियमित आहार करने वाले प्राणायाम परायण पुरुष प्राण और अपान की गति को रोककर प्राणों का प्राणों में ही हवन किया करते हैं। ये सभी साधक यज्ञों द्वारा पापों का नाश कर देने वाले और यज्ञों की जानकारी रखने वाले हैं।

भगवान् श्रीकृष्ण यज्ञ करने वाले साधकों की प्रशंसा करके अब उन यज्ञों के करने से होने वाले लाभ और नहीं करने से होने वाली हानि बतलाकर यज्ञ करने की आवश्यकता का प्रतिपादन करते हुए 31वें श्लोक में कहते हैं–

यज्ञशिष्टामृतभुजो यान्ति ब्रह्म सनातनम् ।
नायं लोकोऽस्त्ययज्ञस्य कुतोऽन्यः कुरुसत्तम् ॥ 31 ॥

हे कुरुश्रेष्ठ अर्जुन! यज्ञ के बचे हुए अमृत का अनुभव करने वाले योगिजन सनातन परब्रह्म परमात्मा को प्राप्त होते हैं। इसके साथ ही वे लोग जो यज्ञ नहीं करते हैं, उनके लिए यह मृत्युलोक ही सुखदायक नहीं होता तो परलोक कैसे सुखदायक हो सकता है?

16वें श्लोक से लेकर अब तक भगवान् द्वारा अर्जुन को कर्मतत्त्व बतलाया गया है, जो अशुभता से मुक्त करता है। अब कर्मतत्त्व का उपसंहार करते हुए 32वें श्लोक में भगवान् कहते हैं–

एवं बहुविधा यज्ञा वितता ब्रह्मणो मुखे ।
कर्मजान्विद्धि तान्सर्वानेवं ज्ञात्वा विमोक्ष्यसे ॥ 32 ॥

इसी प्रकार के और भी बहुत तरह के यज्ञ वेद की वाणी में विस्तारपूर्वक कहे गए हैं। उन सबको तू मन, इन्द्रिय और शरीर की क्रिया द्वारा संपन्न होने वाले जानो। इस प्रकार तत्त्व को जानकर हे अर्जुन! उनके अनुष्ठान द्वारा तू कर्मबंधन से सर्वथा मुक्त हो जाएगा।

उपर्युक्त समस्त यज्ञों में से कौन-सा यज्ञ श्रेष्ठ है, इस जिज्ञासा को शांत करते हुए 33वें श्लोक में भगवान् श्रीकृष्ण कहते हैं–

श्रेयान्द्रव्यमयाद्यज्ञाज्ज्ञानयज्ञः परन्तप ।
सर्वं कर्माखिलं पार्थ ज्ञाने परिसमाप्यते ॥ 33 ॥

हे परंतप! द्रव्यमय यज्ञ की अपेक्षा ज्ञानयज्ञ अत्यंत श्रेष्ठ है तथा अंतोगत्वा संपूर्ण कर्म ज्ञान में समाप्त हो जाते हैं।

इस प्रकार ज्ञानयज्ञ की और उसके फलस्परूप ज्ञान की प्रशंसा करके अब भगवान् श्रीकृष्ण के द्वारा 34वें एवं 35वें श्लोक में ज्ञान को प्राप्त करने के लिए अर्जुन को आज्ञा देते हुए उसकी प्राप्ति का मार्ग एवं फल बतलाते हुए कहते हैं–

तद्विद्धि प्रणिपातेन परिप्रश्नेन सेवया ।
उपदेक्ष्यन्ति ते ज्ञानं ज्ञानिनस्तत्त्वदर्शिनः ॥ 34 ॥

हे पार्थ! तत्त्वदर्शी ज्ञान को समझो। उन ज्ञानियों को भली-भांति दंडवत् प्रणाम करने से, उनकी सेवा करने से और कपट छोड़कर

सरलतापूर्वक प्रश्न करने से वे परमात्म तत्त्व को भली-भांति जानने वाले ज्ञानी महात्मा तुम्हें उस तत्त्व-ज्ञान से उपदेशित करेंगे।

यज्ज्ञात्वा न पुनर्मोहमेवं यास्यसि पांडव ।
येन भूतान्यशेषेण द्रक्ष्यस्यात्मन्यथो मयि ॥ 35 ॥

हे अर्जुन! जिसको जानकर फिर तू इस प्रकार मोह को नहीं प्राप्त होगा तथा जिस ज्ञान के द्वारा तू संपूर्ण भूतों को निःशेष भाव से पहले अपने में और पीछे मुझ सच्चिदानंदघन परमात्मा में देखेगा।

इस प्रकार से गुरुजनों से तत्त्व-ज्ञान सीखने की विधि और उसका फल बतलाकर अब भगवान् श्रीकृष्ण 36वें श्लोक में उसका माहात्म्य बतलाते हुए कहते हैं-

अपि चेदसि पापेभ्यः सर्वेभ्यः पापकृत्तमः ।
सर्वं ज्ञानप्लवेनैव वृजिनं संतरिष्यसि ॥ 36 ॥

हे अर्जुन! यदि तू अन्य सब पापियों से भी अधिक पाप करने वाला है; तो भी तू ज्ञानरूप नौका द्वारा निःसंदेह संपूर्ण पाप-समुद्र से भली-भांति तर जाएगा।

भगवान् श्रीकृष्ण 37वें श्लोक में ज्ञान के महत्त्व को अग्नि के दृष्टांत से पुनः स्पष्ट करते हुए कहते हैं-

यथैधांसि समिद्धोऽग्निर्भस्मसात्कुरुतेऽर्जुन ।
ज्ञानाग्निः सर्वकर्माणि भस्मसात्कुरुते तथा ॥ 37 ॥

हे अर्जुन! जिस प्रकार से प्रज्वलित अग्नि ईंधनों को भस्म कर देती है, ठीक उसी प्रकार से ज्ञान रूपी अग्नि के द्वारा संपूर्ण कर्मों को भस्ममय बना दिया जाता है।

अब जिज्ञासा यह उत्पन्न होती है कि यह तत्त्व ज्ञानी महापुरुषों से श्रवण करके विधिपूर्वक मनन और ध्यान आसन आदि ज्ञानयोग के साधनों द्वारा प्राप्ति का कोई दूसरा मार्ग भी है। इस जिज्ञासा को शांत करते हुए 38वें श्लोक में उस ज्ञान की महिमा प्रकट करते हुए भगवान् श्रीकृष्ण कर्मयोग के द्वारा उसी ज्ञान को अपने-आप अर्जित करने की बात करते हुए कहते हैं–

न हि ज्ञानेन सदृशं पवित्रमिह विद्यते ।
तत्स्वयं योगसंसिद्धः कालेनात्मनि विन्दति ॥ 38 ॥

इस संपूर्ण संसार में ज्ञान के समान पवित्र करने वाला कुछ भी नहीं है, यह निःसंदेह है। उस ज्ञान को कर्मयोग के द्वारा शुद्ध अंतःकरण हुआ मनुष्य अपने-आप ही आत्मा में ज्ञान को प्राप्त कर लेता है।

इस प्रकार तत्त्व-ज्ञान की महिमा बतलाते हुए उसकी प्राप्ति के सांख्ययोग और कर्मयोग–दो उपाय बतलाकर अब 39वें श्लोक में भगवान् द्वारा ज्ञान-प्राप्ति के पात्र का निरूपण करते हुए ज्ञान के फल को परम शांति के फल के रूप में बतलाते हुए कहते हैं–

श्रद्धावांल्लभते ज्ञानं तत्परः संयतेन्द्रियः ।
ज्ञानं लब्ध्वा परां शान्तिमचिरेणाधिगच्छति ॥ 39 ॥

जो श्रद्धालु दिव्य ज्ञान रूपी यज्ञ में समर्पित हैं और जिसने इन्द्रियों को वश में कर लिया है, वही श्रद्धालु इस ज्ञान को प्राप्त करने का अधिकारी है और इसे प्राप्त करने के पश्चात् वह तुरंत आध्यात्मिक शांति को प्राप्त होता है।

40वें श्लोक में भगवान् श्रीकृष्ण के द्वारा श्रद्धारहित और विवेकहीन संशयात्मा की निंदा करते हुए कहा गया है–

अज्ञश्चाश्रद्दधानश्च संशयात्मा विनश्यति ।
नायं लोकोऽस्ति न परो न सुखं संशयात्मनः ॥ 40 ॥

विवेकहीन और श्रद्धारहित संशययुक्त मानव परमार्थ से अवश्य भ्रष्ट हो जाता है। ऐसे संशययुक्त मनुष्य के लिए न यह लोक है, न परलोक है और न ही किसी प्रकार का सुख है।

उपर्युक्त श्लोक में अविवेक और अश्रद्धा सहित संशय को ज्ञान-प्राप्ति में बाधक बतलाकर अब 41वें श्लोक में भगवान् श्रीकृष्ण द्वारा विवेक द्वारा संशय का नाश करके कर्मयोग का अनुष्ठान करने में अर्जुन का उत्साह उत्पन्न करने के लिए संशयरहित तथा वश में किए हुए अंतःकरण वाले कर्मयोगी की प्रशंसा करते हुए कहा गया है–

योगसन्न्यस्तकर्माणं ज्ञानछिन्नसंशयम् ।
आत्मवन्तं न कर्माणि निबध्नन्ति धनञ्जय ॥ 41 ॥

हे धनंजय! जिस महापुरुष ने कर्मयोग की विधि से समस्त कर्मों का परमात्मा में अर्पण कर दिया है और जिसने विवेक द्वारा समस्त संशयों का नाश कर दिया है। ऐसे वश में किए हुए अंत:करण वाले पुरुष को कर्म नहीं बांधते हैं। इस प्रकार से कर्मयोग एवं कर्मयोगी की प्रशंसा करके परमात्मा श्रीकृष्ण अर्जुन को कर्मयोग में स्थित होकर युद्ध करने की आज्ञा देकर इस चतुर्थ अध्याय का समापन करते हैं–

तस्मादज्ञानसम्भूतं हृत्स्थं ज्ञानासिनात्मनः ।
छित्त्वैनं संशयं योगमातिष्ठोत्तिष्ठ भारत ॥ 42 ॥

अत: हे भारत! तू हृदय में अवस्थित इस अज्ञान जनित अपने संशय का विवेक ज्ञान रूपी तलवार द्वारा छेदन करके समत्व रूपी कर्मयोग में स्थित हो जा और युद्ध करने हेतु खड़ा हो जा।

उपर्युक्त अध्याय में कर्मयोग की स्थापना करते हुए भगवान् श्रीकृष्ण द्वारा अर्जुन को यह विश्वास दिलाया गया है कि मैं जो भी कर्म करने के लिए कह रहा हूं। वह एक कर्मयोगी का उत्तरदायित्व है, इसलिए शंकारहित होकर युद्ध करने के लिए तैयार हो जाओ–ऐसा करने से ही तुम्हारा सभी प्रकार से कल्याण होगा।

॥ ॐ तत्सदिति श्रीमद्भगवद्गीतासूपनिषत्सु ब्रह्मविद्यायां
योगशास्त्रे श्रीकृष्णार्जुनसंवादे ज्ञानकर्मसंन्यासयोगो
नाम चतुर्थोऽध्यायः ॥

अध्याय-5

कर्मसंन्यासयोग

सांख्ययोग और कर्मयोग की श्रेष्ठता से आरंभ हुए इस अध्याय में कर्मयोग को श्रेष्ठ बतलाया गया है। अध्याय के अंतर्गत कर्म एवं सांख्य की समानता कर्म एवं ज्ञान का महत्त्व आनंद-प्राप्ति के साधन, भोगों को दु:ख का कारण, काम-क्रोध के वेग को सहने वाले पुरुष को योगी और सुखी, सांख्ययोगी की अंतिम स्थिति निर्वाण-प्राप्ति और ध्यानयोग का फल सहित वर्णन है। शांति के महत्त्व के प्रतिपादन के साथ ही अध्याय का उपसंहार किया गया है।

तृतीय और चतुर्थ अध्याय में भगवान् के श्रीमुख से अनेक प्रकार से कर्मयोग की प्रशंसा और संपादन की प्रेरणा प्राप्त की। कर्मयोग के द्वारा भगवत्स्वरूप का तत्त्व-ज्ञान अपने-आप ही हो जाता है। चौथे अध्याय के अंत में अर्जुन को कर्मयोग के संपादन की आज्ञा मिली है। इनके मध्य अर्जुन ने भगवान् के श्रीमुख से ही ब्रह्मर्पणं, ब्रह्महवि:, ब्रह्मग्रावपरे यज्ञं यज्ञेनैवोपजुह्वति आदि वचनों द्वारा ज्ञानयोग अर्थात् कर्म, संन्यास की भी प्रशंसा सुनी। इससे अर्जुन यह निर्णय नहीं कर सके कि इन दोनों में से मेरे लिए कौन-सा साधन श्रेष्ठ है। अत: भगवान् श्रीकृष्ण के ही श्रीमुख से उसका निर्णय कराने के उद्देश्य से अर्जुन प्रश्न पूछते हैं–

अर्जुन उवाच

संन्यासं कर्मणां कृष्ण पुनर्योगं च शंससि ।
यच्छ्रेय एतयोरेकं तन्मे ब्रूहि सुनिश्चितम् ॥ 1 ॥

अर्जुन बोले–हे केशव (कृष्ण)! आप कर्मों के संन्यास की और पुन: कर्मयोग की प्रशंसा करते हैं, इसलिए आपसे आग्रह है कि

इन दोनों में से मेरे लिए कौन-सा साधन भली-भांति निश्चित कल्याणकारी है, उसको बताइए।

कृष्ण संबोधन में 'कृष्' का अर्थ है, आकर्षण, खींचना और 'ण' आनंदवाचक शब्द है–सबको अपनी ओर आकर्षित करने वाला कृष्ण है।

भगवान् श्रीकृष्ण अर्जुन के इस प्रश्न का उत्तर देते हुए कहते हैं–

श्रीभगवान् उवाच

संन्यासः कर्मयोगश्च निःश्रेयसकरवुभौ ।
तयोस्तु कर्मसंन्यासात्कर्मयोगो विशिष्यते ॥ 2 ॥

कर्म-संन्यास और कर्मयोग ये दोनों ही परम कल्याण करने वाले हैं, परंतु उन दोनों में भी संन्यास से कर्मयोग साधन सुगम होने के कारण श्रेष्ठ है ।

भगवान् श्रीकृष्ण के द्वारा सांख्ययोग की अपेक्षा कर्मयोग को श्रेष्ठ कहा गया है। इस बात को सिद्ध करने के लिए तीसरे श्लोक में भगवान् के द्वारा कर्मयोगी की प्रशंसा करते हुए कहा गया है–

ज्ञेयः स नित्यसंन्यासी यो न द्वेष्टि न काङ्क्षति ।
निर्द्वन्द्वो हि महाबाहो सुखं बन्धात्प्रमुच्यते ॥ 3 ॥

हे अर्जुन! जो पुरुष न किसी से द्वेष करता है, न किसी से किसी चीज की आकांक्षा करता है, उसे कर्मयोगी या सदा संन्यासी समझा जा सकता है, क्योंकि राग-द्वेषादि द्वंद्वों से रहित पुरुष सुखपूर्वक संसार के बंधन से मुक्त हो जाता है।

साधन में सुगम होने के कारण सांख्ययोग की अपेक्षा कर्मयोग को श्रेष्ठ सिद्ध करके अब भगवान् श्रीकृष्ण दूसरे श्लोक में दोनों निष्ठाओं का एक ही फल निःश्रेयस-परम कल्याण बतला चुके हैं।

उसी के अनुसार दो श्लोकों में दोनों निष्ठाओं की फल में एकता का प्रतिपादन करते हुए कहते हैं–

साङ्ख्ययोगौ पृथग्बाला: प्रवदन्ति न पण्डिता: ।
एकमप्यास्थित: सम्यगुभयोर्विन्दते फलम् ॥ 4 ॥

संन्यास और कर्मयोग को मूर्ख लोग पृथक्-पृथक् फल देने वाले कहते हैं, न कि पंडित जन, क्योंकि दोनों में से एक में भी सम्यक् प्रकार से स्थित पुरुष दोनों के फलस्वरूप परमात्मा को ही प्राप्त होते हैं।

यत्साङ्ख्यै: प्राप्यते स्थानं तद्योगैरपि गम्यते ।
एकं साङ्ख्यं च योगम् च य: पश्यति स पश्यति ॥ 5 ॥

हे अर्जुन! कर्मयोग के बिना संन्यास अर्थात् मन, इन्द्रियां और शरीर द्वारा होने वाले संपूर्ण कर्मों में कर्तापन का त्याग प्राप्त होना कठिन है और भगवत्स्वरूप को मनन करने वाला कर्मयोगी परब्रह्म परमात्मा को शीघ्र ही प्राप्त हो जाता है।

कर्मयोगी के लक्षणों का वर्णन करने के पश्चात् भगवान् श्रीकृष्ण कर्मयोगी के कर्मों में लिप्त न होने की बात करते हुए कहते हैं–

संन्यासस्तु महाबाहो दु:खमाप्तुमयोगत: ।
योगयुक्तो मुनिर्ब्रह्म नचिरेणाधिगच्छति ॥ 6 ॥

हे अर्जुन! बिना कर्मयोग के संन्यास यानी मन, इन्द्रियों और शरीर
द्वारा होने वाले समस्त कर्मों में कर्तापन का त्याग कठिन है।
भगवत्स्वरूप को मनन करने वाला कर्मयोगी परब्रह्म परमात्मा को
बहुत शीघ्र प्राप्त कर लेता है।

7वें श्लोक में भगवान् श्रीकृष्ण द्वारा कर्मयोगी के लक्षणों का
वर्णन करते हुए, कर्मों में लिप्त न होने की बात कही गई है–

योगयुक्तो विशुद्धात्मा विजितात्मा जितेन्द्रिय: ।
सर्वभूतात्मभूतात्मा कुर्वन्नपि न लिप्यते ॥ 7 ॥

जिसका मन अपने वश में है, जो जितेंद्रिय एवं विशुद्ध अंत:करण
वाला है और समस्त प्राणियों का आत्म-रूप परमात्मा ही जिसका
आत्मा है, ऐसा कर्मयोगी कर्म करता हुआ भी लिप्त नहीं होता है।

कर्मयोग एवं सांख्ययोग दोनों का फल एक होने पर भी दोनों
साधन परस्पर एक दूसरे से अलग हैं। अत: दोनों का स्वरूप
जानने की इच्छा होने से भगवान् पहले, आठवें और नौवें श्लोकों
में सांख्ययोगी के व्यवहार-काल के साधन का स्वरूप बतलाते
हुए कहते हैं–

नैव किंचित्करोमीति युक्तो मन्येत तत्त्ववित् ।
पश्यञ्शृण्वन्स्पृशञ्जिघ्रन्नश्नन्गच्छन्स्वपञ्श्वसन् ॥ 8 ॥
प्रलपन्विसृजन्गृह्णन्नुन्मिषन्निमिषन्नपि ।
इन्द्रियाणीन्द्रियार्थेषु वर्तन्त इति धारयन् ॥ 9 ॥

तत्त्व को जानने वाला सांख्ययोगी तो देखता हुआ, सुनता हुआ, स्पर्श करता हुआ, सूंघता हुआ, भोजन करता हुआ, सोता हुआ, सांस लेता हुआ, बोलता हुआ तथा आंखों को खोलता हुआ और सब इन्द्रियां अपने-अपने अर्थों में बरत रही हैं–इस प्रकार समझकर निःसंदेह ऐसा मानें कि मैं कुछ भी नहीं करता हूं।

उपर्युक्त 8वें और 9वें श्लोक में सांख्ययोगी का स्वरूप बतलाकर अब 10वें और 11वें श्लोकों में भगवान् श्रीकृष्ण कर्मयोगियों के साधन का फलसहित स्वरूप बतलाते हुए कहते हैं–

ब्रह्मण्याधाय कर्माणि सङ्गंत्यक्त्वा करोति यः ।
लिप्यते न स पापेन पद्मपत्रमिवाम्भसा ॥ 10 ॥

हे अर्जुन! जो पुरुष सब कर्मों को परमात्मा में अर्पण करके और आसक्ति को त्यागकर कर्म करता है, वह पुरुष जल में कमल के पत्ते की भांति पाप से लिप्त नहीं होता।

11वें श्लोक में भगवान् श्रीकृष्ण कहते हैं–

कायेन मनसा बुद्ध्या केवलैरिन्द्रियैरपि ।
योगिन: कर्म कुर्वन्ति सङ्गं त्यक्त्वात्मशुद्धये ॥ 11 ॥

कर्मयोगी ममत्वबुद्धि रहित केवल इन्द्रियों, मन, बुद्धि और शरीर द्वारा भी आसक्ति को त्यागकर अंत:करण की शुद्धि के लिए कर्म करते हैं।

*   कर्म करने वाला भक्तिप्रधान कर्मयोगी पापों में लिप्त नहीं होता और कर्मप्रधान कर्मयोगी का अंत:करण शुद्ध हो जाता है, यह सुनने पर इस बात की जिज्ञासा होती है कि कर्मयोग का यह अंत:करण शुद्धि रूप इतना ही फल है या इसके अतिरिक्त कुछ विशेष फल भी है? इस प्रकार कर्म न करके सकाम भाव से शुभ कर्म करने में क्या हानि है? इसलिए इस तथ्य को स्पष्टत: समझाने हेतु भगवान् श्रीकृष्ण कहते हैं–

युक्त: कर्मफलं त्यक्त्वा शान्तिमाप्नोति नैष्ठिकीम् ।
अयुक्त: कामकारेण फले सक्तो निबध्यते ॥ 12 ॥

कर्मयोगी के द्वारा कर्मों के फल का त्याग करके भगवद्-प्राप्ति रूपी शांति को प्राप्त किया जा सकता है और सकाम पुरुष अपनी कामना से प्रेरित होकर फल से आसक्त हो बंधता चला जाता है।

उक्त श्लोक में यह बात कही गई है कि 'कर्मयोगी' कर्मफल से न बंधकर परमात्मा की प्राप्ति रूपी शांति को प्राप्त होता है और 'सकाम पुरुष' फल में आसक्त होकर जन्म-मरण रूपी बंधन में पड़ता है, किंतु यह नहीं बतलाया कि सांख्ययोगी का क्या होता है? सांख्ययोगी की स्थिति को ध्यान में रखते हुए भगवान् श्रीकृष्ण कहते हैं–

सर्वकर्माणि मनसा सन्न्यस्यास्ते सुखं वशी ।
नवद्वारे पुरे देही नैव कुर्वन्न कारयन् ॥ 13 ॥

जब देहधारी जीवात्मा अपनी प्रकृति को वश में कर लेता है
और मन और समस्त कर्मों का परित्याग कर देता है, तब वह नौ
द्वारों वाले नगर (भौतिक शरीर) में बिना कुछ किए हुए सुखपूर्वक
रहता है।

श्लोक संख्या-14 में भगवान् श्रीकृष्ण ने इस जिज्ञासा को शांत
किया है कि सब मनुष्य अपने को कर्मों का कर्ता क्यों मानते हैं
और वे कर्मफल के भागी क्यों होते हैं–

न कर्तृत्वं न कर्माणि लोकस्य सृजति प्रभुः ।
न कर्मफलसंयोगं स्वभावस्तु प्रवर्तते ॥ 14 ॥

शरीर रूपी नगर का स्वामी देहधारी जीवात्मा न तो कर्म का सृजन
करता है, न लोगों को कर्म करने के लिए प्रेरित करता है, न ही
कर्मफल की रचना करता है, यह सब तो प्रकृति के गुणों द्वारा ही
किया जाता है।

जिस साधक के द्वारा अपने समस्त कर्मों और कर्मफलों को
भगवान् को अर्पण करके कर्मफल से अपना संबंध विच्छेद कर लेते
हैं, उनके शुभाशुभ कर्मों के फल के भागी क्या भगवान् होते हैं?

इस प्रश्न पर भगवान् श्रीकृष्ण जिज्ञासा शांत करते हुए 15वें
श्लोक में कहते हैं–

नादत्ते कस्यचित्पापं न चैव सुकृतं विभुः ।
अज्ञानेनावृतं ज्ञानं तेन मुह्यन्ति जन्तवः ॥ 15 ॥

यद्यपि सर्वव्यापी परमात्मा के द्वारा न तो किसी के पापों को ग्रहण किया जाता है और न पुण्यों को, तथापि सारे जीवधारी (देहधारी मनुष्य) अज्ञान के कारण मोहग्रस्त रहते हैं और वह अज्ञान उनके वास्तविक ज्ञान को ढके रखता है।

16वें श्लोक में भगवान् श्रीकृष्ण द्वारा ज्ञान (विद्या) के महत्त्व को बतलाते हुए कहा गया है–

ज्ञानेन तु तदज्ञानं येषा नाशितमात्मनः ।
तेषामादित्यवज्ज्ञानं प्रकाशयति तत्परम् ॥ 16 ॥

हे अर्जुन! जब कोई देहधारी उस ज्ञान से पूर्णतया प्रबुद्ध होता है, जिससे अविद्या रूपी अज्ञान का विनाश होता है, तो उसके ज्ञान से वह सब कुछ उसी तरह से प्रकट हो जाता है, जिस प्रकार से सूर्य के प्रकाश से समस्त वस्तुएं प्रकाशित हो जाती हैं।

उपर्युक्त श्लोक में यथार्थ ज्ञान से परमात्मा की प्राप्ति होती है, यह बात संक्षेप में बतलाकर 17वें श्लोक से लेकर 26वें श्लोक तक ज्ञानयोग द्वारा परमात्मा को प्राप्त करने के साधन तथा परमात्मा को प्राप्त सिद्ध पुरुषों के लक्षण, आचरण, महत्त्व और स्थिति का वर्णन करने के उद्देश्य से पहले यहां ज्ञानयोग के एकांत साधन द्वारा परमात्मा की प्राप्ति के विषय में बतलाते हुए भगवान् श्रीकृष्ण बतलाते हैं–

तद्बुद्धयस्तदात्मानस्तन्निष्ठास्तत्परायणाः ।
गच्छन्त्यपुनरावृत्तिं ज्ञाननिर्धूतकल्मषाः ॥ 17 ॥

जब मनुष्य की बुद्धि, मन, श्रद्धा तथा शरण—सब कुछ एकात्म भाव से भगवान् में स्थिर हो जाते हैं, तभी वह पूर्ण ज्ञान द्वारा समस्त कल्मष से शुद्ध होता है और मुक्ति के पथ पर अग्रसर होता है।

18वें श्लोक में भगवान् श्रीकृष्ण के द्वारा परमात्मा को प्राप्त सिद्ध पुरुषों के 'समभाव' का वर्णन करते हुए कहा गया है—

विद्याविनयसम्पन्ने ब्राह्मणे गवि हस्तिनि ।
शुनि चैव श्वपाके च पण्डिताः समदर्शिनः ॥ 18 ॥

विनम्र साधु पुरुष अपने वास्तविक ज्ञान के कारण एक विद्वान् तथा विनीत ब्राह्मण, गाय, हाथी, कुत्ता तथा चांडाल को समान दृष्टि (समभाव) से देखते हैं।

19वें श्लोक में भगवान् समभाव यानी समान दृष्टि को ब्रह्म का स्वरूप बतलाते हुए, उसमें स्थित महापुरुषों की महिमा का वर्णन करते हुए कहते हैं—

इहैव तैर्जितः सर्गो येषां साम्ये स्थितं मनः ।
निर्दोषं हि समं ब्रह्म तस्माद् ब्रह्मणि ते स्थिताः ॥ 19 ॥

हे अर्जुन! जिसका मन समभाव में स्थित है, उसके द्वारा इस जीवित अवस्था में ही संपूर्ण संसार जीत लिया गया है। सच्चिदानंदघन

परमात्मा निर्दोष और सम है। इससे वह सच्चिदानंदघन परमात्मा में ही स्थित है।

20वें श्लोक में भगवान् श्रीकृष्ण के द्वारा निर्गुण निराकार सच्चिदानंद परमात्मा को प्राप्त समदर्शी सिद्ध पुरुष के लक्षणों को बतलाते हुए कहा गया है–

न प्रहृष्येत्प्रियं प्राप्य नोद्विजेत्प्राप्य चाप्रियम् ।
स्थिरबुद्धिरसम्मूढो ब्रह्मविद् ब्रह्मणि स्थितः ॥ 20 ॥

वह पुरुष, जो न प्रिय वस्तु को पाकर हर्षित होता है और न अप्रिय को पाकर विचलित होता है, जो स्थिरबुद्धि है, मोहरहित है और भगवद्-विद्या को जानने वाला है, वह पहले से ही ब्रह्म में स्थित है।

21वें श्लोक में समदर्शी सिद्ध पुरुष की स्थिति प्राप्त करने के साधन और उसके फल के विषय में भगवान् श्रीकृष्ण कहते हैं–

बाह्यस्पर्शेष्वसक्तात्मा विन्दत्यात्मनि यत्सुखम् ।
स ब्रह्मयोगयुक्तात्मा सुखमक्षयमश्नुते ॥ 21 ॥

ऐसा मुक्त पुरुष बाहर के विषयों में आसक्ति रहित होता है अर्थात् इन्द्रिय सुख के प्रति आकृष्ट नहीं होता, अपितु हमेशा समाधि में रहकर अपने भीतर आनंद का अनुभव करता है। इस प्रकार से स्वरूप सिद्ध व्यक्ति परम ब्रह्म में एकाग्रचित्त होने के कारण असीम सुख भोगता है।

22वें श्लोक में इन्द्रियों के भोगों को दुःख का कारण और अनित्य बतलाते हुए भगवान् श्रीकृष्ण उनमें आसक्ति रहित होने का संकेत करते हुए कहते हैं–

ये हि संस्पर्शजा भोगा दु:खयोनय एव ते ।
आद्यन्तवन्त: कौन्तेय न तेषु रमते बुध: ॥ 22 ॥

हे कुंतीपुत्र! बुद्धिमान मनुष्य दु:ख के उन कारणों में भाग नहीं लेता, जो कि भौतिक इन्द्रियों के संसर्ग से उत्पन्न होते हैं। ऐसे भोगों का आदि और अंत दोनों होता है, इसलिए जो सिद्ध पुरुष अथवा चतुर जन होते हैं, वे इनमें आनंद नहीं लेते।

विषय-भोगों को काम-क्रोधादि के निमित्त एवं दु:ख का कारण बतलाकर 23वें श्लोक में मनुष्य शरीर का महत्त्व बतलाते हुए भगवान् श्रीकृष्ण के द्वारा काम-क्रोधादि दुर्जय शत्रुओं पर विजय प्राप्त कर लेने वाले पुरुष की प्रशंसा करते हुए कहा गया है–

शक्नोतीहैव य: सोढुं प्राक्शरीरविमोक्षणात् ।
कामक्रोधोद्भवं वेगं स युक्त: स सुखी नर: ॥ 23 ॥

हे पार्थ! जो साधक इस मानव शरीर में शरीर का नाश होने से पहले ही काम-क्रोध से उत्पन्न होने वाले वेग को सहन करने में समर्थ हो जाता है, वही पुरुष योगी है और वही सुखी है।

उपर्युक्त श्लोक में बाह्य विषय-भोगों को क्षणिक और दु:खों का कारण मानकर तथा आसक्ति का त्याग करके जो काम-क्रोध पर विजय प्राप्त कर लेता है, 24वें श्लोक में भगवान् श्रीकृष्ण द्वारा ऐसे सांख्ययोगी की अंतिम स्थिति का फल रहित वर्णन करते हुए कहा गया है–

योऽन्तः सुखोऽन्तरारामस्तथान्तर्ज्योतिरेव यः ।
स योगी ब्रह्मनिर्वाणं ब्रह्मभूतोऽधिगच्छति ॥ 24 ॥

हे अर्जुन! जो पुरुष अंतरात्मा में ही सुखवाला है और आत्मा में
ही रमण करने वाला है तथा जो आत्मा में ही ज्ञान वाला है, वह
सच्चिदानंद पर ब्रह्म परमात्मा के साथ एकात्म भाव को प्राप्त
सांख्ययोगी शांत को प्राप्त होता है।

अंतःसुख और अंतराराम कहने का अभिप्राय यह है कि
अंतःसुख परमानंद स्वरूप परमात्मा की प्राप्ति में मिलने वाला सुख
है, जबकि परमानंद स्वरूप परमात्मा का ही निरंतर अभिन्न भाव से
चिंतन करना अंतराराम है।

25वें तथा 26वें श्लोक में जो परब्रह्म परमात्मा को प्राप्त हो गए
हैं, उन पुरुषों का लक्षण बतलाते हुए भगवान् श्रीकृष्ण कहते हैं–

लभन्ते ब्रह्मनिर्वाणमृषयः क्षीणकल्मषाः ।
छिन्नद्वैधा यतात्मानः सर्वभूतहिते रताः ॥ 25 ॥

जिनके सब पाप नष्ट हो गए हैं तथा सब संशय ज्ञान के द्वारा निवृत्त
हो गए हैं, जो संपूर्ण प्राणियों के हित में रत है तथा जिनका जीता
हुआ मन निश्चल भाव से परमात्मा में स्थित है, वे ब्रह्मवेत्ता पुरुष
शांत ब्रह्म को प्राप्त हो जाते हैं।

26वें श्लोक में भगवान् श्रीकृष्ण कहते हैं–

कामक्रोधवियुक्तानां यतीनां यमचेतसाम् ।
अभितो ब्रह्मनिर्वाणं वर्तते विदितात्मनाम् ॥ 26 ॥

काम-क्रोध से रहित जीते हुए चित्त वाले परब्रह्म परमात्मा का साक्षत्कार किए हुए ज्ञानी पुरुषों के लिए सभी प्रकार से शांत परब्रह्म परमात्मा ही परिपूर्ण है। कर्मयोग और सांख्ययोग–दोनों साधनों द्वारा परमात्मा की प्राप्ति और परमात्मा को प्राप्त महापुरुषों के लक्षण बतलाए गए हैं। उक्त दोनों ही प्रकार के साधकों के लिए वैराग्यपूर्वक मन-इन्द्रियों को वश में करके ध्यान-योग का साधन करना अत्यंत उपयोगी है। 27वें और 28वें श्लोक में भगवान् श्रीकृष्ण द्वारा संक्षिप्त रूप से फल सहित ध्यान-योग का वर्णन करते हुए कहा गया है–

स्पर्शान्कृत्वा बहिर्बाह्यांश्चक्षुश्चैवान्तरे भ्रुवोः ।
प्राणापानौ समौ कृत्वा नासाभ्यन्तरचारिणौ ॥ 27 ॥
यतेन्द्रियमनोबुद्धिर्मुनिर्मोक्षपरायणः ।
विगतेच्छाभयक्रोधो यः सदा मुक्त एवं सः ॥ 28 ॥

समस्त इन्द्रिय-विषयों का चिंतन न करके उसको बाहर करके तथा दृष्टि को भौंहों के मध्य में केंद्रित करके प्राण तथा अपान वायु को नथुनों के भीतर रोककर और इस तरह मन, इन्द्रियों तथा बुद्धि को वश में करके जो मोक्ष को अपने जीवन का लक्ष्य बनाता है, वह योगी इच्छा, भय और क्रोध से पूर्णतया रहित हो जाता है। इस प्रकार का योगी जो निरंतर इस अवस्था में रहता है, वह अवश्य ही मुक्त है।

इन्द्रियां, मन और बुद्धि तब जीती जाती हैं, जब मनुष्य विवेक और वैराग्यपूर्ण अभ्यास के माध्यम से आज्ञाकारी और अंतर्मुखी बना लेता है।

मोक्षपरायण परमात्मा प्राप्ति, परम गति, परम पद की प्राप्ति को कहते हैं, इसी का नाम मोक्ष है।

यहां मुनि पद का प्रयोग उन व्यक्तियों के लिए हुआ है, जो मननशील होते हैं।

29वें श्लोक से इस अध्याय का समापन करते हुए स्पष्ट किया गया है कि जो मनुष्य मन, बुद्धि, इन्द्रियों पर विजय प्राप्त करके कर्मयोग, सांख्ययोग और ध्यानयोग का साधन करने में अपने को समर्थ नहीं समझता हो, ऐसे साधक के लिए इस श्लोक में सुगमता से परम पद की प्राप्ति कराने वाले भक्तियोग का भगवान् श्रीकृष्ण द्वारा संक्षेप में वर्णन करते हुए कहा गया है–

भोक्तारं यज्ञतपसां सर्वलोकमहेश्वरम् ।
सुहृदं सर्वभूतानां ज्ञात्वा मां शान्तिमृच्छति ॥ 29 ॥

मुझे समस्त यज्ञों तथा तपस्याओं का परम भोक्ता, समस्त लोकों तथा देवताओं का परमेश्वर एवं समस्त जीवों का उपकारी एवं हितैषी जानकर अर्थात् स्वार्थ रहित, दयालु और प्रेमी मेरे भावामृत से पूर्ण पुरुष भौतिक दु:खों से शांति-लाभ प्राप्त करता है।

सांख्य, कर्म, संन्यास एवं ध्यानयोग सभी माध्यमों से मोक्ष की प्राप्ति संभव है और अगर मानव द्वारा इनमें स्वयं को अक्षम पाया जाता है, तो भक्तियोग वह माध्यम है जिसके द्वारा परमात्म

तत्त्व यानी मोक्ष-प्राप्ति संभव है। यही पांचवें अध्याय की मूल उपजीव्य है।

॥ ॐ तत्सदिति श्रीमद्भगवद्गीतासूपनिषत्सु ब्रह्मविद्यायां
योगशास्त्रे श्रीकृष्णार्जुनसंवादे कर्मसंन्यासयोगो
नाम पञ्चमोऽध्यायः ॥

अध्याय-6

आत्मसंयमयोग

इस अध्याय के अंतर्गत भगवान् श्रीकृष्ण द्वारा वर्णित कर्म, संन्यास के साथ ही स्व की स्थिति का विवेचन, परमात्मा को प्राप्त पुरुषों के लक्षण, ध्यानयोग की विधि एवं फल, ध्यानयोग के लक्षण, योगी की चित्तस्थिति, ध्यानयोग की साधन प्रणाली एवं ध्यानयोग से आत्यांतिक सुख-प्राप्ति को बतलाया गया है। इस अध्याय में भक्ति एवं सांख्य द्वारा भगवद्दर्शन का निरूपण, समत्व योग के साथ मन निग्रह के उपायों को बतलाया गया है। मन निग्रह बिना योग की दुष्प्राप्यता योगभ्रष्ट की गति के संबंध में अर्जुन के प्रश्न, योगी कुल एवं परम गति, योगी महिमा एवं योगी प्रेम का वर्णन है।

इस अध्याय में शरीर, इन्द्रिय, मन और बुद्धि को आत्मा के नाम से जाना गया है और इन्हीं के संयम का विशेष वर्णन किया गया है, इसलिए इस अध्याय का विद्वत्जन द्वारा नाम 'आत्मसंयमयोग' रखा गया है। ध्यानयोग का अंगों सहित विस्तृत वर्णन करने के लिए छठे अध्याय का आरंभ करते हैं और सबसे पहले अर्जुन को भक्तियुक्त कर्मयोग में प्रवृत्त करने के उद्देश्य से कर्मयोग की प्रशंसा करते हुए प्रकरण का शुभारंभ करते हुए भगवान् श्रीकृष्ण कहते हैं–

श्रीभगवान् उवाच

अनाश्रितः कर्मफलं कार्यं कर्म करोति यः ।
स संन्यासी च योगी च न निरग्निर्न चाक्रियः ॥ 1 ॥

श्रीभगवान् बोले–जो मनुष्य कर्मफल का आश्रय न लेते हुए करने योग्य कर्म करता है, वह संन्यासी तथा योगी है। केवल अग्नि का त्याग करने वाला संन्यासी नहीं है और न ही केवल क्रियाओं का त्याग करने वाला योगी है।

- 'न निरग्नि' का तात्पर्य संन्यास आश्रय ग्रहण कर लेने वाले पुरुष से है।
- 'न च अक्रिय' का तात्पर्य समस्त क्रियाओं वाले मानव से है।

प्रथम श्लोक में कर्मफल का आश्रय न लेकर कर्म करने वाले को संन्यासी और योगी बतलाया है। एक जिज्ञासा हो सकती है कि यदि संन्यास और योग दोनों भिन्न-भिन्न स्थिति हैं, तो साधक दोनों से संपन्न कैसे हो सकता है? अतः इस जिज्ञासा के समाधान हेतु भगवान् श्रीकृष्ण 'संन्यास' एवं 'योग' की एकता को बतलाते हुए कहते हैं–

यं संन्यासमिति प्राहुर्योग तं विद्धि पांडव ।
न ह्यसंन्यस्तसङ्कल्पो योगी भवति कश्चन ॥ 2 ॥

हे अर्जुन! जिसे संन्यास कहते हैं, उसे ही तुम योग अर्थात् परब्रह्म से युक्त होना जानो, क्योंकि इन्द्रिय-तृप्ति के लिए इच्छा का परित्याग किए बिना कोई भी मनुष्य कभी भी योगी नहीं हो सकता।

श्लोक संख्या-3 में भगवान् द्वारा कर्मयोग की प्रशंसा करते हुए उसका साधन बतलाते हुए कहा गया है–

आरुरुक्षोर्मुनेर्योगं कर्म कारणमुच्यते ।
योगरूढस्य तस्यैव शमः कारणमुच्यते ॥ 3 ॥

योग में आरूढ़ होने की इच्छा वाले मननशील पुरुष के लिये योग की प्राप्ति में निष्काम भाव से कर्म करना ही कर्म साधन है और योगसिद्ध पुरुष के लिए समस्त भौतिक कार्यकलापों का परित्याग करना ही कर्म साधन कहा जाता है।

पूर्व श्लोक में आए हुए 'योगरूढ़' से युक्त पुरुष का लक्षण बतलाते हुए श्लोक संख्या-4 में भगवान् श्रीकृष्ण कहते हैं–

यदा ही नेन्द्रियार्थेषु न कर्मस्वनुषज्जते ।
सर्वङ्कल्पसंन्यासी योगारूढस्तदोच्यते ॥ 4 ॥

जब कोई पुरुष समस्त ऐंद्रिक और भौतिक इच्छाओं का त्याग करके न तो इन्द्रिय-तृप्ति को ध्यान में रखकर कोई कार्य करता है और न ही सकाम कर्मों की तरफ उन्मुख होता है, उस पुरुष की इस अवस्था को योगरूढ़ कहा जाता है।

परम पद की प्राप्ति में योगरूढ़-अवस्था का वर्णन करने के पश्चात् अब उसे प्राप्त करने हेतु उत्साहित करते हुए भगवान् श्रीकृष्ण ने मनुष्य का कर्तव्य बतलाते हुए कहा है–

उद्धरेदात्मनात्मानं नात्मानमवसादयेत् ।
आत्मैव ह्यात्मनो बन्धुरात्मैव रिपुरात्मनः ॥ 5 ॥

मानव को चाहिए कि अपने मन की सहायता से अपना उद्धार करे और अपने को नीचे न गिरने दे, क्योंकि मानव स्वयं ही स्वयं का मित्र है और स्वयं ही स्वयं का शत्रु है।

उपर्युक्त तथ्य को स्पष्ट करने के लिए भगवान् श्रीकृष्ण 6वें श्लोक में यह बतलाते हैं कि किन-किन लक्षणों से युक्त 'स्वयं ही स्वयं का मित्र है' और किन-किन लक्षणों से 'स्वयं ही स्वयं का शत्रु है'–

बन्धुरात्मात्मनस्तस्य येनात्मैवात्मना जितः ।
अनात्मनस्तु शत्रुत्वे वर्तेतात्मैव शत्रुवत् ॥ 6 ॥

हे अर्जुन! जिस मानव के द्वारा मन एवं इन्द्रियों को स्ववश कर लिया गया वह स्वयं ही स्वयं का मित्र है और जिस जीवात्मा के द्वारा मन एवं इन्द्रियों को स्ववश (जीत) नहीं किया गया, उसके लिए वह स्वयं ही स्वयं का शत्रु है।

7वें श्लोक में भगवान् श्रीकृष्ण कहते हैं कि जिसने मन और इन्द्रियों सहित शरीर को जीत लिया है, वह स्वयं ही स्वयं का मित्र क्यों है। इस तथ्य को स्पष्ट करने के लिए अब शरीर, इन्द्रियों और मन रूपी आत्मा को वश में करने का फल बतलाते हुए कहते हैं–

जितात्मनः प्रशान्तस्य परमात्मा समाहितः ।
शीतोष्णसुखदुःखेषु तथा मानापमानयोः ॥ 7 ॥

जिसने मन एवं इन्द्रियों को जीत लिया है, उसने पहले ही परमात्मा को प्राप्त कर लिया है क्योंकि उसने शांति प्राप्त कर ली है। ऐसे पुरुष के लिए सुख-दुःख, सर्दी-गर्मी एवं मान-अपमान सब एक से हैं।

उपर्युक्त श्लोक में मन-इन्द्रियों सहित शरीर को वश में करने का फल परमात्मा की प्राप्ति बतलाया गया। अतएव परमात्मा को प्राप्त हुए पुरुष के लक्षण जानने की इच्छा होने पर अब श्लोक संख्या-8 एवं 9 में उसके लक्षणों का वर्णन करते हुए भगवान् श्रीकृष्ण कहते हैं–

ज्ञानविज्ञानतृप्तात्मा कूटस्थो विजितेन्द्रियः ।
युक्त इत्युच्यते योगी समलोष्टश्मकाञ्चनः ॥ 8 ॥

जिसका अंतःकरण ज्ञान-विज्ञान से तृप्त है, जिसकी स्थिति विकार रहित है, जिसकी इन्द्रियां भली-भांति जीती हुई हैं और जिसके लिए मिट्टी, पत्थर और सोना समान हैं, वह योगी युक्त अर्थात् भगवत् प्राप्त है, ऐसा कहा जाता है।

सुहृन्मित्रार्युदासीनमध्यस्थद्वेष्यबन्धुषु ।
साधुष्वपि च पापेषु समबुद्धिर्विशिष्यते ॥ 9 ॥

सुहृद, मित्र, वैरी, उदासीन, मध्यस्थ, द्वेष्य और बंधुगणों, धर्मात्माओं में और पापियों में भी समान भाव रखने वाला अति श्रेष्ठ है।

10वें श्लोक में भगवान् श्रीकृष्ण ने जितात्मा (जिसने इन्द्रियों एवं मन को वश में कर लिया है) पुरुष को परमात्मा की प्राप्ति हेतु क्या करना चाहिए, वह किस साधन से परमात्मा को शीघ्र प्राप्त कर सकता है, इस संबंध में भगवान् श्रीकृष्ण द्वारा ध्यानयोग के प्रकरण का आरंभ करते हुए कहा गया है—

योगी युञ्जीत सततमात्मानं रहसि स्थितः ।
एकाकी यतचित्तात्मा निराशीरपरिग्रहः ॥ 10 ॥

योगी को चाहिए कि वह हमेशा शरीर, मन और आत्मा को परमेश्वर में लगाए। एकांत स्थान में वास करे। अत्यंत सावधानी के साथ अपने मन को वश में करना चाहिए। योगी को सभी

आकांक्षाओं तथा संग्रह भाव की इच्छाओं से सर्वथा मुक्त होना चाहिए।

11वें श्लोक में ध्यानयोग का विस्तारपूर्वक वर्णन करते हुए भगवान् श्रीकृष्ण स्थान और आसन का वर्णन करते हुए कहते हैं–

शुचौ देशे प्रतिष्ठाप्य स्थिरमासनमात्मनः ।
नात्युच्छ्रितं नातिनीचं चैलाजिनकुशोत्तरम् ॥ 11 ॥

जितात्मा पुरुष को जिस आसन का चयन करना चाहिए, वह शुद्ध भूमि में, जिसके ऊपर क्रमशः कुशा, मृगछाला और वस्त्र बिछे हुए हों, जो न बहुत ऊंचा हो और न बहुत नीचा हो, ऐसे आसन को स्थिर रूप से स्थापित करना चाहिए।

12वें श्लोक में आसन स्थापना के पश्चात् ध्यानयोग के साधक को क्या करना चाहिए, इसे बतलाते हुए भगवान् श्रीकृष्ण कहते हैं–

तत्रैकाग्रं मनः कृत्वा यतचित्तेन्द्रियक्रियः ।
उपविश्यासने युञ्ज्याद्योगमात्मविशुद्धये ॥ 12 ॥

इस आसन पर बैठकर चित्त और इन्द्रियों की क्रियाओं को वश में रखते हुए मन को एकाग्र करके अंतःकरण की शुद्धि के लिए योग का अभ्यास करे।

श्लोक संख्या-13 एवं 14 में योगासन पर कैसे बैठना चाहिए, साधक का भाव कैसा होना चाहिए, उसे किन-किन नियमों का पालन करना चाहिए और किस प्रकार किसका ध्यान करना चाहिए इत्यादि बातों को ध्यान में रखकर भगवान् श्रीकृष्ण कहते हैं–

समं कायशिरोग्रीवं धारयन्नचलं स्थिरः ।
सम्प्रेक्ष्य नासिकाग्रं स्वं दिशश्चानवलोकयन् ॥ 13 ॥
प्रशान्तात्मा विगतभीर्ब्रह्मचारिव्रते स्थितः ।
मनः संयम्य मच्चित्तो युक्त आसीत मत्परः ॥ 14 ॥

ध्यान योग करने वाले को चाहिए कि उसके द्वारा अपने शरीर, गरदन और सिर पर दृष्टि लगाई जाए। इस प्रकार वह अविचलित तथा दमित मन से, भय रहित, विषयी जीवन से पूर्णतया मुक्त होकर ध्यानयोगी अपने हृदय में मेरा चिंतन करे और सभी लक्ष्यों को छोड़कर मुझे ही अपने जीवन का चरम लक्ष्य बनाए।

15वें श्लोक में ध्यानयोग के साधन का फल बतलाते हुए भगवान् श्रीकृष्ण कहते हैं–

युञ्जन्नेवं सदात्मानं योगी नियतमानसः ।
शान्तिं निर्वाणपरमां मत्संस्थामधिगच्छति ॥ 15 ॥

मन को वश में करने वाला योगी अपनी आत्मा को हमेशा मुझ परमेश्वर के स्वरूप में लगाता हुआ मुझमें रहने वाली परमानंद की पराकाष्ठा रूपी शांति को प्राप्त होता है।

16वें श्लोक में भगवान् श्रीकृष्ण के द्वारा अब ध्यानयोग के लिए उपयोगी आहार, विहार और शयनादि के नियम किस प्रकार के होने चाहिए, यह जानने कि आकांक्षा पर कहा गया है–

नात्यश्नतस्तु योगोऽस्ति न चैकान्तमनश्नतः ।
न चाति स्वप्नशीलस्य जाग्रतो नैव चार्जुन ॥ 16 ॥

हे अर्जुन! जो अधिक खाता है या बहुत ही कम खाता है अथवा
जो अधिक सोता है या पर्याप्त नहीं सोता, उसमें योगी बनने की
किसी प्रकार की कोई संभावना नहीं है।

17वें श्लोक में भगवान् श्रीकृष्ण द्वारा योग करने वाले योगी
की आदतों को बतलाते हुए कहा गया है–

युक्ताहारविहारस्य युक्तचेष्टस्य कर्मसु ।
युक्तस्वप्नावबोधस्य योगो भवति दुःखहा ॥ 17 ॥

जो पुरुष खाने, सोने, अमोद-प्रमोद तथा काम करने की आदतों में
नियमित रहता है, वह पुरुष योगाभ्यास द्वारा समस्त भौतिक क्लेशों
(दुःखों) को नष्ट कर सकता है।

ध्यानयोग हेतु उपयोगी आहार-विहार आदि नियमों का वर्णन
करने के बाद 18वें श्लोक में भगवान् श्रीकृष्ण द्वारा निर्गुण,
निराकार ध्यानयोगी की अंतिम स्थिति का लक्षण बतलाते हुए
कहते हैं–

यदा विनियतं चित्तमात्मन्येवावतिष्ठते ।
निःस्पृहः सर्वकामेभ्यो युक्त इत्युच्यते तदा ॥ 18 ॥

ध्यानयोगी की अंतिम स्थिति सुस्थिरता है। जब योगी योगाभ्यास
द्वारा अपने मानसिक कार्यकलापों को वश में कर लेता है, तब वह

अध्यात्म में पूर्णतः स्थित हो जाता है अर्थात् सभी तरह की भौतिक इच्छाओं से रहित हो जाता है। योग का यही रूप स्थिरयोग है।

- वश में किया हुआ मन ध्यान की अवस्था में जब एकमात्र परमात्मा में ही अचलता के साथ स्थित हो जाता है, उस समय उस चित्त की कैसी अवस्था हो जाती है, इस स्थिति का वर्णन करते हुए भगवान् श्रीकृष्ण 19वें श्लोक में कहते हैं–

यथा दीपो निवातस्थो नेङ्गते सोपमा स्मृता ।
योगिनो यतचित्तस्य युञ्जतो योगमात्मनः ॥ 19 ॥

जिस प्रकार वायुरहित स्थान में दीपक हिलता-डुलता नहीं, उसी तरह जिस योगी का मन वश में होता है, वह आत्म-तत्त्व के ध्यान में सदैव स्थिर रहता है।

श्लोक संख्या-20, 21 एवं 22 में भगवान् श्रीकृष्ण द्वारा ध्यानयोग के माध्यम से सच्चिदानंद परमात्मा को प्राप्त पुरुष की स्थिति का वर्णन करते हुए कहा गया है–

यत्रोपरमते चित्तं निरुद्धम् योगसेवया ।
चत्र चैवात्मनात्मानं पश्यन्नात्मनि तुष्यति ॥ 20 ॥

योग के अभ्यास से निरुद्ध चित्त जिस अवस्था में उपराम हो जाता है और जिस अवस्था में परमात्मा के ध्यान से शुद्ध हुई सूक्ष्म बुद्धि द्वारा परमात्मा का साक्षात्कार करता हुआ सच्चिदानंद परमात्मा में ही संतुष्ट रहता है।

सुखमात्यन्तिकं यत्तद्बुद्धिग्राह्यमतीन्द्रियम् ।
वेत्ति यत्र न चैवायं स्थितश्चलति तत्त्वतः ॥ 21 ॥

इन्द्रियों से अतीत, केवल शुद्ध हुई सूक्ष्म बुद्धि द्वारा ग्रहण करने योग्य जो अनंत आनंद है; उसको जिस अवस्था में अनुभव करता है और उस अवस्था में स्थित यह योगी परमात्मा के स्वरूप से विचलित होता ही नहीं।

यं लब्ध्वा चापरं लाभं मन्यते नाधिकं ततः ।
यस्मिन् स्थितो न दुःखेन गुरुणापि विचाल्यते ॥ 22 ॥

जो परमात्मा रूपी लाभ को प्राप्त करके उसके पश्चात् किसी भी दूसरे लाभ को नहीं चाहता और परमात्मा की प्राप्ति रूपी अवस्था में स्थित योगी बड़े भारी दुःख से भी चलायमान नहीं होता।

उपर्युक्त श्लोकों में परमात्मा की प्राप्ति रूपी जिस स्थिति के महत्त्व एवं लक्षणों का वर्णन किया गया है। श्लोक संख्या-23 में भगवान् श्रीकृष्ण उस स्थिति का नाम बतलाते हुए उसे प्राप्त करने के लिए प्रेरित करते हुए कहते हैं-

तं विद्याद्दुःख संयोग वियोगं योगसंज्ञितम् ।
स निश्चयेन योक्तव्यो योगोऽनिर्विण्णचेतसा ॥ 23 ॥

जो व्यक्ति दुःख रूपी संसार से दूर है तथा जिसका नाम योग है, उसे जानना चाहिए। उस योग के द्वारा धैर्य और उत्याह से युक्त मन में जाग्रत होता है, जो व्यक्ति का निश्चित कर्तव्य है।

उपर्युक्त श्लोक में परमात्मा को प्राप्त पुरुष की स्थिति का नाम 'योग' है, यह कहकर उसे प्राप्त करना निश्चित कर्तव्य बतलाया गया है। अब श्लोक संख्या-24 एवं 25 में उसी स्थिति की प्राप्ति हेतु अभेद रूप से परमात्मा के ध्यानयोग का साधन करने की रीति बतलाते हुए भगवान् श्रीकृष्ण कहते हैं–

सङ्कल्पप्रभवान्कामांस्त्यक्त्वा सर्वानशेषतः ।
मनसैवेन्द्रियग्रामं विनियम्य समन्ततः ॥ 24 ॥

संकल्प से उत्पन्न होने वाली समस्त कामनाओं को निःशेष रूप से होकर और मन के द्वारा इन्द्रियों के समुदाय को सभी तरफ से भली-भांति रोककर।

शनैः शनैरुपरमेद्बुद्ध्या धृतिगृहीतया ।
आत्मसंस्थं मनः कृत्वा न किञ्चिदपि चिन्तयेत् ॥ 25 ॥

क्रमानुसार धीरे-धीरे अभ्यास करता हुआ उपरति को प्राप्त हो तथा धैर्ययुक्त बुद्धि के द्वारा मन को परमात्मा में स्थित करके परमात्मा के सिवा और कुछ भी चिंतन न करे।

श्लोक संख्या-26 में इस जिज्ञासा को भगवान् श्रीकृष्ण द्वारा बतलाया गया है कि यदि किसी साधक का चित्त पूर्वाभ्यासवश बलात् विषयों की ओर चला जाए तो उसे क्या करना चाहिए–

यतो यतो निश्चरति मनश्चञ्चलमस्थिरम् ।
ततस्तो नियम्यैतदात्मन्येव वंश नयेत् ॥ 26 ॥

यह अस्थिर और चंचल मन जिस-जिस शब्दादि विषय के निमित्त से संसार में विचरण करता है, उस-उस विषय से रोककर अर्थात् हटाकर इसे बार-बार परमात्मा में ही लगाया जाए।

इस जिज्ञासा पर कि चित्त को सब ओर से हटाकर एक परमात्मा में ही स्थिर करने से क्या होगा? भगवान् कहते हैं-

प्रशान्तमनसं ह्येनं योगिनं सुखमुत्तमम् ।
उपैति शान्तरजसं ब्रह्मभूतमकल्मषम् ॥ 27 ॥

जिस योगी का मन मुझमें स्थिर रहता है, वह निश्चय ही दिव्य सुख की सर्वोच्च सिद्धि प्राप्त करता है। वह रजोगुण से परे हो जाता है, वह परमात्मा के साथ अपनी गुणात्मक एकता को समझता है और इस प्रकार अपने समस्त विगत कर्मों के फल से निवृत्त हो जाता है।

28वें श्लोक में भगवान् श्रीकृष्ण परमात्मा का अभेद रूप से ध्यान करने वाले ब्रह्मभूत योगी की स्थिति बतलाकर अब उसका फल बतलाते हुए कहते हैं-

यञ्जन्नेवं सदात्मानं योगी विगतकल्मषः ।
सुखेन ब्रह्मसंस्पर्शमत्यन्तं सुखमश्नुते ॥ 28 ॥

वह पापरहित एवं आत्म-संयमी योगी इस प्रकार निरंतर योगाभ्यास

में लगा रहकर सभी प्रकार के कल्मष से मुक्त हो जाता है और भगवान् की दिव्य प्रेमाभक्ति में परम सुख प्राप्त करता है।

29वें श्लोक में भगवान् श्रीकृष्ण सांख्ययोगी साधक के व्यवहार, काल की स्थिति का वर्णन करते हुए कहते हैं–

सर्वभूतस्थमात्मानं सर्वभूतानि चात्मनि ।
ईक्षते योगयुक्तात्मा सर्वत्र समदर्शनः ॥ 29 ॥

वास्तविक योगी समस्त जीवों में मुझको तथा मुझमें समस्त जीवों को देखता है। वह स्वरूप सिद्ध सांख्ययोगी साधक योगी मुझ परमेश्वर को सर्वत्र देखता है।

30वें श्लोक में भगवान् श्रीकृष्ण के द्वारा भक्तियोग का साधन करने वाले योगी की अंतिम स्थिति का और सर्वत्र भगवद्दर्शन का वर्णन किया गया है–

यो मां पश्यति सर्वत्र सर्वं च मयि पश्यति ।
तस्याहं न प्रणश्यामि स च मे न प्रणश्यति ॥ 30 ॥

जो योगी पुरुष संपूर्ण भूतों में सबके आत्म-रूप मुझ वासुदेव को ही व्यापकता के साथ देखता है और संपूर्ण भूतों को मुझ वासुदेव के अंतर्गत देखता है, उसके लिए न तो मैं अदृश्य हूं और न ही वह मेरे लिए अदृश्य है।

31वें श्लोक में सर्वत्र भगवद्दर्शन से भगवान् के साक्षत्कार की बात कहकर उस भगवत्-प्राप्त पुरुष के लक्षण और महत्त्व का निरूपण करते हुए भगवान् श्रीकृष्ण द्वारा कहा गया है–

सर्वभूतस्थितं यो मां भजत्येकत्वमास्थितः ।
सर्वथा वर्तमानोऽपि स योगी मयि वर्तते ॥ 31 ॥

जो योगी पुरुष एकाग्र भाव में स्थित संपूर्ण भूतों में आत्म-रूप से स्थित मुझे भजता है, वह योगी सब प्रकार से बरतता हुआ भी मुझमें ही बसता है अर्थात् सभी प्रकार से मुझमें अवस्थित रहता है।

भक्तियोग द्वारा भगवान् को प्राप्त हुए पुरुष के महत्त्व का प्रतिपादन करके अब भगवान् श्रीकृष्ण सांख्ययोग द्वारा परमात्मा को प्राप्त हुए पुरुष के समदर्शन के महत्त्व को प्रतिपादित करते हुए कहते हैं–

आत्मौपम्येन सर्वत्र समं पश्यति योऽर्जुन ।
सुखं वा यदि वा दुःखं स योगी परमो मतः ॥ 32 ॥

हे अर्जुन! जो योगी अपनी भांति संपूर्ण भूतों में सम देखता है और सुख अथवा दुःख को भी सबमें समरूप देखता है, वह योगी परम श्रेष्ठ माना गया है।

भगवान् श्रीकृष्ण के समता से संबंधित इस उपदेश को सुनकर अर्जुन मन की चंचलता के कारण उसमें अपनी अचल स्थिति होना अत्यंत कठिन समझकर 33वें श्लोक में पूछते हैं–

अर्जुन उवाच
योऽयं योगस्त्वया प्रोक्तः साम्येन मधुसूदन ।
एतस्याहं न पश्यामि चञ्चलत्वात्स्थितिं स्थिराम् ॥ 33 ॥

अर्जुन ने कहा–हे मधुसूदन! यह योग जो आपके द्वारा समभाव से

युक्त कहा गया है, मन के चंचल होने के कारण मैं इसकी नित्य स्थिति को नहीं देख पा रहा हूं।

समत्व योग में मन की चंचलता को बाधक बतलाकर अब अर्जुन मन के निग्रह को अत्यंत कठिन बतलाते हुए कहते हैं–

चञ्चलं हि मनः कृष्ण प्रमाथि बलवद्दृढम ।
तस्याहं निग्रहं मन्ये वायोरिव सुदुष्करम् ॥ 34 ॥

हे कृष्ण! यह मन बड़ा चंचल, प्रमथन (उच्छृंखल), बड़ा ही दृढ़ और बलवान है, इसलिए इसे वश में करना मेरे लिए वायु को वश में करने से भी अधिक कठिन लगता है।

35वें श्लोक में भगवान् श्रीकृष्ण द्वारा मन निग्रह के संबंध में अर्जुन की उक्ति को स्वीकार करते हुए भगवान् श्रीकृष्ण मन को वश में करने के उपाय बतलाते हुए कहते हैं–

श्रीभगवान् उवाच
असंशयं महाबाहो मनो दुर्निग्रहं चलम् ।
अभ्यासेन तु कौन्तेय वैराग्येण च गृह्यते ॥ 35 ॥

भगवान् श्रीकृष्ण बोले–हे महाबाहो! इसमें कोई भी संदेह नहीं है कि मन चंचल और अत्यंत कठिनाई से वश में होने वाला है; परंतु हे कौंतेय! मन को अभ्यास और वैराग्य के द्वारा वश में किया जा सकता है।

उपर्युक्त श्लोक में भगवान् श्रीकृष्ण द्वारा मन को वश में करने के उपाय बतलाने के पश्चात् मन को वश में नहीं करने से जो

हानि होती है, उस पर प्रकाश डालते हुए 36वें श्लोक में कहा
गया है–

असंयतात्मना योगो दुष्प्राप इति मे मतिः ।
वश्यात्मना तु यतता शक्योऽवाप्तुमुपायतः ॥ 36 ॥

जिसका मन वश में किया हुआ नहीं है यानी उच्छृंखल है, उसके
लिए आत्म-साक्षात्कार अत्यंत कठिन कार्य होता है, किंतु जिसका
मन संयमित है और जो समुचित उपाय करता है, उसकी सफलता
निश्चित है–ऐसा मेरा मनना है।

• योगसिद्धि हेतु मन को वश मे करना परमावश्यक है, इस पर
  जिज्ञासा यह होती है कि जिसका मन वश में नहीं है, किंतु
  योग में श्रद्धा होने के चलते जो योगी भगवत् प्राप्ति हेतु साधन
  करता है, उसकी मरने के बाद क्या गति होती है, इसे पूछते
  हुए अर्जुन 37वें श्लोक में कहते हैं–

अर्जुन उवाच
अयतिः श्रद्धयोपेतो योगाच्चलितमानसः ।
अप्राप्य योगसंसिद्धिं कां गतिं कृष्ण गच्छति ॥ 37 ॥

अर्जुन ने भगवान् श्रीकृष्ण से कहा–हे श्रीकृष्ण! जो योग में श्रद्धा
रखने वाला है, किंतु संयमी नहीं है, इस कारण जिसका मन
अंतकाल में योग से विचलित हो गया है। ऐसा साधक योग की
सिद्धि को अर्थात् भगवत्-साक्षात्कार को न प्राप्त होकर किस गति
को प्राप्त होता है?

कच्चिन्नोभयविभ्रष्टश्छिन्नाभ्रमिव नश्यति ।
अप्रतिष्ठो महाबाहो विमूढो ब्रह्मणः पथि ॥ 38 ॥

हे महाबाहु कृष्ण! क्या भगवत्-प्राप्ति के मार्ग से विचलित हुआ
व्यक्ति आध्यात्मिक तथा भौतिक दोनों ही सफलताओं से च्युत नहीं
होता और छिन्न-भिन्न बादलों की भांति विनष्ट नहीं हो जाता, जिसके
फलस्वरूप उसके लिए किसी लोक में कोई स्थान नहीं रहता?

इस प्रकार शंका होने के पश्चात् अब अर्जुन द्वारा 39वें श्लोक
में शंका निवृत्ति हेतु भगवान् से प्रार्थना करते हुए कहा गया है—

एतन्मे संशयं कृष्ण छेत्तुमर्हस्यशेषतः ।
त्वदन्यः संशयस्यास्य छेत्ता न ह्युपपद्यते ॥ 39 ॥

हे श्रीकृष्ण! मेरे इस संशय को पूर्णतः समाप्त (छेदन) करने के
लिए आप ही योग्य हैं; क्योंकि आपके सिवा दूसरा कोई भी इस
संशय को समाप्त करने वाला मिलना संभव नहीं है।

अर्जुन की इस बात का उत्तर कि योग से विचलित हुआ साधक
उभयभ्रष्ट होकर नष्ट तो नहीं हो जाता है, का उत्तर देते हुए 40वें
श्लोक में भगवान् श्रीकृष्ण कहते हैं—

श्रीभगवान् उवाच
पार्थ नैवेह नामुत्र विनाशस्तस्य विद्यते ।
न हि कल्याणकृत्कश्चिद्दुर्गतिं तात गच्छति ॥ 40 ॥

भगवान् श्रीकृष्ण बोले—हे पार्थ! उस पुरुष का न तो इस लोक में

नाश होता है और न ही परलोक में, क्योंकि आत्मोद्धार के लिए अर्थात् भगवत्-प्राप्ति के लिए कर्म करने वाला कोई भी मानव दुर्गति को प्राप्त नहीं होता।

अगर योगभ्रष्ट पुरुष की दुर्गति नहीं होती तो फिर उस योगभ्रष्ट पुरुष की क्या गति होती है? यह जानने की इच्छा होने पर भगवान् कहते हैं–

प्राप्य पुण्यकृतां लोकानुषित्वा शाश्वतीःसमाः ।
शुचीनां श्रीमतां गेहे योगभ्रष्टोऽभिजायते ॥ 41 ॥

योगभ्रष्ट मानव पुण्यवानों के लोकों को अर्थात् स्वर्गादि उत्तम लोकों को प्राप्त होकर, उनमें बहुत वर्षों तक रहने के पश्चात् फिर शुद्ध आचरण वाले गणमान्य प्रसिद्धि प्राप्त पुरुषों के घर में जन्म लेता है।

सामान्यतः साधारण योगभ्रष्ट मानव की गति को बतलाने के पश्चात् अब भगवान् श्रीकृष्ण आसक्ति रहित उच्च श्रेणी के योगभ्रष्ट पुरुषों की विशेष गति का वर्णन करते हुए कहते हैं–

अथवा योगिनामेव कुले भवति धीमताम् ।
एतद्धि दुर्लभतरं लोके जन्म यदीदृशम् ॥ 42 ॥

वैराग्यवान् पुरुष उन लोकों में न जाकर ज्ञानवान् योगियों के ही कुल में जन्म लेता है, लेकिन उसका यह जन्म निःसंदेह इस संसार में अत्यंत दुर्लभ है।

43वें श्लोक में योगिकुल में जन्म लेने वाले योगभ्रष्ट पुरुष की

उस जन्म में जैसी स्थिति होती है, अब उसे बतलाते हुए भगवान्
कहते हैं–

तत्र तं बुद्धिसंयोगं लभते पौर्वदेहिकम् ।
यतते च ततो भूयः संसिद्धौ कुरुनन्दन ॥ 43 ।

हे कुरुनंदन! योगिकुल में जन्म लेने वाला पुरुष पहले शरीर में
संग्रह किए हुए बुद्धि संयोग अर्थात् समबुद्धि रूपी योग के संस्कारों
को अनायास ही प्राप्त हो जाता है, जिसके प्रभाव के लिए पहले
से भी बढ़कर प्रयत्न करता है।

   44वें श्लोक में भगवान् श्रीकृष्ण द्वारा पवित्र श्रीमानों के घर
में जन्म लेने वाले योगभ्रष्ट मानव की परिस्थिति का वर्णन करते
हुए योग को जानने की इच्छा के महत्त्व का प्रतिपादन किया
गया है–

पूर्वाभ्यासेन तेनैव ह्रियते ह्यवशोऽपि सः ।
जिज्ञासुरपि योगस्य शब्दब्रह्मातिवर्तते ॥ 44 ॥

योगभ्रष्ट पुरुष श्रीमानों के घर जन्म लेने के पश्चात् अपने पूर्व जन्म
को दैवी चेतना से न चाहते हुए भी स्वतः योग के नियमों की ओर
आकर्षित होता है। ऐसा जिज्ञासु योगी पुरुष शास्त्रों के अनुष्ठानों से
अलग स्थित होता है।

   श्रीमानों के घर में जन्म लेने वाले योगभ्रष्ट की गति का वर्णन
करने के पश्चात् योग की जिज्ञासा रखने वाले पुरुष की महिमा
बतलाकर अब भगवान् श्रीकृष्ण द्वारा योगियों के कुल में जन्म लेने

वाले योगभ्रष्ट की गति का पुनः प्रतिपादन करते हुए 45वें श्लोक में कहा गया है–

प्रयत्नाद्यतमानस्तु योगी संशुद्धकिल्बिषः ।
अनेकजन्मसंसिद्धस्ततो याति परां गतिम् ॥ 45 ॥

प्रयत्नपूर्वक अभ्यास करने वाला योगी तो पिछले अनेक जन्मों के संस्कार बल से इसी जन्म में संसिद्ध और संपूर्ण पापों से रहित होकर तत्काल ही परम गति को प्राप्त हो जाता है।

45वें श्लोक तक योगभ्रष्ट की गति का विषय समाप्त करके, अब 46वें श्लोक में भगवान् श्रीकृष्ण योगी की महिमा बतलाते हुए अर्जुन को योगी के लिए आज्ञा देते हुए कहते हैं–

तपस्विऽभ्योऽधिको योगी ज्ञानिऽभ्योऽपि मतोऽधिकः ।
कर्मिभ्यश्चाधिको योगी तस्माद्योगी भवार्जुन ॥ 46 ॥

हे अर्जुन! योगी पुरुष तपस्वियों से श्रेष्ठ होता है, शास्त्र-ज्ञानियों से भी श्रेष्ठ माना गया है और सकामकर्म करने वालों से भी योगी पुरुष श्रेष्ठ है, इसलिए हे पार्थ! तुम सभी प्रकार से सफल योगी बनो।

46वें श्लोक में योगी को सर्वश्रेष्ठ बतलाकर भगवान् श्रीकृष्ण ने अर्जुन को योगी बनने के लिए कहा है। वस्तुतः ज्ञानयोग, ध्यानयोग और कर्मयोग आदि साधनों में से अर्जुन को कौन-सा साधन करना चाहिए? इस बात का स्पष्टीकरण नहीं किया है। अतः अब भगवान् श्रीकृष्ण अपने से अनन्य प्रेम करने वाले भक्त

योगी की प्रशंसा करते हुए अर्जुन को अपनी ओर आकर्षित करते हुए कहते हैं–

योगिनामपि सर्वेषां मद्गतेनान्तरात्मना ।
श्रद्धावान्भजते यो मां स मे युक्तमो मतः ॥ 47 ॥

संपूर्ण योगियों में भी श्रद्धावान् योगी मुझमें लगा हुआ अंतरात्मा से मुझको निरंतर भजता है, वह मुझमें परम अंतरंग रूप में युक्त रहता है और सभी में सर्वोच्च है। वह परम श्रेष्ठ है–यही मेरा मत है।

आत्म-संयम योग अथवा ध्यानयोग का विस्तृत वर्णन करते हुए कहा गया कि भक्तियोग समस्त योगों की परिणति है। समस्त योग भक्तियोग की दिशा की ओर अग्रसरित होते हैं और कर्मयोग से लेकर भक्तियोग तक का रास्ता आत्म-साक्षात्कार है। आत्म-साक्षात्कार के माध्यम से आत्म-संयम योग को प्राप्त हुआ योगी अष्टांग योग की अवधारणा को पार करते हुए भवगत्-तत्त्व से साक्षात्कारित होता है। वह योगी पुरुष कई नामों से जाना जाता हुआ योग पथ पर चलता हुआ अंततः परमात्मा मय होता है।

छः अध्यायों का एक षट्क पूर्ण हुआ जिसमें अगर हम ध्यान से देखें तो पहले षट्क का पहला अध्याय प्रस्तावना रूप में है, दूसरे में 11वें से 30वें श्लोक तक सांख्ययोग (ज्ञानयोग) का विषय है। इसके पश्चात् 39वें श्लोक से लेकर तीसरे अध्याय के अंत तक प्रायः कर्मयोग का विस्तृत वर्णन है। चौथे और पांचवें अध्यायों में कर्मयोग और ज्ञानयोग का मिश्रित रूप है। छठे अध्याय में प्रधानतः ध्यानयोग आदि का भी वर्णन है, साथ ही प्रसंगानुसार कर्मयोग आदि का भी वर्णन किया है।

लेकिन दूसरे दोनों षट्कों की अपेक्षा इसमें कर्मयोग का वर्णन अधिक है।

सातवें अध्याय से लेकर बारहवें अध्याय तक के बीच के षट्क में प्रसंगवश कहीं-कहीं दूसरे विषयों की चर्चा होने पर भी सभी अध्यायों में प्रधानता से भक्तियोग का वर्णन है, इसलिए इन अध्यायों को भक्ति-प्रधान मानना सर्वथा उचित है।

॥ ॐ तत्सदिति श्रीमद्भगवद्गीतासूपनिषत्सु ब्रह्मविद्यायां योगशास्त्रे श्रीकृष्णार्जुनसंवादे आत्मसंयमयोगो नाम षष्ठोऽध्यायः ॥

अध्याय-7

ज्ञानविज्ञानयोग

इस अध्याय में भगवान् श्रीकृष्ण ने अर्जुन को समग्र रूप का वर्णन सुनने की आज्ञा दी है। परा और अपरा स्वरूप सर्वत्र ईश्वर की व्यापकता, चार प्रकार के पुण्यात्मा भक्तों की स्थिति, ज्ञानी भक्त की श्रेष्ठता एवं दुर्लभता, परमात्मा सर्वज्ञ है, भगवद् भजन करने वाले भक्तों के लक्षण, समग्र स्वरूप महिमा के निरूपण के साथ ही इस अध्याय का उपसंहार किया गया है।

परमात्मा के निर्गुण निराकार तत्त्व के प्रभाव माहात्म्य आदि के रहस्य सहित पूर्ण रूप से जान लेने का नाम ज्ञान और सगुण निराकार तत्त्व के लीला, रहस्य, महत्त्व, गुण और प्रभाव आदि के पूर्ण ज्ञान का नाम विज्ञान है। इस ज्ञान और विज्ञान सहित भगवान् के स्वरूप को जानना ही समग्र भगवान् को जानना है। इस अध्याय में इसी समग्र भगवान् के स्वरूप का, उसके जानने वाले अधिकारियों द्वारा इस अध्याय का नाम विज्ञान योग भी अभिहित किया गया है।

छठे अध्याय के अंतिम श्लोक में भगवान् ने कहा है–'अंतरात्मा को मुझमें लगाकर जो श्रद्धा और प्रेम के साथ मुझको भजता है, वह सब प्रकार के योगियों में उत्तम योगी है।'

भगवान् के स्वरूप, गुण और प्रभाव को मनुष्य तब तक नहीं जान पाता, जब तक उसके द्वारा अंतरात्मा से निरंतर भगवान् का भजन नहीं किया जाता। अब भगवान् श्रीकृष्ण द्वारा अपने गुण, प्रभाव सहित समग्र स्वरूप का तथा विविध प्रकारों से युक्त भक्तियोग का वर्णन करते हुए इस अध्याय का आरंभ किया गया है और पहले और दूसरे श्लोकों में अर्जुन को उसे सावधानी के साथ सुनने के लिए प्रेरित करते हुए श्रीकृष्ण कहते हैं–

श्रीभगवान् उवाच

मय्यासक्तमनाः पार्थ योगं युञ्जन्मदाश्रयः ।
असंशयं समग्रं मां यथा ज्ञास्यसि तच्छृणु ॥ 1 ॥

हे पार्थ! अब सुनो कि तुम किस तरह मेरी भावना से पूर्ण होकर और मन को मुझमें आसक्त करके योगाभ्यास करते हुए पूर्णतया संशय रहित जान सकते हो।

ज्ञानं तेऽहं सविज्ञानमिदं वक्ष्याम्यशेषतः ।
यज्ज्ञात्वा नेह भूयोऽन्यज्ज्ञातव्यमवशिष्यते ॥ 2 ॥

हे अर्जुन! अब मैं तुमसे पूर्ण रूप से व्यावहारिक तथा दिव्य ज्ञान कहूंगा। इसे जान-समझ लेने के पश्चात् तुम्हें जानने के लिए और कुछ भी शेष नहीं रहेगा।

समग्र रूप से ज्ञान-विज्ञान को बतलाने के उपरांत अब भगवान् श्रीकृष्ण अपने स्वरूप को तत्त्व से जानने की दुर्लभता का प्रतिपादन करते हुए तीसरे श्लोक में कहते हैं-

मनुष्याणां सहस्त्रेषु कश्चिद्यतति सिद्धये ।
यततामपि सिद्धानां कश्चिन्मां वेत्ति तत्त्वतः ॥ 3 ॥

हजारों मनुष्यों में से कोई एक मुझे प्राप्त करने हेतु प्रयत्न करता है तथा उन प्रयत्न करने वाले सिद्ध योगियों में भी कोई एक मुझे वास्तव में जान पाता है।

श्लोक संख्या-4 एवं 5 में ज्ञान-विज्ञान प्रकरण के संदर्भों का

उल्लेख करते हुए भगवान् के द्वारा सर्वप्रथम अपनी 'अपरा' और 'परा' प्रकृति के स्वरूप के संदर्भ में बतलाते हुए कहा गया है–

भूमिरापोऽनलो वायुः खं मनो बुद्धिरेव च ।
अहङ्कार इतीयं मे भिन्ना प्रकृतिरष्टधा ॥ 4 ॥

पृथ्वी, जल, अग्नि, वायु, आकाश, मन, बुद्धि तथा अहंकार–ये आठ प्रकार से बंटी हुई मेरी अपरा (भिन्ना) प्रकृतियां हैं।

अपरेयमितस्त्वन्यां प्रकृतिं विद्धि मे पराम् ।
जीवभूतां महाबाहो ययेदं धार्यते जगत् ॥ 5 ॥

हे महाबाहु अर्जुन! इनके अतिरिक्त मेरी एक अन्य पराशक्ति है, जो उन जीवों से युक्त है, जो इन भौतिक अपरा प्रकृति के साधनों का विदोहन कर रहे हैं।

परा और अपरा प्रकृतियों का स्वरूप बतलाने के पश्चात् भगवान् द्वारा छठे श्लोक में यह बतलाया गया है कि दोनों प्रकृतियां चराचर संपूर्ण भूतों का कारण हैं और मैं इन दोनों प्रकृतियों वाले समस्त जगत् का महाकारण हूं।

एतद्योनीनि भूतानि सर्वाणीत्युपधारय ।
अहं कृत्स्नस्य जगतः प्रभवः प्रलयस्तथा ॥ 6 ॥

हे अर्जुन! यह संपूर्ण जड़ चेतन, चर-अचर (चराचर) इन दोनों प्रकृतियों (परा और अपरा) से ही उत्पन्न हुआ है और मैं संपूर्ण

जगत् का प्रभव तथा प्रलय हूं। संपूर्ण जगत् का मूल कारण मैं ही हूं।

इस प्रकार संपूर्ण विश्व के कर्ता-धर्ता भगवान् स्वयं हैं, पूरा जगत् स्वाभाविक रूप से भगवान् का स्वरूप है और उन्हीं में व्याप्त है। इस तथ्य को स्पष्ट करते हुए भगवान् श्रीकृष्ण द्वारा 7वें श्लोक में कहा गया है–

मत्तः परतरं नान्यत्किञ्चिदस्ति धनञ्जय ।
मयि सर्वमिदं प्रोतं सूत्रे मणिगणा इव ॥ 7 ॥

हे धनंजय! मुझसे बड़ा (श्रेष्ठ) तो कोई भी सत्य नहीं है। मुझसे अलग कोई दूसरा परम कल्याण नहीं है। यह संपूर्ण जगत् सूत्र में माला के मनकों के समान मुझमें गुंथा हुआ है।

- सूत्र और सूत्र के मनकों के दृष्टांत से भगवान् ने अपनी सर्वरूपता और सर्वव्यापकता सिद्ध की है। आगे भगवान् श्रीकृष्ण श्लोक संख्या-8, 9 व 10 एवं 11 में उन प्रधान-प्रधान सभी वस्तुओं के नाम लेते हैं, जिनसे इस विश्व की स्थिति को अपने से ही ओत-प्रोत बतलाते हुए कहते हैं–

रसोऽहमप्सु कौन्तेय प्रभास्मि शशिसूर्ययोः ।
प्रणवः सर्ववेदेषु शब्दः रवे पौरुषं नृषु ॥ 8 ॥

हे पार्थ! मैं जल में रस हूं। चंद्रमा और सूर्य में प्रकाश हूं। संपूर्ण वेदों में ओंकार हूं। आकाश में मैं शब्द हूं और पुरुषों में पुरुषत्व हूं।

9वें श्लोक में भगवान् श्रीकृष्ण कहते हैं–

पुण्यो गन्ध: पृथिव्यां च तेजश्चास्मि विभावसौ ।
जीवनं सर्वभूतेषु तपश्चास्मि तपस्विषु ॥ 9 ॥

हे पार्थ! मैं पृथ्वी में पवित्र सुगंध और अग्नि में तेज हूं। मैं ही संपूर्ण
भूतों में उनका जीवन हूं और तपस्वियों में स्थित तप भी मैं ही हूं।

10वें श्लोक में अपने स्वरूप को 'सनातन बीज' बतलाते हुए
भगवान् श्रीकृष्ण कहते हैं–

बीजं मां सर्वभूतानां विद्धि पार्थ सनातनम् ।
बुद्धिर्बुद्धिमतामस्मि तेजस्तेजस्विनामहम् ॥ 10 ॥

हे अर्जुन! मुझे संपूर्ण भूतों का सनातन बीज समझो। मैं ही बुद्धिमानों
की बुद्धि और तेजस्वियों का तेज हूं।

11वें श्लोक में अपने स्वरूप के विस्तार के संबंध में भगवान्
श्रीकृष्ण कहते हैं–

बलं बलवतां चाहं कामरागविवर्जितम् ।
धर्माविरुद्धो भूतेषु कामोऽस्मि भरतर्षभ: ॥ 11 ॥

हे भरतश्रेष्ठ! मैं बलवानों की आसक्ति और कामनाओं से रहित
बल अर्थात् सामर्थ्य हूं। सब भूतों में धर्मानुकूल अर्थात् शास्त्र के
अनुकूल काम हूं।

12वें श्लोक में भगवान् श्रीकृष्ण द्वारा त्रिगुणमय (सत्त्व, रज,
तम) जगत् का मूल कारण बतलाकर इस प्रसंग का उपसंहार करते
हुए कहा गया है–

ये चैव सात्त्विका भावा राजसास्तामसाश्च ये ।
मत एवेति तान्विद्धि न त्वहं तेषु ते मयि ॥ 12 ॥

हे अर्जुन! मेरी शक्ति के द्वारा सत्त्वगुण से उत्पन्न होने वाले, रजोगुण से उत्पन्न होने वाले और तमोगुण से उत्पन्न होने वाले समस्त भाव हैं। इस प्रकार से मैं सब कुछ हूं, लेकिन सब कुछ होते हुए स्वतंत्र हूं। मैं प्रकृति के इन गुणों के अधीन नहीं हूं, अपितु ये गुण मेरे अधीन हैं।

उपर्युक्त श्लोकों में भगवान् ने यह दर्शाया है कि समस्त जगत् मेरा ही स्वरूप है और मुझमें व्याप्त है। इस प्रकार सर्वत्र परिपूर्ण और अत्यंत समीप होने पर भी लोगों के द्वारा श्रीभगवान् को क्यों नही पहचाना जाता। इस पर श्रीभगवान् श्रीकृष्ण कहते हैं–

त्रिभिर्गुणमयैर्भावैरेभिः सर्वमिदं जगत् ।
मोहितं नाभिजानाति मामेभ्यः परमव्ययम् ॥ 13 ॥

सात्त्विक, राजसिक तामसिक–इन तीन गुणों के भावों से यह पूरा संसार एवं समस्त प्राणी-समुदाय मोहित हो रहा है, इसलिए तीनों गुणों से अलग मुझ अविनाशी को यह संसार नहीं जानता।

13वें श्लोक में समस्त जगत् को त्रिगुण से मोहित बतलाने के पश्चात् अर्जुन की इस इच्छा का कि फिर इससे छूटने का कोई उपाय है या नहीं–भगवान् श्रीकृष्ण 14वें श्लोक में अपनी माया को दुस्तर बतलाते हुए उससे तरने (निकलने) का उपाय बतलाते हुए कहते हैं–

दैवी ह्येषा गुणमयी मम माया दुरत्यया ।
मामेव ये प्रपद्यन्ते मायामेतां तरन्ति ते ॥ 14 ॥

प्रकृति के तीनों गुणों वाली इस मेरी दैवी शक्ति को पार कर पाना कठिन है, किंतु जो मेरे शरणागत हो जाते हैं, वे सरलता से इसे पार कर जाते हैं।

भगवान् श्रीकृष्ण ने माया की दुस्तरता दिखाकर अपने भजन को उससे तरने का उपाय बतलाया। इस पर शंका यह उठती है कि जब ऐसी बात है, तब लोग निरंतर आपका भजन क्यों नहीं करते? इस पर भगवान् श्रीकृष्ण कहते हैं–

न मां दुष्कृतिनो मूढाः प्रपद्यन्ते नराधमाः ।
माययापहृतज्ञाना आसुरं भावमाश्रिताः ॥ 15 ॥

माया के द्वारा जिनके ज्ञान को हरा जा चुका है, इस प्रकार के आसुरी स्वभाव को धारण किए हुए मानव में नीच, दूषित कर्म करने वाले मूढ़ लोग मुझको नहीं भजते हैं।

15वें श्लोक में भगवान् श्रीकृष्ण ने यह बतलाया है कि पापी और आसुरी प्रवृत्ति वाले मेरा भजन नहीं करते। इससे अर्जुन के मन में यह जिज्ञासा उत्पन्न होती है कि फिर कैसे मनुष्य आपको भजते हैं? इस पर भगवान् श्रीकृष्ण का कथन है–

चतुर्विधा भजन्ते मां जनाः सुकृतिनोऽर्जुन ।
आर्तो जिज्ञासुरर्थार्थी ज्ञानी च भरतर्षभ ॥ 16 ॥

हे भरतवंशियो में श्रेष्ठ अर्जुन! उत्तम कार्य करने वाले अर्थार्थी, आर्त्त, जिज्ञासु और ज्ञानी ये चारों प्रकार के भक्तों के द्वारा मुझे भजा जाता है।

1. **अर्थार्थी भक्त**–वह भक्त, जो स्त्री, पुत्र, धन, मान, बड़ाई, प्रतिष्ठा, स्वर्ग सुख आदि समस्त कामनाओं की पूर्ति हेतु भगवान् पर निर्भर रहता है, भगवान् का भजन करता है, अर्थार्थी भक्त है, जैसे–ध्रुव की भक्ति अर्थार्थी थी।
2. **आर्त भक्त**–जो शारीरिक या मानसिक संताप, विपत्ति, शत्रुभय, रोग, अपमान, चोर, डाकू और आततायियों अथवा हिंसक जानवरों के आक्रमण आदि से घबराकर उनसे छूटने के लिए पूर्ण विश्वास के साथ हृदय की अडिग श्रद्धा से भगवान् को भजता है, आर्त भक्त है, जैसे–गजराज, द्रौपदी आदि।
3. **जिज्ञासु भक्त**–धन, स्त्री, पुत्र, गृह आदि वस्तुओं की और रोग-संकट आदि की परवाह न करके एकमात्र परमात्मा को तत्त्व से जानने की इच्छा से ही जो निष्ठा के साथ भगवान् की भक्ति करता है, जिज्ञासु भक्त है। परीक्षित एक जिज्ञासु भक्त थे।
4. **ज्ञानी भक्त**–जो परमात्मा को प्राप्त कर चुके हैं, जिनकी दृष्टि में एक परमात्मा ही रह गए हैं। परमात्मा के अतिरिक्त और कुछ है ही नहीं और इस प्रकार परमात्मा को प्राप्त कर लेने से जिनकी समस्त कामनाएं निःशेष रूप से समाप्त हो चुकी हैं तथा ऐसी स्थिति में जो सहजभाव से परमात्मा का भजन करते

हैं, ज्ञानी भक्त हैं। शुकदेव जी, सनकादि, नारदजी, भीष्म आदि प्रसिद्ध ज्ञानी भक्त हैं

17वें श्लोक में भगवान् श्रीकृष्ण के द्वारा ज्ञानी भक्त के प्रेम की प्रशंसा और अन्य भक्तों की अपेक्षा ज्ञानी भक्त की श्रेष्ठता को सिद्ध करते हुए बताया गया है—

तेषां ज्ञानी नित्ययुक्त एकभक्तिर्विशिष्यते ।
प्रियो हि ज्ञानिनोऽत्यर्थमहं स च मम प्रियः ॥ 17 ॥

इन सभी भक्तों में नित्य एकनिष्ठ भाव से मुझमें स्थित अनन्य प्रेमभक्ति से युक्त ज्ञानी भक्त मुझे अति प्रिय है, क्योंकि मुझको तत्त्वतः जानने वाले ज्ञानी को मैं अत्यंत प्रिय हूं।

एक जिज्ञासा होती है कि ज्ञानी भक्त अगर अत्यंत प्रिय हैं, तो क्या दूसरे भक्त श्रेष्ठ और प्रिय नहीं हैं। इस जिज्ञासा का समाधान भगवान् श्रीकृष्ण द्वारा 18वें श्लोक में करते हुए कहा गया है—

उदाराः सर्व एवैते ज्ञानी त्वात्मैव मे मतम् ।
आस्थितः स हि युक्तात्मा मामेवानुत्तमां गतिम् ॥ 18 ॥

हे अर्जुन! ये सभी भक्त उदार हैं, लेकिन ज्ञानी भक्त तो साक्षात् मेरा स्वरूप ही है, ऐसा मेरा मत है। वह मेरी दिव्य सेवा में तत्पर रहकर मुझ सर्वोच्च उद्देश्य को निश्चित रूप से प्राप्त करता है।

19वें श्लोक में ज्ञानी भक्त की दुर्लभता को बतलाते हुए भगवान् श्रीकृष्ण कहते हैं—

बहूनां जन्मनामन्ते ज्ञानवान्मां प्रपद्यते ।
वासुदेवः सर्वमिति स महात्मा सुदुर्लभः ॥ 19 ॥

अनेक जन्म-जन्मांतर के बाद जिसे सचमुच ज्ञान होता है, वह
मुझको समस्त कारणों का कारण जानकर मेरी शरण में आता है।
ऐसा महात्मा अत्यंत दुर्लभ होता है।

20वें श्लोक में भगवान् श्रीकृष्ण के द्वारा जो सुकृति होने पर
भी कामना के वश अपनी-अपनी प्रकृति के अनुसार अन्यान्य
देवताओं की उपासना करते हैं, उनके संदर्भ में कहा गया है—

कामैस्तैस्तैर्हृतज्ञानाः प्रपद्यन्तेऽन्यदेवताः ।
तं तं नियममास्थाय प्रकृत्या नियताः स्वया ॥ 20 ॥

जिनकी बुद्धि भौतिक इच्छाओं द्वारा मारी गई है, वे देवताओं की
शरण में जाते हैं और वे सभी अपने स्वभावनुसार देवताओं की पूजा
विशेष विधि-विधानों का पालन करते हुए किया करते हैं।

21वें तथा 22वें श्लोकों में भगवान् श्रीकृष्ण द्वारा देवोपासकों
को उनकी उपासना का फल कैसे और क्या मिलता है, इसका
वर्णन करते हुए कहा गया है—

यो यो यां यां तनुं भक्तः श्रद्धयार्चितुमिच्छति ।
तस्य तस्याचलां श्रद्धां तामेव विदधाम्यहम् ॥ 21 ॥

जो-जो सकाम भक्त, जिस-जिस देवता के स्वरूप को श्रद्धा से

पूजना चाहता है, उस-उस भक्त की श्रद्धा को मैं उसी देवता के प्रति स्थिर करता हूं।

स तया श्रद्धया युक्तस्तस्याराधनमीहते ।
लभते च ततः कामान्मयैव विहितान्हि तान् ॥ 22 ॥

ऐसी श्रद्धा से समन्वित वह देवता विशेष की पूजा करने का यत्न करता है और अपनी इच्छा की पूर्ति करता है, किंतु वास्तविकता तो यह है कि ये समस्त लाभ मूलतः मेरे द्वारा प्रदत्त हैं।

23वें श्लोक में अन्य देवताओं की उपासना के फल को विनाशी बतलाते हुए भगवद्-उपासना के फल की महत्ता का प्रतिपादन करते हुए भगवान् श्रीकृष्ण कहते हैं-

अन्तवत्तु फलं तेषां तद्भवत्यल्पमेधसाम् ।
देवान्देवयजो यान्ति मद्भक्ता यान्ति मामपि ॥ 23 ॥

अल्पबुद्धि वाले व्यक्ति देवताओं की पूजा करते हैं और उन्हें प्राप्त होने वाले फल भी सीमित तथा क्षाणिक ही होते हैं। देवताओं की पूजा करने वाले देवलोक जाते हैं, किंतु मेरे भक्त अंततः मेरे धाम को प्राप्त होते हैं।

अब यहां एक जिज्ञासा उत्पन्न होती है कि जब भगवान् इतने प्रेमी और दया सागर हैं कि जिस किसी प्रकार से भी जन भजते हैं, उन्हें अपने स्वरूप की प्राप्ति करा ही देते हैं, तो फिर सभी मनुष्य उनको क्यों नहीं भजते? इस जिज्ञासा पर भगवान् श्रीकृष्ण अर्जुन से कहते हैं-

अव्यक्तं व्यक्तिमापन्नं मन्यन्ते मामबुद्धयः ।
परं भावमजानन्तो ममाव्ययमनुत्तमम् ॥ 24 ॥

बुद्धिहीन मनुष्य मुझको ठीक से न जानने के कारण सोचते हैं कि मैं (अर्थात् भगवान् श्रीकृष्ण) पहले निराकार था और अब मैंने इस अवतार रूप को ग्रहण किया है। वे सभी अपने अल्पज्ञान के चलते मेरी अविनाशी तथा सर्वोच्च प्रकृति के विषय में नहीं जान पाते।

एक जिज्ञासा यह उत्पन्न होती है कि इस प्रकार मनुष्य के रूप में प्रकट सर्वशक्तिमान परमात्मा को लोग साधारण मानव क्यों समझते हैं? इस पर भगवान् श्रीकृष्ण 25वें श्लोक में कहते हैं–

नाहं प्रकाशः सर्वस्य योगमायासमावृत :
मूढोऽयं नाभिजानाति लोको मामजमव्ययम् ॥ 25 ॥

अपनी योग माया से छिपा हुआ मैं सभी के प्रत्यक्ष नहीं होता। यह अज्ञानी जनसमुदाय योगमाया के कारण मुझ जन्म रहित अविनाशी परमात्मा को नहीं जानता अर्थात् इस जनसमुदाय के द्वारा मुझे जन्मने एवं मरने वाला समझा जाता है।

पूर्व श्लोक में भगवान् ने स्वयं को योगमाया से आवृत्त बतलाया है। इसमें अगर किसी के द्वारा यह समझा जाए कि जैसे मोटे परदे के अंदर रहने वालों को बाहर वाले नहीं देख सकते और वह बाहर वालों को नहीं देख सकता। इस प्रकार यदि लोग भगवान् को नहीं जानते तो भगवान् भी लोगों को नहीं जानते होंगे। इसके साथ ही यह दिखलाने के लिए कि योगमाया मेरे अधीन स्थित विशेष शक्ति

है, वह मेरे दिव्य ज्ञान को आवृत्त नहीं कर सकती, भगवान् श्रीकृष्ण 26वें श्लोक में कहते हैं–

वेदाहं समतीतानि वर्तमानानि चार्जुन ।
भविष्याणि च भूतानि मां तु वेद न कश्चन ॥ 26 ॥

हे अर्जुन! भगवान् होने के नाते मैं वह सब कुछ जानता हूं, जो भूतकाल में घटित हो चुका है, जो वर्तमान में घटित हो रहा है और जो भविष्य में घटित होगा। यह सब मुझे ज्ञात है। मैं समस्त जीवों को जानता हूं, लेकिन कोई मुझे नहीं जानता।

श्रद्धा-भक्ति रहित मूढ़ मानव में से कोई भी श्रीभगवान् को नहीं जानता, इसमें क्या रहस्य है? इस तथ्य हो बतलाते हुए 27वें श्लोक में भगवान् श्रीकृष्ण कहते हैं–

इच्छाद्वेषसमुत्थेन द्वन्द्वमोहेन भारत ।
सर्वभूतानि सम्मोहं सर्गे यान्ति परन्तप ॥ 27 ॥

हे भरतवंशी अर्जुन! इस संसार में समस्त जीव इच्छा और घृणा से उत्पन्न, सुख और दुःख के द्वंद्वपूर्ण स्थिति से मोहग्रस्त होकर अत्यंत अज्ञता (मोह) को प्राप्त होते हैं, जिसके कारण ये जीव हमें नहीं जान पाते।

- यहां सर्वभूतानि पद के द्वारा यह संकेत किया गया है कि सच्ची श्रद्धा एवं भक्ति के साथ भगवान् का भजन करने वाले भक्तों को छोड़कर समस्त जनसमुदाय का वाचक पद 'सर्वभूतानि' है। 'भूतानि' पद के साथ सर्व शब्द का प्रयोग होने से यह भ्रम

होता है कि सभी प्राणी द्वंद्वादि से मोहित हो रहे हैं, कोई भी उससे वंचित नहीं है। अतः इस प्रकार के भ्रम की निवृत्ति करते हुए भगवान् श्रीकृष्ण 28वें श्लोक में कहते हैं–

येषां त्वन्तगतं पापं जनानां पुण्यकर्मणाम् ।
ते द्वन्द्वमोहनिर्मुक्ता भजन्ते मां दृढव्रताः ॥ 28 ॥

जिन मनुष्यों ने पूर्व जन्मों में तथा इस जन्म में पुण्य कर्म किए हैं और जिनके पापकर्म पूर्णतया नष्ट हो गए होते हैं, वे मोहादि के द्वंद्वों से मुक्त हो जाते हैं और वे संकल्पपूर्वक मेरी सेवा में दृढ़ निश्चयी प्रवृत्ति के साथ हमेशा तत्पर रहते हैं।

29वें श्लोक में भगवान् श्रीकृष्ण के द्वारा भजन करने वाले के भजन का प्रकार एवं फल बतलाते हुए कहा गया है–

जरामरणमोक्षाय मामश्रित्य यतन्ति ये ।
ते ब्रह्म तद्विदुः कृत्स्नमध्यात्मं कर्म चाखिलम् ॥ 29 ॥

हे अर्जुन! जो मनुष्य मेरी शरण में आकर जरा तथा मृत्यु से मुक्ति पाने के लिए यत्नशील रहते हैं, वे बुद्धिमान जन मेरी पूर्णाभक्ति की शरण ग्रहण करते हैं। वे मनुष्य उस ब्रह्म को, संपूर्ण अध्यात्म को और संपूर्ण कर्मों को भी जानते हैं।

बुद्धिमत्ता युक्त ज्ञानी पुरुष की श्रेष्ठता बतलाते हुए 30वें श्लोक में भगवान् श्रीकृष्ण कहते हैं–

साधिभूताधिदैवं मां साधियज्ञं च ये विदुः ।
प्रयाणकालेऽपि च मां ते विदुर्युक्तचेतसः ॥ 30 ॥

जो मनुष्य अधिभूत और अधिदैव के साथ तथा अधियज्ञ के सहित (सबका आत्मरूप) मुझे अंतकाल में भी जानते हैं, वे युक्त चित्त वाले मनुष्य मुझे प्राप्त हो जाते हैं।

अर्थात् जो ईश्वर को पूर्ण ईश्वरीय चेतना से संपन्न मानकर ईश्वर को जगत् का, देवताओं का तथा समस्त यज्ञादि विधियों का नियामक जानते हैं, वे अंतकाल में भी भगवद्धाम को जान और समझ सकते हैं।

- भगवान् की अपरा और क्षर पुरुष प्रकृति जो विनाशशील और समस्त जड़ का नाम है, 'अधिभूत' है।

अगले यानी 8वें अध्याय में जिन्हें ब्रह्मा कहा है, उस सूत्रात्मा हिरण्यगर्भ का नाम 'अधिदैव' है।

नवें अध्याय में समस्त प्राणियों के अंतःकरण में व्याप्त रहते वाले भगवान् के अव्यक्त स्वरूप का नाम 'अधियज्ञ' है।

इस अध्याय में भगवान् श्रीकृष्ण द्वारा अपने समग्र रूप का तत्त्व समझाया गया है। इस अध्याय में अर्जुन को सावधान करते हुए, उसके कहने ही प्रतिज्ञा का संवहन और जानने वालों की प्रशंसा की गई है। भगवान् द्वारा अनेक प्रकार से परम तत्त्व को समझाकर न जानने के कारणों को भली-भांति समझाया गया है और इस अध्याय के अंत में ब्रह्म, अध्यात्म, कर्म, ज्ञान, अधिभूत, अधिदैव और अधियज्ञ सहित भगवान् के समग्र रूप को जाननेवाले भक्त की महिमा का वर्णन करते हुए इस अध्याय का उपसंहार किया गया है।

॥ ॐ तत्सदिति श्रीमद्भगवद्गीतासूपनिषत्सु ब्रह्मविद्यायां
योगशास्त्रे श्रीकृष्णार्जुनसंवादे ज्ञानविज्ञानयोगो
नाम सप्तमोऽध्यायः ॥

अध्याय-8

अक्षरब्रह्मयोग

इस अध्याय का आरंभ अर्जुन के सात प्रश्नों से होता है, जो ब्रह्म और अध्यात्म विषयक हैं। भगवान् श्रीकृष्ण द्वारा इस अध्याय में चिंतन के महत्त्व को बतलाया गया है। भगवान् के सगुण एवं निर्गुण दोनों स्वरूपों में चिंतन के महत्त्व को प्रधान बतलाया गया है। परमात्मा के निर्गुण स्वरूप की प्रशंसा करते हुए निर्गुण ब्रह्म की साधना विधि एवं फल का वर्णन किया गया है। भगवत्-प्राप्ति से पुनर्जन्म का अभाव, ब्रह्मा के दिन-रात का परिमाण बतलाते हुए, समस्त प्राणियों की उत्पत्ति एवं प्रलय का वर्णन किया गया है। एक अव्यक्त से दूसरे सनातन अव्यक्त का प्रतिपादन, 'अक्षर', 'परम गति', 'परम धाम' एवं 'परम पुरुष' आदि नामों को प्रतिपादित करते हुए, अनन्य भक्ति को उस परम पुरुष की प्राप्ति का मार्ग बतलाया है। इस अध्याय में 'शुक्ल' और 'कृष्ण' गति का फल सहित वर्णन, दोनों गतियों को जानने वाले योगी की प्रशंसा करते हुए अर्जुन को योगी बनने की आज्ञा दी गई है। अध्याय में वर्णित 'ॐ', 'अक्षर' और ब्रह्म भगवान् के सगुण एवं निर्गुण दोनों स्वरूपों का वाचक है। इस अध्याय में भगवान् के सगुण रूप का और ओंकार रूप का वर्णन है, इसलिए विद्वानों द्वारा इस अध्याय का नाम 'अक्षरब्रह्मयोग' भी रखा गया है।

सातवें अध्याय के 29वें और 30वें श्लोक में वर्णित ब्रह्म, अध्यात्म, कर्म, अधिभूत, अधिदैव और अधियज्ञ इन छहों का तथा मृत्यु काल (अंतिम काल) में भगवान् को जानने की बात का रहस्य भली-भांति न समझने के कारण आठवें अध्याय के आरंभ के श्लोक संख्या-1 एवं 2 में अर्जुन द्वारा उपर्युक्त सातों विषयों का समझाने हेतु सात प्रश्न किए गए हैं–

अर्जुन उवाच

किं तद्ब्रह्म किमध्यात्मं किं कर्म पुरुषोत्तम ।
अधिभूतं च किं प्रोक्तमधिदैवं किमुच्यते ॥ 1 ॥

अर्जुन ने कहा–हे पुरुषोत्तम! वह ब्रह्म क्या है? अध्यात्म क्या है?
कर्म क्या है? अधिभूत नाम से क्या कहा गया है और अधिदैव
किसे कहते हैं?

अधियज्ञ: कथं कोऽत्र देहेऽस्मिन्मधुसूदन ।
प्रयाणकाले च कथं ज्ञेयोऽसि नियतात्मभिः ॥ 2 ॥

हे मधुसूदन! यहां अधियज्ञ कौन है और वह इस शरीर में कैसे
हैं? युक्तचित्त वाले पुरुषों द्वारा अंत समय में आप किस प्रकार
समझ में आते हैं?

अर्जुन के उपर्युक्त सात प्रश्नों में से भगवान् श्रीकृष्ण के द्वारा
पहले ब्रह्म, अध्यात्म और कर्म विषयक तीन प्रश्नों का उत्तर श्लोक
संख्या-3 में संक्षिप्त रूप से देते हुए कहा गया है–

श्रीभगवान् उवाच

अक्षरं ब्रह्म परमं स्वभावोऽध्यात्ममुच्यते ।
भूतभावोद्भवकरो विसर्गः कर्मसञ्ज्ञितः ॥ 3 ॥

भगवान् श्रीकृष्ण ने कहा–हे अर्जुन! अविनाशी और दिव्य जीव
को ब्रह्म कहते हैं, तात्पर्य यह है कि परम अक्षर ब्रह्म और कोई
नहीं, अपितु आत्मस्वरूप ही है। उस दिव्य जीव की नित्य प्रकृति

(स्वभाव) अध्यात्म कहलाता है। जीवों के भौतिक शरीर से संबंधित गतिविधि को कर्म अथवा सकाम कर्म कहते हैं।

परम अक्षर ब्रह्म—अक्षर के साथ 'परम' विशेषण का मतलब है, जो सबसे श्रेष्ठ और सूक्ष्म है, वह परम है। 'ब्रह्म' और अक्षर के नाम से जिन तत्त्वों का निर्देश किया जाता है, उन सभी में सबकी अपेक्षा श्रेष्ठ एकमात्र सच्चिदानंदघन परब्रह्म परमात्मा ही है, इसलिए परम अक्षर ब्रह्म से परब्रह्म परमात्मा को लक्षित किया जाता है।

स्वभाव अध्यात्म—इसका तात्पर्य यह है कि जीव रूपी भगवान् की चेतना पर प्रकृति रूपी आत्म-तत्त्व ही जब आत्म-शब्द, वाच्य, शरीर, इन्द्रिय, मन, बुद्धि आदि अपरा प्रकृति का अधिष्ठता हो जाता है, तो उसे अध्यात्म कहते हैं।

श्लोक संख्या-4 में भगवान् श्रीकृष्ण के द्वारा अधिभूत, अधिदैव और अधियज्ञादि प्रश्नों का उत्तर देते हुए कहा गया है—

अधिभूतं क्षरो भावः पुरुषश्चाधिदैवतम् ।
अधियज्ञोऽहमेवात्र देहे देहभृतां वर ॥ 4 ॥

हे देहधारियों में श्रेष्ठ अर्जुन। हमेशा परिवर्तनशील होने वाली यह भौतिक प्रकृति अधिभूत (भौतिक अभिव्यक्ति) कहलाती है। हे पार्थ! भगवान् का विराट स्वरूप, जिसमें सूर्य और चंद्रमा के जैसे समस्त देवता सम्मिलित हैं, अधिदैव कहलाता है। प्रत्येक जीवधारी के हृदय में परमात्मा स्वरूप स्थित मैं परमेश्वर ही अधियज्ञ (यज्ञ का अधिकारी अथवा यज्ञ स्वामी) कहलाता हूं।

5वें श्लोक में भगवान् श्रीकृष्ण के द्वारा अंतकाल संबंधी 7वें प्रश्न का उत्तर देते हुए कहा गया है—

अन्तकाले च मामेव स्मरन्मुक्त्वा कलेवरम् ।
यः प्रयाति स मद्भावं याति नास्त्यत्र संशयः ॥ 5 ॥

हे अर्जुन! जो मनुष्य अपने अंतिम काल में मुझे स्मरण करता हुआ अपने शरीर का त्याग करता है, वह बिना विलंब तुरंत मेरे स्वभाव को प्राप्त करता है, इसमें किसी भी तरह का कोई संशय नहीं है।

5वें श्लोक में भगवान् को याद करते हुए मरने वाले को भी भगवान् का साक्षात् स्वरूप प्राप्त होता है, इस पर यह जिज्ञासा होती है कि केवल भगवान् के स्मरण के संबंध में ही यह विशेष नियम है। इसका उद्‌घाटन करते हुए 9वें श्लोक में भगवान् श्रीकृष्ण कहते हैं–

यं यं वापि स्मरन्भावं त्यजत्यन्ते कलेवरम् ।
तं तमेवैति कौन्तेय सदा तद्भवभावितः ॥ 6 ॥

हे कौंतेय! यह मनुष्य अंतकाल में जिस-जिस भी भाव का स्मरण करता हुआ शरीर का त्याग करता है, यह उस-उसको ही प्राप्त होता है, क्योंकि वह सदा सर्वदा उस भाव से ही जीवन में भावित रहा होता है। अंतकाल में जिसका स्मरण करते हुए मनुष्य मरता है, उसी को प्राप्त करता है और अंतकाल में भी वही भाव आता है, जिसका जीवन में स्मरण किया जाता है। मतलब अंतकाल में भगवान् के स्मरण के पश्चात् ही भगवत्-प्राप्ति मिलेगी। अंतकाल कब आ जाए, इसका कुछ भी पता नहीं है, इसलिए 7वें श्लोक में निरंतर भजते हुए युद्ध करने हेतु अर्जुन को आदेशित करते हुए भगवान् श्रीकृष्ण कहते हैं–

तस्मात्सर्वेषु कालेषु मामनुस्मर युध्य च ।
मय्यर्पितमनोबुद्धिर्मामेवैष्यस्यसंशयम् ॥ 17 ॥

अत: हे अर्जुन! तुम्हे प्रत्येक पल निरंतर मेरा स्मरण करते रहना
चाहिए और साथ ही अपने युद्ध करने के कर्तव्य को भी पूरा करना
चाहिए। अपने कर्मों को मुझे समर्पित करके तथा मन एवं बुद्धि
को मुझमें स्थिर करके तुम निश्चित रूप से मुझे प्राप्त कर सकोगे।

भगवान् का चिंतन करते-करते मरने वाले मनुष्यों की गति का
विस्तारपूर्वक उत्तर देने के लिए अभ्यासयोग के द्वारा मन को वश
में करके भगवान् के 'अधियज्ञ' रूप का अर्थात् सगुण निराकार
दिव्य अव्यक्त रूप का चिंतन करने वाले योगियों की अंतकालीन
गति का 8वें, 9वें और 10वें श्लोक में वर्णन करते हुए भगवान्
श्रीकृष्ण कहते हैं–

अभ्यासयोगयुक्तेन चेतसा नान्यगामिना ।
परमं पुरुषं दिव्यं याति पार्थानुचिन्तयन् ॥ 8 ॥

हे पार्थ! यह निश्चित है कि जो व्यक्ति मेरा स्मरण करने में अभ्यास
रूपी योग से युक्त अपना मन निरंतर लगाए रखकर अविचलित
भाव से भगवान् के रूप में मेरा ध्यान करता है, वह मुझको अवश्य
ही प्राप्त होता है।

अभ्यासयोग के अंतर्गत यम, नियम, आसन, प्राणायाम, प्रत्याहार,
धारणा और ध्यान नाम आते हैं।

श्लोक संख्या-9 में भगवान् श्रीकृष्ण के द्वारा दिव्य पुरुष का
स्वरूप बतलाते हुए कहा गया है–

कविं पुराणमनुशासितारमणोरणीयांसमनुस्मरेद्यः ।
सर्वस्य धातारमचिन्त्यरूपमादित्यवर्णं तमसः परस्तात् ॥ 9 ॥

जो पुरुष सर्वज्ञ अनादि, सबके नियंता, पुरातन, लघुतम से भी
लघु, सबके पालन-पोषण करने वाले, समस्त भौतिक बुद्धि से परे
अचिंत्य तथा नित्य रूप से करते हैं, वे सूर्य की भांति तेजवान हैं
और भौतिक प्रकृति से परे दिव्य रूप वाले हैं।

10वें श्लोक में भगवान् श्रीकृष्ण द्वारा साधना की विधि एवं
फल बतलाते हुए कहा गया है–

प्रयाणकाले मनसाचलेन भक्त्या
युक्तो योगबलेन चैव ।
भ्रुवोर्मध्ये प्राणमावेश्य सम्यक् स तं
परं पुरुषमुपैति दिव्यम् ॥ 10 ॥

वह भक्तियुक्त पुरुष अंतकाल में भी योगबल से भृकुटी के मध्य
में प्राण को अच्छी प्रकार स्थापित करके, फिर निश्चल मन से
स्मरण करता हुआ उस दिव्यस्वरूप परम पुरुष परमात्मा को ही
प्राप्त होता है।

भगवान् श्रीकृष्ण के द्वारा 11वें से 13वें श्लोक तक परम
अक्षर निर्गुण निराकार परब्रह्म की उपासना करने वाले योगियों की
अंतकालीन गति का वर्णन करने से पहले उस अक्षर ब्रह्म की प्रशंसा
करके उसे बतलाते हुए कहा गया है–

यदक्षरं वेदविदो वदन्ति विशन्ति यद्यतयो वीतरागाः ।
यदिच्छन्तो ब्रह्मचर्यं चरन्ति तत्ते पदं सङ्ग्रहेण प्रवक्ष्ये ॥ 11 ॥

जो वेदों के ज्ञाता हैं; जो ओंकार का उच्चारण करते हैं और संन्यास आश्रम के बड़े-बड़े मुनि हैं; वे ब्रह्म में प्रवेश करते हैं। ऐसी सिद्धि की इच्छा करने वाले ब्रह्मचर्य व्रत का अभ्यास करते हैं। अब मै तुम्हें वह विधि बतलाऊंगा, जिससे कोई भी व्यक्ति मुक्तिलाभ कर सकता है।

सर्वद्वाराणि संयम्य मनो हृदि निरूध्य च ।
मूर्ध्न्याधायात्मनः प्राणमास्थितो योगधारणाम् ॥ 12 ॥

समस्त ऐंद्रिय क्रियाओं से विरक्ति को योग की स्थिति (योगधारणा) कहा जाता है। इन्द्रियों के समस्त द्वारों को बंद करके तथा मन को हृदय में और प्राणवायु को सिर पर केंद्रित करके मनुष्य अपने को योग में स्थापित करता है।

ओमित्येकाक्षरं ब्रह्म व्याहरन्मामनुस्मरन् ।
यः प्रयाति त्यजन्देहं स याति परमां गतिम् ॥ 13 ॥

इस योगाभ्यास में स्थित होकर तथा अक्षरों के परम संयोग अर्थात् ओंकार का उच्चारण करते हुए यदि कोई भगवान् का चिंतन करता है और अपने शरीर का त्याग करता है, तो वह निश्चित रूप से आध्यात्मिक लोकों को जाता है।

उपर्युक्त श्लोकों में योगियों की अंतकालीन गति का प्रकार और

फल बतलाया गया है। अंतकाल में इस तरह का साधन वे ही पुरुष कर सकते हैं, जिन्होंने पहले से योग का अभ्यास करके मन को अपने अधीन कर लिया है।

साधारण मानव द्वारा अंतिम समय में इस प्रकार का साधन किया जाना अत्यंत कठिन है। अतः सुगमता से परमेश्वर की प्राप्ति का उपाय जानने की इच्छा होने पर अब भगवान् श्रीकृष्ण अपने नित्य-निरंतर स्मरण को अपनी प्राप्ति का सुगम उपाय बतलाते हुए कहते हैं–

अनन्यचेताः सततं यो मां स्मरति नित्यशः ।
तस्याहं सुलभः पार्थ नित्ययुक्तस्य योगिनः ॥ 14 ॥

हे पार्थः जो मनुष्य मुझमें अनन्यचित्त होकर सदा ही निरंतर मुझ पुरुषोत्तम का स्मरण करता है, उस नित्य, निरंतर मुझमें युक्त हुए योगी के लिए मैं सुलभ हूं अर्थात् बड़ी सहजता के साथ उसे मैं प्राप्त हो जाता हूं।

14वें श्लोक में भगवान् के नित्य-निरंतर चिंतन के माध्यम से भगवत्-प्राप्ति सुलभ है, यह बतलाया गया है। 15वें श्लोक में भगवान् श्रीकृष्ण उनके पुनर्जन्म न होने की बात कहकर यह बतलाते हैं कि भगवत्-प्राप्त महापुरुषों का भगवान् से कभी वियोग नहीं होता–

मामुपेत्य पुनर्जन्म दुःखालयमशाश्वतम् ।
नाप्नुवन्ति महात्मानः संसिद्धिं परमां गताः ॥ 15 ॥

मुझे प्राप्त करके जो महापुरुष परम सिद्धि को प्राप्त कर लेते हैं, वे दु:खों के घर एवं क्षणभंगुर पुनर्जन्म को कभी प्राप्त नहीं होते।

भगवत्पद प्राप्त महात्माओं का पुनर्जन्म नहीं होता। इस कथन से यह बात प्रमाणित होती हैं कि दूसरे जीवों का पुनर्जन्म होता है। अत: एक जिज्ञासा यह उत्पन्न होती है कि किस लोक तक पहुंचे हुए जीवों को लौटकर जन्म लेना पड़ता है? इस जिज्ञासा पर भगवान् श्रीकृष्ण कहते हैं–

आब्रह्मभुवनाल्लोकाः पुनरावर्तिनोऽर्जुन ।
मामुपेत्य तु कौन्तेय पुनर्जन्म न विद्यते ॥ 16 ॥

हे अर्जुन! इस जगत् में सर्वोच्च लोक से लेकर निम्नतम समस्त लोक दु:खों के घर हैं। यहां जन्म एवं मरण का चक्कर लगा रहता है, किंतु हे कुंतीपुत्र! जो जीव मेरे धाम को प्राप्त कर लेता है, वह कभी भी जन्म नहीं लेता, क्योंकि मैं कालातीत हूं और ब्रह्मादि के लोक काल के द्वारा सीमित होने से अनित्य हैं।

16वें श्लोक में ब्रह्मलोकपर्यंत सब लोकों को पुनरावर्ती बतलाया गया है, लेकिन वे पुनरावर्ती कैसे है? इस जिज्ञासा को शांत करते हुए भगवान् श्रीकृष्ण अब ब्रह्मा के दिन-रात की अवधि का वर्णन करके सब लोकों की अनित्यता सिद्ध करते हुए कहते हैं–

सहस्त्रयुगपर्यन्तमहर्यद्ब्रह्मणो विदुः ।
रात्रिं युगसहस्त्रान्तां तेऽहोरात्रविदो जनाः ॥ 17 ॥

मानवीय गणना के अनुसार, एक हजार युग मिलकर ब्रह्मा का एक दिन बनता है और इतनी ही बड़ी ब्रह्मा की रात्रि भी होती है।

यहां युग शब्द दिव्य का वाचक है। यह देवताओं का युग है, इसलिए इसे दिव्य युग कहते हैं। देवताओं के समय का परिमाण हमारे समय के परिमाण से 360 गुना अधिक माना जाता है अर्थात् हमारा एक वर्ष देवताओं के चौबीस घंटे, हमारे 30 वर्ष देवताओं के लिए 1 माह और हमारे 360 वर्ष देवताओं का एक दिव्य वर्ष होता है। इसे महायुग या चतुर्युगी भी कहते हैं। चतुर्युगी में 43,20,000 वर्ष होते हैं। दिव्य वर्ष और मानव युगों के अनुसार समय तालिका निम्नलिखित है–

		मानव युग समय वर्षों में	**दिव्य युग समय वर्षों में**
कलियुग	–	4,32,000 वर्ष	1200 दिव्य वर्ष
द्वापर	–	8,64,000 वर्ष	2400 दिव्य वर्ष
त्रेता	–	12,96,000 वर्ष	3600 दिव्य वर्ष
सतयुग	–	17,28,000 वर्ष	4800 दिव्य वर्ष
		43,20,000 वर्ष	एक दिव्य युग

एक हजार दिव्य युग (4,32,00,00,000) 4 अरब 32 करोड़ वर्ष का ब्रह्मा का एक दिन और इतने ही वर्षों की एक रात्रि होती है।

दिन और रात के आरंभ में होने वाली समस्त भूतों की उत्पत्ति

एवं प्रलय का वर्णन करते हुए उनकी अनित्यता को बतलाते हुए 18वें श्लोक में भगवान् श्रीकृष्ण कहते हैं–

अव्यक्ताद्व्यक्तयः सर्वाः प्रभवन्त्यहरागमे ।
रात्र्यागमे प्रलीयन्ते तत्रैवाव्यक्तसंज्ञके ॥ 18 ॥

संपूर्ण चराचर भूतगण (जीवादि) ब्रह्मा के दिन के आरंभ के साथ अव्यक्त अवस्था से व्यक्त अवस्था में आते हैं और फिर जब ब्रह्मा की रात्रि आती है तो वे जीव पुनः अव्यक्त अवस्था में ब्रह्मा के शरीर में सूक्ष्म रूप से लीन हो जाते हैं।

हालांकि ब्रह्मा की रात्रि के आरंभ में समस्त भूत अव्यक्त में लीन हो जाते हैं, फिर भी जब तक वे परम पुरुष परमेश्वर को प्राप्त नहीं होते, तब तक उनका पुनर्जन्म से पिंड नहीं छूटता, वे आवागमन के चक्कर में घूमते ही रहते हैं। इसी भाव को दर्शाने के लिए भगवान् श्रीकृष्ण 19वें श्लोक में कहते हैं–

भूतग्रामः स एवायं भूत्वा भूत्वा प्रलीयते ।
रात्र्यागमेऽवशः पार्थ प्रभवत्यहरागमे ॥ 19 ॥

हे पार्थ! जब-जब ब्रह्मा का दिन आता है, तो सारे जीव प्रकट होते हैं और ब्रह्मा की रात्रि होते ही वे असहायवत् विलीन हो जाते हैं।

ब्रह्मा की रात्रि के आरंभ में जिस अव्यक्त में समस्त भूत (जीवादि) लीन होते हैं और दिवसारंभ के साथ ही जिससे उत्पन्न होते हैं, वही व्यक्ति अव्यक्त सर्वश्रेष्ठ है अथवा इससे भी आगे

बढ़कर कोई दूसरा है? इस जिज्ञासा पर भगवान् श्रीकृष्ण 20वें श्लोक में कहते हैं–

परस्तस्मात्तु भावोऽन्योऽव्यक्तोऽव्यक्तात्सनातनः ।
यः स सर्वेषु भूतेषु नश्यत्सु न विनश्यति ॥ 20 ॥

इसके अतिरिक्त एक अन्य अव्यक्त प्रकृति है, जो शाश्वत है और इस व्यक्त तथा अव्यक्त से परे है। यह परा (श्रेष्ठ) और कभी नाश न होने वाली है। जब इस संसार में सब कुछ समाप्त (लय) हो जाता है, तब भी उसका नाश नहीं होता।

श्लोक संख्या-8 एवं 10 में अधियज्ञ की उपासना का फल एवं परम दिव्य पुरुष की प्राप्ति, 13वें श्लोक में परम अक्षर निर्गुण ब्रह्म की उपासना का फल परम गति की प्राप्ति और 14वें श्लोक में सगुण-साकार भगवान् श्रीकृष्ण की उपासना का फल एवं भगवान् की प्राप्ति दिखलाया गया है। 21वें श्लोक में तीनों में किसी प्रकार का भ्रम न हो जाए, इस उद्देश्य से सबकी एकता का प्रतिपादन करते हुए, उनकी प्राप्ति के पश्चात् पुनर्जन्म का अभाव दिखलाते हुए भगवान् श्रीकृष्ण कहते हैं–

अव्यत्तोऽक्षर इत्युक्तस्तमाहुः परमां गतिम् ।
यं प्राप्य न निवर्तन्ते तद्धाम परमं मम ॥ 21 ॥

जो अव्यक्त 'अक्षर' इस नाम से कहा गया है, उसी अक्षर नामक अव्यक्त भाव को परम गति कहते हैं। जिसे वेदांती अप्रकट तथा

अविनाशी बताते हैं, जो परम गंतव्य है, जिसे प्राप्त कर लेने पर कोई वापस नहीं आता, वही मेरा परम धाम है।

इस प्रकार सनातन अव्यक्त पुरुष की परम गति और परम धाम के साथ एकता दिखलाकर अब भगवान् श्रीकृष्ण 22वें श्लोक में उस सनातन अव्यक्त परम पुरुष की प्राप्ति का उपाय बतलाते हुए कहते हैं–

पुरुषः स परः पार्थ भक्त्या लभ्यस्त्वनन्यया ।
यस्यान्तः स्थानि भूतानि येन सर्वमिदं ततम् ॥ 22 ॥

हे पृथापुत्र! जिस परमात्मा के अंतर्गत सर्वभूत हैं और जिस सच्चिदानंदघन परमात्मा से यह सब जगत् परिपूर्ण है; उस सनातन अव्यक्त परम पुरुष को केवल अनन्य भक्ति से ही प्राप्त किया जा सकता है।

7वें श्लोक में भगवत्-प्राप्ति न होने पर ब्रह्मलोक तक पहुंचकर भी जीव आवगमन के मार्ग से छूट नहीं पाता, लेकिन वहां यह बात नहीं कही गई है कि जो वापस न लौटने वाले स्थान को प्राप्त होते हैं, वे किस रास्ते और कैसे जाते हैं। इसी तरह जो लौटने वाले स्थानों को प्राप्त होते हैं, वे किस रास्ते जाते हैं। 23वें श्लोक में उन दोनों मार्गों की प्रस्तावना रखते हुए भगवान् श्रीकृष्ण कहते हैं–

यत्र काले त्वनावृत्तिमावृतिं चैव योगिनः ।
प्रयाता यान्ति तं कालं वक्ष्यामि भरतर्षभः ॥ 23 ॥

हे भरतश्रेष्ठ! जिस काल में शरीर त्यागकर गए हुए योगिजन तो पुनः

न लौटने वाली गति को और जिस काल में गए हुए पुन: लौटने वाली गति को ही प्राप्त होते हैं, उस काल को अर्थात् दोनों मार्गों के विषय में बतलाऊंगा।

उपर्युक्त श्लोक में जिन दो मार्गों के विषय में बतलाने की बात भगवान् श्रीकृष्ण करते हैं, उनमें से जिस मार्ग से गए हुए साधक पुन: नहीं लौटते, उसका वर्णन करते हुए 24वें श्लोक में कहते हैं—

अग्निर्ज्योतिरह: शुक्ल: षण्मासा उत्तरायणम् ।
तत्र प्रयाता गच्छन्ति ब्रह्म ब्रह्मविदो जना: ॥ 24 ॥

जो परब्रह्म के ज्ञाता हैं, वे अग्निदेव के प्रकाश में दिन के शुभ लक्षण में रहते हैं, उत्तरायण के छ: मासों में इस संसार से शरीर त्याग करने पर उस परब्रह्म को प्राप्त करते हैं।

अब 25वें श्लोक में जिस मार्ग से गए हुए साधक पुन: लौटते हैं, उनका वर्णन करते हुए भगवान् श्रीकृष्ण कहते हैं—

धूमो रात्रिस्तथा कृष्ण: षण्मासा दक्षिणायनम् ।
तत्र चान्द्रमसं ज्योतिर्योगी प्राप्य निवर्तते ॥ 25 ॥

जो सकाम योगी अंधकार के अभिमानी देवता रात्रि कृष्ण पक्ष और दक्षिणायन के छ: महीनों में दिवंगत होता है। वह उपर्युक्त देवताओं द्वारा क्रमानुसार चंद्रलोक को जाता है और चंद्रमा की ज्योति को प्राप्त कर स्वर्ग में अपने द्वारा किए हुए शुभ कर्मों का फल भोगकर पुन: पृथ्वी पर चला आता है।

उपर्युक्त दोनों श्लोकों में उत्तरायण एवं दक्षिणायन सूर्य व चंद्र

की स्थिति से संबंधित मार्गों का वर्णन करके, अब उन दोनों को सनातन मार्ग बतलाकर इस विषय का 26वें श्लोक में उपसंहार करते हुए भगवान् श्रीकृष्ण कहते हैं–

शुल्ककृष्णे गती ह्येते जगतः शाश्वते मते ।
एकया यात्यनावृत्तिमन्ययावर्तते पुनः ॥ 26 ॥

हे अर्जुन! इस जगत् में शुक्ल और कृष्ण अर्थात् देवयान और पितृयान मार्ग सनातन माने गए हैं। इनमें से एक (शुक्ल) के द्वारा गया हुआ योगी पुनः नहीं लौटता है, वह उस परम गति को प्राप्त होता है; जबकि दूसरे (कृष्ण) के द्वारा गया हुआ योगी पुनः मृत्युलोक में लौट आता है अर्थात् वह जन्म और मृत्यु को प्राप्त होता है।

27वें श्लोक में भगवान् श्रीकृष्ण के द्वारा इन दोनों मार्गों को जानने वाले योगी की प्रशंसा करके अर्जुन को योगी बनने हेतु प्रेरित किया गया है–

नैते सृती पार्थ जानन्योगी मुह्यति कश्चन ।
तस्मात्सर्वेषु कालेषु योगयुक्तो भवार्जुन ॥ 27 ॥

हे अर्जुन! इन दोनों मार्गों को तत्त्वतः जानकर कोई भी योगी मोहग्रस्त नहीं होते। इस वजह से हे अर्जुन! तू समस्त कालों में समबुद्धि रूप योग से युक्त होओ अर्थात् निरंतर मेरी प्राप्ति के लिए साधन (योग) करने वाले बनो।

27वें श्लोक में अर्जुन को योग युक्त होने के लिए कहने के

पश्चात् 28वें श्लोक में अब योगयुक्त पुरुष की महिमा और रहस्य को समझाकर उसके अनुसार साधन करने का फल बतलाते हुए, इस अध्याय का उपसंहार करते हुए भगवान् श्रीकृष्ण कहते हैं—

वेदेषु यज्ञेषु तपःसु चैव,
दानेषु यत्पुण्यफलं प्रदिष्टम् ।
अत्येति तत्सर्वमिदं विदित्वा,
योगी परं स्थानमुपैति चाद्यम् ॥ 28 ॥

योगी पुरुष इस रहस्य को तत्त्वतः जानकर वेदों को पढ़ने में तथा यज्ञ, तप और दानादि करने से जो पुण्य फल मिलता है, उन सभी का वह निःसंदेह उल्लंघन कर जाता है, परंतु योग युक्त होने के कारण सनातन परम पद को प्राप्त करता है।

आठवें अध्याय में भगवान् श्रीकृष्ण द्वारा 'अक्षर' एवं 'ब्रह्म' दोनों शब्दों को भगवान् के सगुण एवं निर्गुण दोनों स्वरूपों का वाचक माना गया है। योगी और भगवान् के द्वारा परम तत्त्व की प्राप्ति के साथ ही अर्जुन को योगी बनने हेतु 'समत्वं' योग उच्चयते की अवधारण से जुड़ते हुए परम तत्त्व की प्राप्ति की तरफ अग्रसारित होने हेतु प्रेरित किया गया है।

॥ ॐ तत्सदिति श्रीमद्भगवद्गीतासूपनिषत्सु ब्रह्मविद्यायां
योगशास्त्रे श्रीकृष्णार्जुनसंवादे अक्षरब्रह्मयोगो
नाम अष्टमोऽध्यायः ॥

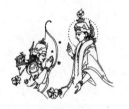

अध्याय-9

राजविद्याराजगुह्ययोग

श्रीमद्भगवद्गीता के इस अध्याय में भगवान् ने विज्ञान सहित ज्ञान का उपदेश एवं माहात्म्य बतलाया है। निराकार रूप की व्यापक्ता भगवान् की ईश्वरीय योगशक्ति का दर्शन, महाप्रलय के समय समस्त प्राणियों का भगवान् की प्रकृति में लय होना, भगवान् के प्रभाव को न जानने के कारण उनका तिरस्कार करने वालों की निंदा, भगवान् के प्रभाव को जानने वाले अनन्य भक्तों के भजन का प्रकार, ज्ञानयज्ञ द्वारा ब्रह्म की उपासना, भगवान् के गुण, प्रभाव और विभूति एवं स्वरूप का वर्णन एवं कार्य-कारण रूप समस्त जगत् को भी अपना स्वरूप बतलाया है। निष्काम भाव से नित्य-निरंतर चिंतन करने वाले अपने भक्तों का योग-क्षेम स्वयं वहन करने की प्रतिज्ञा करने हैं। देवताओं की उपासना, भगवद्-भक्ति की सुगमता, शरणागति से समस्त वर्ग को परम गति की प्राप्ति, पुण्यशील ब्राह्मण और भक्तजनों की बड़ाई करके शरीर को अनित्य बतलाते हुए अर्जुन को अपनी शरणागति पाने के लिए कहकर, शरणागति के स्वरूपादि का वर्णन किया गया है।

भगवान् श्रीकृष्ण द्वारा 7वें अध्याय के आरंभ में किए हुए विज्ञान सहित ज्ञान का सांगोपांग वर्णन न होने के कारण इसी विषय को भली-भांति समझाने के उद्देश्य से भगवान् नौवें अध्याय का आरंभ करते हैं तथा सातवें अध्याय में वर्णित उपदेश के साथ इसका घनिष्ठ संबंध दिखलाने के लिए अध्याय के आरंभ में पुनः उसी विज्ञान सहित ज्ञान का वर्णन करते हुए कहते हैं–

श्रीभगवान् उवाच

इदं तु ते गुह्यतमं प्रवक्ष्याम्यनसूयवे ।
ज्ञानं विज्ञानसहितं यज्ज्ञात्वा मोक्ष्यसेऽशुभात् ॥ 1 ॥

श्रीभगवान् बोले—तुम्हारे जैसे दृष्टिदोष रहित भक्त के लिए इस परम गोपनीय विज्ञान युक्त ज्ञान को पुन: बतलाऊंगा, जिसको जानकर तुम दु:ख रूपी संसार से मुक्त हो जाओगे।

दूसरे श्लोक में भगवान् श्रीकृष्ण ने विज्ञान सहित ज्ञान के उपदेश के प्रति श्रद्धा, प्रेम और उस उपदेश के अनुसार आचरण करने के लिए उसका यथार्थ माहात्म्य बतलाते हुए कहा है—

राजविद्या राजगुह्यं पवित्रमिदमुत्तमम् ।
प्रत्यक्षावगमं धर्म्यं सुसुखं कर्तुमव्ययम् ॥ 2 ॥

यह विज्ञान युक्त ज्ञान समस्त विद्याओं का सम्राट, समस्त गोपनीयों का सम्राट, अत्यंत पवित्र, अत्यंत उत्तम, प्रत्यक्ष फल-प्रदाता, धर्म से समंजित, साधन करने में अत्यंत सुगम और अविनाशी है।

जब विज्ञान युक्त ज्ञान की इतनी महिमा है और इसका साधन भी अत्यंत सरल है, तो फिर समस्त मनुष्य इसे धारण क्यों नहीं करते? अर्जुन की इस जिज्ञासा पर अश्रद्धा भाव को ही इसका प्रधान कारण बतलाते हुए भगवान् श्रीकृष्ण तीसरे श्लोक में विज्ञान युक्त ज्ञान पर श्रद्धा न करने वाले मनुष्यों की निंदा करते हुए कहते हैं—

अश्रद्दधानाः पुरुषा धर्मास्यास्य परन्तप ।
अप्राप्य मां निवर्तन्ते मृत्युसंसारवर्त्मनि ॥ 3 ॥

हे परंतप! जो मनुष्य धर्म में श्रद्धा नहीं रखते, श्रद्धा युक्त भक्ति नहीं करते, वे मुझे प्राप्त नहीं कर सकते। अतः ऐसे मनुष्य इस भौतिक जगत् में जन्म-मृत्यु के मार्ग पर वापस आते रहते हैं।

श्लोक संख्या-4 एवं 5 में भगवान् श्रीकृष्ण के द्वारा विज्ञान सहित (युक्त) ज्ञान के माहात्म्य का आरंभ करते हुए, प्रभाव के साथ ही अव्यक्त स्वरूप का वर्णन किया गया है–

मया ततमिदं सर्वं जगदव्यक्तमूर्तिना ।
मत्स्थानि सर्वभूतानि न चाहं तेष्ववस्थितः ॥ 4 ॥

मुझ निराकार परमात्मा से यह संसार जल से बने बर्फ के सदृश परिपूर्ण है। हे अर्जुन! यह संपूर्ण संसार मेरे अव्यक्त रूप द्वारा व्याप्त है। समस्त जीव मुझसे हैं, किंतु मैं उनसे नहीं हूं।

आगे 5वें श्लोक में भी भगवान् श्रीकृष्ण अव्यक्त रूप का वर्णन करते हुए कहते हैं–

न च मत्स्थानि भूतानि पश्य मे योगमैश्वरम् ।
भूतभृन्न च भूतस्थो ममात्मा भूतभावनः ॥ 5 ॥

हालांकि मेरे द्वारा उत्पन्न सारी वस्तुएं मुझमें स्थित नहीं रहतीं। हे पार्थ! जरा मेरे योग-ऐश्वर्य को देखो। यद्यपि मैं समस्त जीवों का पालक (भर्ता) हूं और सभी जगह व्याप्त हूं, फिर भी मैं इस विराट

अभिव्यक्ति (जो मेरी ईश्वरीय योगशक्ति का परिणाम है) का अंश नहीं हूं, क्योंकि मैं इस सृष्टि का कारणरूप हूं।

पूर्व के दोनों श्लोकों में भगवान् श्रीकृष्ण ने समस्त भूतों को अपने अव्यक्त रूप से व्याप्त और स्थित बतलाया है। छठे श्लोक में इस विषय को स्पष्ट जानने की इच्छा होने पर उदाहरण (दृष्टांत) देकर भगवान् श्रीकृष्ण द्वारा स्पष्ट करते हुए कहा गया है–

यथाकाशस्थितो नित्यं वायुः सर्वत्रगो महान् ।
तथा सर्वाणि भूतानि मत्स्थानीत्युपधारय ॥ 6 ॥

जिस प्रकार आकाश से उत्पन्न होना और सर्वत्र विचरण करने वाला वायु मूलतः आकाश में ही स्थित होता है, हे अर्जुन! ठीक उसी प्रकार से संकल्प के द्वारा उत्पन्न होने की वजह से संपूर्ण भूत (प्राणी) मुझमें स्थित हैं।

अपने भूतभावन स्वरूप का स्पष्टीकरण करते हुए सृष्टि रचनादि कर्मों का तत्त्व समझाने के लिए भगवान् श्रीकृष्ण 7वें और 8वें श्लोकों के माध्यम से कल्पों के अंत में सभी प्राणियों (भूतों) का प्रलय एवं कल्पों आदि में समस्त प्राणियों (भूतों) की उत्पत्ति का प्रकार बतलाते हुए कहते हैं–

सर्वभूतानि कौन्तेय प्रकृतिं यान्ति मामिकाम् ।
कल्पक्षये पुनस्तानि कल्पादौ विसृजाम्यहम् ॥ 7 ॥

हे अर्जुन! कल्पों के अंत में सभी प्राणी मेरी ही प्रकृति को

प्राप्त होते हैं अर्थात् प्रकृति में लीन होते हैं और कल्पों के आदि (आरंभ) में उनकी रचना मेरे द्वारा पुन: की जाती है।

कल्पक्षय: ब्रह्मा के एक दिन को कल्प कहते हैं और उतनी ही बड़ी उनकी रात्रि होती है। इस अहोरात्र के हिसाब से जब ब्रह्मा के सौ वर्ष पूरे होकर ब्रह्मा की आयु समाप्त हो जाती है, 'कल्पक्षय' इसी काल का वाचक है। यही कल्पों का अंत है, इसी को 'महाप्रलय' भी कहते हैं।

कल्पादि: कल्पादि एवं भूत-रचना कल्पों का अंत होने के बाद यानी ब्रह्मा के सौ वर्ष के बराबर समय पूरा होने पर जब पुन: जीवों के कर्मों का फल भुगताने के लिए जगत् का विस्तार करने की भगवान् की इच्छा होती है, उस काल का वाचक 'कल्पादि' है। इसे महासर्ग आदि भी कहा जाता है। उस समय भगवान् का सब भूतों की उत्पत्ति के लिए अपने संकल्प के द्वारा हिरण्यगर्भ ब्रह्मा को उनके लोकसहित उत्पन्न कर देना है, यही सब भूतों (प्राणियों) की रचना है।

प्रकृतिं स्वामवष्टभ्य विसृजामि पुन: पुन: ।
भूतग्राममिमं कृत्स्नमवशं प्रकृतेर्वशात् ॥ 8 ॥

अपनी प्रकृति को अंगीकार करते हुए भगवान् श्रीकृष्ण कहते हैं–संपूर्ण विराट जगत् मेरे अधीन है। यह मेरी ही इच्छा से बारंबार स्वत: प्रकट होता है और मेरी ही इच्छा से अंत में विनष्ट होता है।

इस प्रकार यह स्पष्ट है कि जगत्-रचनादि समस्त कर्मों को करते हुए भी भगवान् उन कर्मों के बंधन में क्यों नहीं पड़ते। 9वें श्लोक में भगवान् इन तत्त्वों को समझाते हुए अर्जुन से कहते हैं–

न च मां तानि कर्माणि निबन्धन्ति धनञ्जय ।
उदासीनवदासीनमसक्तं तेषु कर्मसु ॥ 9 ॥

हे धनंजय! ये समस्त जागतिक कर्म मुझे नहीं बांध पाते हैं। मैं उदासीन की भांति इन सारे भौतिक कर्मों से सदैव विरक्त रहता हूं।

10वें श्लोक में भगवान् श्रीकृष्ण के द्वारा 'उदासीनवदासीनम्' पद के द्वारा भगवान् में जो कर्तापन का अभाव दिखलाया गया है, उसे स्पष्ट करते हुए कहा गया है–

मयाध्यक्षेण प्रकृतिः सूयते सचराचरम् ।
हेतुनानेन कौन्तेय जगद्विपरिवर्तते ॥ 10 ॥

हे कुंतीपुत्र! यह भौतिक प्रकृति मेरी शक्तियों में से एक है और मेरी अध्यक्षता में कार्य करती है जिससे सारे चर और अचर प्राणी उत्पन्न होते हैं। इसके शासन में यह जगत् बारंबार सृजित और विनष्ट होता रहता है।

भगवान् के द्वारा अपने सगुण-साकार रूप का महत्त्व, भक्ति का प्रकार और गुण तथा प्रभाव के तत्त्व को समझाने के लिए 11वें और 12वें श्लोक में उसके प्रभाव को न जानने वाले असुर प्रकृति के मनुष्यों की निंदा करते हुए भगवान् द्वारा कहा गया है–

अवजानन्ति मां मूढा मानुषीं मनुमाश्रितम् ।
परं भावमजानन्तो मम भूतमहेश्वरम् ॥ 11 ॥

मेरे परम भाव को नहीं समझने और जानने वाले मूढ़ लोग मनुष्य

का शरीर धारण करने वाले, संपूर्ण प्राणियों के महान और ईश्वर को तुच्छ समझते हैं अर्थात् अपनी योगमाया से जगत् के उद्धार के लिए मनुष्य रूप में विचरते हुए परमेश्वर को सधारण मनुष्य मानते हैं।

असुर प्रकृति का उल्लेख करते हुए 12वें श्लोक में भगवान् श्रीकृष्ण कहते हैं–

मोघाशा मोघकर्माणो मोघज्ञाना विचेतसः ।
राक्षसीमासुरीं चैव प्रकृतिं मोहिनीं श्रिताः ॥ 12 ॥

असुर प्रकृति वाले मनुष्य व्यर्थ आशा, व्यर्थ कर्म और व्यर्थ ज्ञान वाले विक्षिप्त चित्त, अज्ञानी जन, राक्षसी, आसुरी और मोहिनी प्रकृति को धारण किए रहते हैं।

13वें श्लोक में भगवान् श्रीकृष्ण सगुण रूप की भक्ति का तत्त्व समझाने के लिए भगवान् के प्रभाव को जानने वाले दैवी प्रकृति के आश्रित उच्च श्रेणी के अनन्य भक्तों का लक्षण बतलाते हुए कहते हैं–

महात्मानस्तु मां पार्थ दैवीं प्रकृतिमाश्रिताः ।
भजन्त्यनन्यमनसो ज्ञात्वा भूतादिमव्ययम् ॥ 13 ॥

हे कुंतीपुत्र अर्जुन! दैवी प्रकृति के आश्रित महात्मा जन मुझको समस्त प्राणियों का सनातन कारण और नाश रहित अक्षर-स्वरूप जानकर अनन्य मन से युक्त होकर निरंतर भजते हैं।

14वें श्लोक में भगवान् श्रीकृष्ण के द्वारा दैवी प्रकृति आश्रित भगवत्-प्रेमी भक्तों के भजन का प्रकार बतलाते हुए कहा गया है–

सततं कीर्तयन्तो मां यतन्तश्च दृढव्रताः ।
नमस्यन्तश्च मां भक्त्या नित्ययुक्ता उपासते ॥ 14 ॥

ऐसे दृढ़ निश्चयी भक्तजन निरंतर मेरे नाम और गुणों का संकीर्तन
करते हुए तथा मेरी प्राप्ति के लिए प्रयत्न करते हुए तथा मुझको
बार-बार प्रणाम करते हुए सदा मेरे ध्यान से युक्त होकर अनन्य
प्रेम से मेरी उपासना करते हैं।

14वें श्लोक में भगवान् के गुण, प्रभाव आदि को जानने वाले
अनन्य प्रेमी भक्तों के भजन का प्रकार बतलाने के पश्चात् 15वें
श्लोक में भगवान् श्रीकृष्ण उनसे भिन्न श्रेणी के उपासकों की
उपासना का प्रकार बतलाते हुए कहते हैं–

ज्ञानयज्ञेन चाप्यन्ये यजन्तो मामुपासते ।
एकत्वेन पृथक्त्वेन बहुधा विश्वतोमुखम् ॥ 15 ॥

दूसरे ज्ञानीजन मुझ निर्गुण निराकार ब्रह्म के ज्ञान के अनुशीलन
द्वारा यज्ञ में लगे रहते हैं। वे मेरी पूजा अद्वैत रूप में अन्य विविध
रूपों तथा विश्वरूप में करते हैं।

संपूर्ण विश्व की उपासना भगवान् की उपासना कैसे है–यह
स्पष्ट रूप से समझाने के लिए श्लोक संख्या-16 से 19 तक
भगवान् श्रीकृष्ण द्वारा इस बात का प्रतिपादन किया गया है कि
समस्त जगत् मेरा ही स्वरूप है–

अहं क्रतुरहं यज्ञः स्वधाहमहमौषधम् ।
मन्त्रोऽहमहमेवाज्यमहमग्निरहं हुतम् ॥ 16 ॥

क्रतु (श्रौतकर्म, कर्मकांड) मैं हूं, यज्ञ मैं हूं, स्वधा मैं हूं, औषधि मैं
हूं, मंत्र मैं हूं, घृत मैं हूं, अग्नि मैं हूं और हवन क्रिया भी मैं ही हूं।

पिताहमस्य जगतो माता धाता पितामहः ।
वेद्यं पवित्रमोङ्कार ऋक्साम यजुरेव च ॥ 17 ॥

इस संपूर्ण जगत् को धारण करने वाला अर्थात् संपूर्ण जगत् का धाता
एवं समस्त कर्मों के फलों को देने वाला, माता, पिता, पितामह,
जानने योग्य, शुचि (पवित्र), ओंकार, ऋग्वेद, सामवेद और यजुर्वेद
भी मैं ही हूं।

गतिर्भर्ता प्रभुः साक्षी निवासः शरणं सुहृत् ।
प्रभवः प्रलयः स्थानं निधानं बीजमव्ययम् ॥ 18 ॥

मैं ही लक्ष्य, मैं ही पालनकर्ता, मैं ही सबका स्वामी, शुभाशुभ को
देखने वाला (साक्षी), सबकी शरणस्थली (वास स्थान) प्रत्युपकार
न चाहकर सबका अत्यंत प्रिय मित्र, सबकी उत्पत्ति और प्रलय का
कारण, सबका आधार आश्रय तथा अविनाशी बीज भी हूं।

तपाम्यहमहं वर्षं निगृह्णाम्युत्सृजामि च ।
अमृतं चैव मृत्युश्च सदासच्चाहमर्जुन ॥ 19 ॥

हे अर्जुन! मैं ही सूर्य के रूप में ताप प्रदान करता हूं और वर्षा को
रोकता और लाता हूं। मैं अमरत्व और साक्षात् मृत्यु भी हूं। आत्मा
और पदार्थ (सत् और असत्)–ये दोनों मैं ही हूं।

समस्त विश्व मेरा ही स्वरूप होने के कारण इंद्रादि अन्य देवों
की उपासना भी प्रकारांतर से मेरी ही उपासना है। ऐसा न जानकर
फलासक्तिपूर्वक पृथक्-पृथक् भाव से उपासना करने वालों को
मेरी प्राप्ति नहीं होती है। इस तथ्य को स्पष्ट करते हुए भगवान्
श्रीकृष्ण 20वें श्लोक में कहते हैं–

त्रैविद्या मां सोमपाः पूतपापा
यज्ञैरिष्ट्वा स्वर्गतिं प्रार्थयन्ते ।
ते पुण्यमासाद्य सुरेन्द्रलोक
मश्नन्ति दिव्यान्दिवि देवभोगान् ॥ 20 ॥

तीनों वेदों में विधान किए हुए सकाम कर्मों को करते हुए वेदों का
अध्ययन करने वाले, सोमरस का पान करने वाले, पापरहित पुरुष
मुझको यज्ञों के द्वारा पूजकर स्वर्ग की प्राप्ति चाहते हैं। वे मनुष्य
अपने पुण्यों के फलस्वरूप स्वर्गलोक की प्राप्ति कर स्वर्ग में देवता
तुल्य भोगों को भोगते हैं।

ते तं भुक्त्वा स्वर्गलोकं विशालं,
क्षीणे पुण्ये मर्त्यलोकं विशन्ति ।
एवं त्रयीधर्ममनुप्रपन्ना,
गतागतं कामकामा लभन्ते ॥ 21 ॥

वे उस विस्तृत स्वर्गलोक को भोगकर पुण्य क्षीण होने पर मृत्युलोक
को प्राप्त होते हैं। स्वर्ग के साधन रूप तीनों वेदों में कहे हुए
सकाम कर्म का आश्रय लेने वाले और भोगों की कामना वाले
मनुष्य बार-बार आवागमन को प्राप्त होते हैं अर्थात् पुण्य के प्रभाव
से स्वर्ग में जाते हैं और पुण्य क्षीण होने पर वे मृत्युलोक में आ
जाते हैं।

श्लोक संख्या-20 एवं 21 में यज्ञ द्वारा देवताओं का पूजन करने
वाले सकामी मनुष्यों के देवपूजन का फल आवागमन बतलाकर
अब 22वें श्लोक में भगवान् श्रीकृष्ण उनसे अलग अपने अनन्य
प्रेमी निष्काम भक्तों की उपासना का फल उनका योग-क्षेम वहन
करना बतलाते हुए कहते हैं–

अनन्याश्चिन्तयन्तो मां ये जनाः पर्युपासते ।
तेषां नित्याभियुक्तानां योगक्षेमं वहाम्यहम् ॥ 22 ॥

जो मनुष्य अनन्य भाव से मेरे दिव्य स्वरूप का ध्यान करते हुए
निरंतर मेरी पूजा करते हैं, उनकी जो भी आवश्यकताएं होती हैं,
उन्हें मेरे द्वारा पूरा किया जाता है और जो कुछ उनके पास है, मैं
उसकी रक्षा करता हूं अर्थात् अपना चिंतन करने वाले मनुष्यों को
योग-क्षेम मैं स्वयं प्राप्त करा देता हूं।

23वें श्लोक में सर्वदेव पूजन को भी स्वपूजन बतलाते हुए भगवान् श्रीकृष्ण कहते हैं–

येऽप्यन्यदेवता भक्ता यजन्ते श्रद्धयान्विताः ।
तेऽपि मामेव कौन्तेय यजन्त्यविधिपूर्वकम् ॥ 23 ॥

हे अर्जुन! हालांकि श्रद्धा से युक्त जो मनुष्य अन्य देवताओं की भक्ति करते हैं और उनकी श्रद्धापूर्वक पूजा करते हैं, वास्तव में वे भी मेरी ही पूजा करते हैं, किंतु उनके द्वारा किया गया इस पूजन का ढंग त्रुटिपूर्ण होता है।

अन्य देवताओं की पूजा भगवान् की विधिपूर्वक पूजा नहीं है, यह कहकर अब उस प्रकार की पूजा करने वाले मनुष्य भगवत्-प्राप्ति रूपी फल से क्यों वंचित रहते हैं इसका निरूपण करते हुए 24वें श्लोक में भगवान् श्रीकृष्ण कहते हैं–

अहं हि सर्वयज्ञानां भोक्ता च प्रभुरेव च ।
न तु मामभिजानन्ति तत्त्वेनातश्च्यवन्ति ते ॥ 24 ॥

संपूर्ण यज्ञों का भोक्ता और स्वामी मैं ही हूं। अतः जो मनुष्य मेरे वास्तविक दिव्य स्वभाव को नहीं पहचान पाते, वे नीचे गिर जाते हैं अर्थात् पुनर्जन्म को प्राप्त होते हैं।

भगवान् के भक्त आवागमन को प्राप्त नहीं होते और अन्य देवताओं के उपासक आवागमन को प्राप्त होते हैं, इसका क्या कारण है? इस जिज्ञासा को शांत करते हुए 25वें श्लोक में भगवान् श्रीकृष्ण उपास्य के फल में भेद होने का नियम बतलाते हुए कहते हैं–

यान्ति देवव्रता देवान्पितॄन्यान्ति पितृव्रताः ।
भूतानि यान्ति भूतेज्या यान्ति मद्याजिनोऽपि माम् ॥ 25 ॥

देवताओं को पूजने वाले देवतागण को प्राप्त होते हैं, पितृगणादि (पितरों) को पूजने वाले पितरों को प्राप्त होते हैं। भूतों को पूजने वाले भूतों को प्राप्त होते हैं और मेरा पूजन करने वाले भक्त मुझको ही प्राप्त होते हैं, इसलिए मेरे भक्तों का पुनर्जन्म नहीं होता।

भगवान् की भक्ति का भगवत्-प्राप्ति रूप महान फल होने पर भी उसके साधन में कोई कठिनता नहीं है, बल्कि उसका साधन बहुत ही सुगम है–यह तथ्य दर्शाते हुए भगवान् 26वें श्लोक में कहते हैं–

पत्रं पुष्पं फलं तोयं यो मे भक्त्या प्रयच्छति ।
तदहं भक्त्युपहृतमश्नामि प्रयतात्मनः ॥ 26॥

जो भक्त मेरे लिए प्रेम से पत्र, पुष्प, फल, जल इत्यादि अर्पण करता है, उस शुद्ध बुद्धि निष्काम प्रेमी भक्त का प्रेमपूर्वक अर्पण किया हुआ वह पत्र-पुष्पादि मैं सगुण रूप से प्रकट होकर प्रेमपूर्वक खाता हूं।

अर्जुन की इस जिज्ञासा पर कि यदि इस तरह की बात है तो मुझे क्या करना चाहिए? भगवान् श्रीकृष्ण 27वें श्लोक में कहते हैं–

यत्करोषि यदश्नासि यज्जुहोषि ददासि यत् ।
यत्तपस्यसि कौन्तेय यत्कुरुष्व मदर्पणम् ॥ 27 ॥

हे अर्जुन! तुम्हारे द्वारा जो भी कर्म किया जाता है, तुम जो कुछ
खाते हो, तुम जो हवन करते हो, तुम जो दान देते हो और तुम जो
तप करते हो—यह सब मुझे अर्पित करते हुए करो।

इसके पश्चात् इस जिज्ञासा को समस्त कर्मों को आपको अर्पित
करने से क्या होगा—इस बारे में भगवान् 28वें श्लोक में कहते हैं—

शुभाशुभफलैरेवं मोक्ष्यसे कर्मबन्धनैः ।
संन्यासयोगयुक्तात्मा विमुक्तो मामुपैष्यसि ॥ 28 ॥

इस तरह से जिसमें समस्त कर्म मुझे अर्पण होते हैं, ऐसे संन्यास
योग से युक्त चित्त वाले तुम शुभ और अशुभ कर्मों के फलों के
बंधन से मुक्त हो जाओगे और मुझको प्राप्त करोगे।

इस प्रकार उपर्युक्त श्लोक में भगवान् ने बतलाया है कि
भगवान् की भक्ति करने वाले को भगवान् की प्राप्ति होती है, दूसरों
को यह भक्ति प्राप्त नहीं होती। इस कथन से व्यावहारिक धरातल
पर भगवान् में विषमता रूपी दोष की आशंका मनुष्य के अंदर हो
सकती है। 29वें श्लोक में भगवान् श्रीकृष्ण के द्वारा इस विषमता
रूपी दोष का निवारण करते हुए कहा गया है—

समोऽहं सर्वभूतेषु न मे द्वेष्योऽस्ति न प्रियः ।
ये भजन्ति तु मां भक्त्या मयि ते तेषु चाप्यहम् ॥ 29 ॥

मैं सभी प्राणियों (भूतों) में समान भाव से व्याप्त हूं। न तो मैं किसी से द्वेष करता हूं और न किसी के साथ पक्षपात करता हूं अर्थात् न तो मेरा कोई प्रिय है और न ही मेरा कोई अप्रिय है, किंतु जो भक्त मुझको प्रेम से भजते हैं, वे मुझमें हैं और मैं भी उनमें प्रत्यक्ष प्रकट हूं अर्थात् जो भी भक्ति भाव से मेरी सेवा करता है, वह मेरा मित्र है, मुझमें स्थित रहता है और मैं भी उसका मित्र हूं।

एक तरफ उपर्युक्त श्लोक में भगवान् जहां भजन करने वालों में समभाव प्रदर्शित करते हैं, वहीं दूसरी तरफ निम्नोक्त श्लोक संख्या-30 एवं 31 में दुराचारी को भी शाश्वत शांति प्राप्त होने की घोषणा करते हुए अपनी भक्ति की विशेष महिमा दर्शाते हैं-

अपि चेत्सुदुराचारो भजते मामनन्यभाक् ।
साधुरेव स मन्तव्यः सम्यग्व्यवसितो हि सः ॥ 30 ॥

अगर कोई अतिशय दुराचारी भी अनन्य भाव से भक्त होकर मेरी भक्ति करता है तो वह साधु मानने योग्य हो सकता है, क्योंकि यथार्थ निश्चय के पश्चात् हमारी भक्ति की तरफ उन्मुख हुआ है। उसे इस तत्त्व का भली-भांति ज्ञान हो गया है कि परमेश्वर की भक्ति के समान इस संसार में कुछ नहीं है।

अतिशय दुराचारी के स्वाभाविक परिवर्तित स्वरूप को बतलाते हुए भगवान् श्रीकृष्ण द्वारा 31वें श्लोक में कहा गया है-

क्षिप्रं भवति धर्मात्मा शश्वच्छान्तिं निगच्छति ।
कौन्तेय प्रति जानीहि न मे भक्तः प्रणश्यति ॥ 31 ॥

यह शीघ्र ही धर्मात्मा बन जाता है और सदा रहने वाली परम शांति को प्राप्त करता है। हे कौन्तेय! तुम निश्चयपूर्वक इस सत्य को समझ लो और जान लो कि मेरे उस भक्त का कभी विनाश नहीं होता।

उपर्युक्त दोनों श्लोकों में भगवान् श्रीकृष्ण द्वारा सदाचारिता एवं दुराचारिता के कारण होने वाली विषमता का अपने अंदर अभाव दर्शाने के पश्चात् श्लोक संख्या-32 एवं 33 में अच्छी और बुरी जाति (उच्च और निम्न जाति) के कारण होने वाली विषमता का अपने में अभाव दिखलाते हुए और समस्त जातियों में समत्व रूप से अपनी स्थिति बतलाते हुए शरणागति रूप भक्ति के महत्त्व का प्रतिपादन करके श्रीकृष्ण अर्जुन को भजन करने की आज्ञा देते हुए कहते हैं–

मां हि पार्थ व्यपाश्रित्य येऽपि स्युः पापयोनयः ।
स्त्रियो वैश्यास्तथा शूद्रास्तेऽपि यान्ति परां गतिम् ॥ 32 ॥

हे पार्थ! जो लोग मेरी शरण को ग्रहण करते हैं, वे चाहे निम्न जन्मा स्त्री, वैश्य (व्यापारी वर्ग) तथा शूद्र (संपूर्ण श्रमिक) कोई भी क्यों न हों, वे परम धाम को प्राप्त करते हैं।

33वें श्लोक में भगवान् श्रीकृष्ण अर्जुन को भजन के प्रति प्रेरित करते हुए कहते हैं–

किं पुनर्ब्राह्मणाः पुण्या भक्ता राजर्षयस्तथा ।
अनित्यमसुखं लोकमिमं प्राप्य भजस्व माम् ॥ 33 ॥

धर्मात्मा ब्राह्मणों तथा राजर्षि भक्तजनों के लिए तो कहना की
क्या है। हे अर्जुन! इस क्षणिक दुखमय संसार में आ जाने पर मेरी
प्रेमाभक्ति में अपने-आपको लगाओ और क्षणभंगुर इस मानव शरीर
को निरंतर मेरे भजन मे लगाओ।

नवम् अध्याय के अंतिम श्लोक में भगवान् श्रीकृष्ण अपने
भजन का अर्थात् शरणागति का प्रकार बतलाते हुए कहते हैं–

मन्मना भव मद्भक्तो मद्याजी मां नमस्कुरु ।
मामेवैष्यसि युक्त्वैवमात्मानं मत्परायणः ॥ 34 ॥

अपने मन को नित्य मेरे चिंतन में लगाओ, मेरे भक्त बनो, मुझे
प्रणाम करो और मेरी ही पूजा किया करो। इस प्रकार मुझमें पूर्णतया
तल्लीन होने पर तुम निश्चित रूप से मुझको प्राप्त कर पाओगे।

नौवें अध्याय में भगवान् श्रीकृष्ण ने जो उपदेश दिया है, उसको
उन्होंने सब विद्याओं का और सभी गुप्त रखने योग्य भावों का राज
बतलाया है। इस अध्याय में श्रद्धा एवं भक्ति के साथ भगवत्-प्राप्ति
हेतु की गई भक्ति एवं ईश्वर के प्रति समर्पण को विशिष्ट स्थान
प्रदान किया गया है। जाति, वर्ग, धर्म, पंथ आदि सभी से अलग
जो जन भावमय होकर भगवत्-भक्ति का आश्रय लेता है, उसे
शरणागति मिलती है।

॥ ॐ तत्सदिति श्रीमद्भगवद्गीतासूपनिषत्सु ब्रह्मविद्यायां
योगशास्त्रे श्रीकृष्णार्जुनसंवादे राजविद्याराजगुह्ययोगो
नाम नवमोऽध्यायः ॥

अध्याय-10

विभूतियोग

इस अध्याय का आरंभ भगवान् के रहस्य और प्रभावयुक्त कथन से हुआ है। 'योग' शब्द वाचक एवं योग तत्त्व के साथ योगफल बतलाया गया है। विभूतियों का संक्षिप्त रूप से वर्णन, बुद्धिमान एवं अनन्य प्रेमी भक्तों के भजन का प्रचार एवं फल का वर्णन भी किया गया है। अर्जुन द्वारा भगवान् की स्तुति, विभूतियों एवं योग शक्तियों का विस्तार से वर्णन किया गया है और अध्याय का अंत विभूतियों के विस्तार को अनंत बतलाकर भगवान् द्वारा की गई है।

विज्ञान सहित ज्ञान को ही दसवें अध्याय में भी भगवान् श्रीकृष्ण के द्वारा अर्जुन को अन्य प्रकार से भली-भांति समझाया गया है। दसवें अध्याय के पहले श्लोक में भगवान् श्रीकृष्ण द्वारा पूर्वोक्त विषय का पुन: वर्णन करते हुए कहा गया है–

श्रीभगवान् उवाच
भूय एव महाबाहो शृणु मे परमं वच: ।
यत्तेऽहं प्रीयमाणाय वक्ष्यामि हितकाम्यया ॥ 1 ॥

श्री भगवान् बोले–हे महाबाहो अर्जुन! मेरे परम रहस्य और प्रभावयुक्त वचन को सुनो। चूंकि तुम मेरे प्रिय सखा हो, अत: मैं तुम्हारे लाभ के लिए ऐसा ज्ञान प्रदान करूंगा, जो अभी तक मेरे द्वारा वर्णित ज्ञान से श्रेष्ठ है।

प्रथम श्लोक में भगवान् ने जिस विषय-वस्तु के संदर्भ को बताने के लिए वचनबद्ध है, उसका वर्णन आरंभ करते हुए श्लोक संख्या-2 से 6 तक पांच श्लोकों में भगवान् श्रीकृष्ण द्वारा 'योग शब्द वाच्य' प्रभाव का और अपनी विभूति का संक्षिप्त वर्णन करते हुए कहा गया है–

न मे विदुः सुरगणाः प्रभवं न महर्षयः ।
अहमादिर्हि देवानां महर्षीणां च सर्वशः ॥ 2 ॥

मेरी उत्पत्ति एवं ऐश्वर्य अर्थात् लीला के प्रकट होने को को न देवता लोग जानते हैं और न ही महर्षिजन ही जानते हैं; क्योंकि मैं सभी प्रकार के देवताओं एवं महर्षियों का भी कारणस्वरूप (उद्गम) हूं।

तीसरे श्लोक में ईश्वर के स्वरूप को समझने वाले ज्ञानवान् पुरुष पापमुक्त हो जाते हैं, इस तथ्य को बतलाते हुए भगवान् कहते हैं–

यो मामजमनादिं च वेत्ति लोकमहेश्वरम् ।
असम्मूढः स मर्त्येषु सर्वपापैः प्रमुच्यते ॥ 3 ॥

जो मुझे अजन्मा अर्थात् वास्तव में जन्मरहित, अनादि और समस्त लोकों के महान ईश्वर तत्त्व स्वरूप से जानता है; वह मनुष्यों में ज्ञानवान् मनुष्य समस्त मोह एवं पापों से मुक्त हो जाता है।

चौथे और पांचवें श्लोक में प्राणियों में सन्निहित भावों की चर्चा करते हुए भगवान् श्रीकृष्ण कहते हैं–

बुद्धिर्ज्ञानमसंमोहः क्षमा सत्यं दमः शमः ।
सुखं दुःखं भवोऽभावो भयं चाभयमेव च ॥ 4 ॥
अहिंसा समता तुष्टिस्तपो दानं यशोऽयशः ।
भवन्ति भावा भूतानां मत्त एव पृथग्विधाः ॥ 5 ॥

निश्चय करने की शक्ति, यथार्थ ज्ञान, असम्मूढ़ता, क्षमा, सत्य, इन्द्रियों को वश में करना, मन का निग्रह तथा सुख-दुःख, उत्पत्ति-प्रलय और भय-निर्भय तथा अहिंसा, समता, संतोष, तप, दान, कीर्ति और अपकीर्ति, प्राणियों के नाना प्रकार के समस्त भाव मुझसे ही होते हैं।

बुद्धि–कर्तव्य-अकर्तव्य, ग्राह्य-अग्राह्य और भले-बुरे आदि का निर्णय करके निश्चय करने वाली जो वृत्ति है, उसे बुद्धि कहते हैं।

ज्ञान–किसी भी पदार्थ को यथार्थ रूप से जानना ज्ञान है। यह शब्द साधारण ज्ञान से लेकर भगवत् स्वरूपात्मक ज्ञान तक फैला है।

असम्मोह–नित्य और सुखप्रद प्रतीक होने वाले समस्त सांसारिक भोगों को अनित्य, क्षणिक और दुःखमूलक समझकर उनमें मोहित न होना असम्मोह है।

दम–विषयों की ओर दौड़ने वाली इन्द्रियों को रोक लेना, इन्द्रियों को मनमानी न करने देना दम है।

शम–मन को भली-भांति संयमित करके उसे अपने अधीन बना लेना शम है।

छठे श्लोक में भगवान् श्रीकृष्ण संपूर्ण सृष्टि की उत्पत्ति करने वाले महर्षि, सनकादि स्वायंभुव आदि के उत्पत्ति के विषय पर प्रकाश डालते हुए कहते हैं–

महर्षयः सप्त पूर्वे चत्वारो मनवस्तथा ।
मद्भावा मानसा जाता येषां लोक इमाः प्रजा ॥ 6 ॥

सात महर्षिजन, चार उनसे भी पहले होने वाले सनकादि ऋषिजन तथा स्वायंभुव आदि चौदह मनु–ये सभी मुझसे भावित होते हैं। ये

सभी मेरे संकल्पों के द्वारा उत्पन्न हुए हैं, जिनकी संसार में यह संपूर्ण प्रजा है।

सप्तऋषि–इसके अंतर्गत मरीचि, अंगिरा, अत्रि, पुलस्त्य, पुलह, क्रतु, वसिष्ठ ऋषि आते हैं।

7वें श्लोक में भगवान् श्रीकृष्ण विभूतियों के जानने के फल को बतलाते हुए कहते हैं–

एतां विभूतिं योगं च मम यो वेत्ति तत्त्वतः ।
सोऽविकम्पेन योगेन युज्यते नात्र संशयः ॥ 7 ॥

जो पुरुष मेरी इस परम ऐश्वर्य विभूति को और साथ ही योगशक्ति को तत्त्व से जानता है, वह पुरुष निश्चल भक्तियोग से युक्त हो जाता है। इसमें कोई भी संशय नहीं है।

भगवान् के प्रभाव और विभूतियों के ज्ञान का फल अविचल भक्तियोग की प्राप्ति बतलाई गई है। श्लोक संख्या-8 में भगवान् श्रीकृष्ण भक्तियोग की प्राप्ति का क्रम बतलाते हुए कहते हैं–

अहं सर्वस्य प्रभवो मत्तः सर्वं प्रवर्तते ।
इति मत्वा भजन्ते मां बुधा भावसमन्विताः ॥ 8 ॥

मैं वासुदेव ही संपूर्ण सृष्टि के आध्यात्मिक और भौतिक उत्पत्ति का मूल कारण हूं। जगत् की प्रत्येक वस्तु मुझसे ही उत्पन्न है। जो श्रद्धा एवं भक्ति से बुद्धिमान पुरुष यह भली-भांति जानते हैं, वे मेरी प्रेमाभक्ति में लगे रहते हैं तथा हृदय से पूरी तरह मेरी पूजा में निरंतर तत्पर रहते हैं।

9वें श्लोक में भक्तों के रमण का केंद्र स्वयं को बतलाते हुए भगवान् श्रीकृष्ण कहते हैं–

मच्चिता मद्गतप्राणा बोधयन्तः परस्परम् ।
कथयन्तश्च मां नित्यं तुष्यन्ति च रमन्ति च ॥ 9 ॥

निरंतर मुझमें मन लगाने वाले और मुझमें ही प्राणों को अर्पित करने वाले भक्तजन मेरी भक्ति की चर्चा के द्वारा आपस में मेरे प्रभाव को जानते हुए तथा गुण व प्रभाव सहित मेरे विषय में बातें करते हुए ही निरंतर संतुष्ट रहते हैं और वे मुझ वासुदेव में ही हमेशा, हरदम रमण करते हैं।

इस प्रकार से निरंतर ध्यान में लगे एवं भजन करते हुए रमण करने वाले भक्तों के प्रति भगवान् अपनी जिम्मेदारी का वहन कैसे करते हैं–यह 10वें श्लोक में भगवान् श्रीकृष्ण कहते हैं–

तेषां सततयुक्तानां भजतां प्रीतिपूर्वकम् ।
ददामि बुद्धियोगं तं येन मामुपयान्ति ते ॥ 10 ॥

निरंतर मेरे ध्यान में ध्यानमग्न हुए उन भक्तों को और प्रेमपूर्वक भजन करने वाले भक्तों को मैं वह तत्त्वज्ञान रूपी योग प्रदान करता हूं, जिससे वे मुझको ही प्राप्त होते हैं।

भक्तों एवं साधकों के प्रति अपनी जिम्मेदारी का निर्वहन करते हुए 11वें श्लोक में भगवान् श्रीकृष्ण कहते हैं–

तेषामेवानुकम्पार्थमहमज्ञानजं तमः ।
नाशयाम्यात्मभावस्थो ज्ञानदीपेन भास्वता ॥ 11 ॥

हे अर्जुन! उन साधकों एवं भक्तों पर अनुग्रह करने के लिए उनके
अंतःकरण में अवस्थित हुआ मैं स्वयं ही उनके अंदर निहित अज्ञान
जनित अंधकार को प्रकाशमय तत्त्वज्ञान रूपी दीपक के माध्यम से
सदा के लिए नष्ट कर देता हूं।

उपर्युक्त दोनों श्लोकों में भगवान् के द्वारा अज्ञान का नाश एवं
भगवान् की प्राप्ति करा देने वाले बुद्धियोग के बारे में बतलाते हुए
उपसंहार किया गया है। भगवान् की विभूति और योग को तत्त्वतः
जानना भगवत्-प्राप्ति में परम सहायक है। इस बात को ध्यान में
रखते हुए अर्जुन के द्वारा 12वें श्लोक से लेकर 18वें श्लोक तक
सर्वप्रथम भगवान् की स्तुति की गई है और उसके पश्चात् भगवान्
से उनकी योगशक्ति और विभूतियों का विस्तार सहित वर्णन करने
हेतु अर्जुन के द्वारा प्रार्थना की गई है। 12वें एवं 13वें श्लोक में
अर्जुन कहते हैं–

अर्जुन उवाच
परं ब्रह्म परं धाम पवित्रं परमं भवान् ।
पुरुषं शाश्वतं दिव्यमादिदेवमजं विभुम् ॥ 12 ॥
आहुस्त्वामृषयः सर्वे देवर्षिर्नारदस्तथा ।
असितो देवलो व्यासः स्वयं चैव ब्रवीषि मे ॥ 13 ॥

अर्जुन बोले–हे परमात्मा! आप परम ब्रह्म, परम धाम, परम पवित्र
एवं पवित्र सत्य हैं। हे परमात्मा! आपको समस्त ऋषि-मुनिगण

सनातन, दिव्य पुरुष, देवों का भी देव आदिदेव, अजन्मा एवं सभी जगह व्याप्त रहने वाला कहते हैं। ऐसा ही देवर्षि नारद तथा असित और देवता तथा महर्षि व्यास भी कहते हैं और आपके द्वारा स्वयं भी इस तत्त्व को मुझसे प्रकट किया जा रहा है।

परम ब्रह्म—इस शब्द के प्रयोग के माध्यम से निर्गुण परमात्मा का स्वरूप परब्रह्म बतलाया गया है।

परम पवित्र—परमात्मा का नाम, गुण, प्रभाव एवं उनका ऐश्वर्य, लीलास्वरूप, भजन कीर्तन आदि हमेशा पवित्र करते हैं, इसलिए परमात्मा परम पवित्र है।

14वें श्लोक में अर्जुन के द्वारा भगवान् के स्वरूप का वर्णन करते हुए कहा गया है—

सर्वमेतदृतं मन्ये यन्मां वदसि केशव ।
न हि ते भगवन्व्यक्तिं विदुर्देवा न दानवाः ॥ 14 ॥

हे कृष्ण! जो कुछ भी मेरे प्रति आप कह रहे हैं, मैं उसे संपूर्ण सत्य मानता हूं। हे भगवान्! आपके लीलामय स्वरूप को न तो दानव समुदाय जानता है और न ही देवता समुदाय ही जानता है।

भगवान्—जो संपूर्ण ऐश्वर्य, संपूर्ण धर्म, संपूर्ण यश, संपूर्ण श्री, संपूर्ण ज्ञान और संपूर्ण वैराग्य—ये छः नाम जिसमें समाहित हैं, उसे भगवान् कहते हैं। **विष्णु पुराण** में भी कहा गया है—

ऐश्वर्यस्य समग्रस्य धर्मस्य यशसः श्रियः ।
ज्ञान वैराग्ययोश्चैवषण्णां भग इतीरणा ॥

उत्पत्ति और विनाश (प्रलय) को, प्राणियों के आने और जाने को तथा विद्या और अविद्या को जो जानता है, उसे भगवान् कहते हैं।

15वें श्लोक में भगवत् स्वरूप का उल्लेख करते हुए अर्जुन कहते हैं–

स्वयमेवात्मनात्मानं वेत्थ त्वं पुरुषोत्तम ।
भूतभावना भूतेश देवदेव जगत्पते ॥ 15 ॥

हे भूतों को उत्पन्न करने वाले! हे भूतों (प्राणियों) के ईश्वर! हे देवों के देव! हे संसार के स्वामी! हे पुरुषोत्तम! आप स्वयं ही अपने से अपने को जानते हैं।

16वें श्लोक में भगवान् श्रीकृष्ण को दिव्य विभूतियों के समर्थ जानते हुए अर्जुन भगवान् श्रीकृष्ण से कहते हैं–

वक्तुमर्हस्यशेषेण दिव्या ह्यात्मविभूतयः ।
याभिर्विभूतिभिर्लोकानिमांस्त्वं व्याप्य तिष्ठसि ॥ 16 ॥

हे भगवान्! आप ही उन अपनी दिव्य विभूतियों को संपूर्णता से कहने में समर्थ हैं, जिन विभूतियों के द्वारा आप इन सब लोकों को व्याप्त करके स्थित हैं।

17वें श्लोक में अर्जुन स्वयं को चिंतन योग्य बनाने हेतु भगवान् से निवेदन करते हुए कहते हैं–

कथं विद्यामहं योगिंस्त्वां सदा परिचिन्तयन् ।
केषु केषु च भावेषु चिन्त्योऽसि भगवन्मया ॥ 17 ॥

हे योगेश्वर भगवान्! मैं किस प्रकार निरंतर चिंतन करता हुआ
आपको जानूं और हे भगवान्! आप किन-किन भावों में मेरे द्वारा
चिंतन करने योग्य हैं।

18वें श्लोक में भगवान् श्रीकृष्ण से यह निवेदन करते हुए कि
अपनी योगशक्ति और विभूति के विषय में मुझे बतलाने की कृपा
कीजिए, अर्जुन कहते हैं–

विस्तरेणात्मनो योगं विभूतिं च जनार्दन ।
भूयः कथय तृप्तिर्हि शृण्वतो नास्ति मेऽमृतम् ॥ 18 ॥

हे जनार्दन! अपनी योगशक्ति को और विभूति को फिर भी विस्तृत ढंग
से कहिए, क्योंकि आपके अमृतमय वचनों को सुनने की उत्कंठा बनी
ही रहती है और मैं आपके शब्द रूपी अमृत को चखना चाहता हूं।

अर्जुन के द्वारा योग और विभूतियों का विस्तारपूर्वक पूर्ण रूप
से वर्णन करने के लिए प्रार्थना किए जाने पर भगवान् सर्वप्रथम
अपने विस्तार की अनंतता बतलाकर 19वें श्लोक में प्रधानता से
अपनी विभूतियों का वर्णन करते हुए कहते हैं–

श्रीभगवान् उवाच

हन्त ते कथयिष्यामि दिव्या ह्यात्मविभूतयः ।
प्राधान्यतः कुरुश्रेष्ठ नास्त्यन्तो विस्तरस्य मे ॥ 19 ॥

श्रीभगवान् ने कहा–हे अर्जुन! अब जो मेरी दिव्य एवं मुख्य विभूतियां हैं अर्थात् मुख्य-मुख्य वैभवयुक्त रूप हैं, उन रूपों का वर्णन तुमसे करूंगा, क्योंकि मेरी विभूतियों का अंत नहीं है।

भगवान् श्रीकृष्ण के द्वारा अब श्लोक संख्या-20 से श्लोक संख्या-39 तक अपने वैभवयुक्त रूप का वर्णन किया गया है।

20वें श्लोक में प्राणियों में अपने अस्तित्व की स्थापित करते हुए कहते हैं–

अहमात्मा गुडाकेश सर्वभूताशयस्थितः ।
अहमादिश्च मध्यं च भूतानामन्त एव च ॥ 20 ॥

हे अर्जुन! मैं समस्त प्राणियों (समस्त भूतों) के हृदय में स्थित सभी का आत्मा हूं और समस्त प्राणियों का आदि भी हूं, मध्य भी हूं और मैं ही समस्त प्राणियों का अंत भी हूं।

गुडाकेश–यहां गुडाकेश का अर्थ 'निद्रा के स्वामी' से है। भगवान् ने अर्जुन को 'गुडाकेश' नाम से संबोधित करके ये भाव दर्शाए हैं कि तुम निद्रा पर विजय प्राप्त कर चुके हो।

आदित्यानामहं विष्णुर्ज्योतिषां रविरंशुमान् ।
मरीचिर्मरुतामस्मि नक्षत्राणामहं शशी ॥ 21 ॥

भगवान् श्रीकृष्ण अर्जुन से कहते हैं–मैं अदिति के बारह पुत्रों में विष्णु हूं। ज्योतियों में मैं किरणों वाला सूर्य हूं। मैं उनचास वायुदेवताओं का तेज और नक्षत्रों का अधिपति चंद्रमा हूं।

22वें श्लोक में भगवान् श्रीकृष्ण अपने विस्तृत वैभव का वर्णन करते हुए कहते हैं–

वेदानां सामवेदोऽस्मि देवानामस्मि वासवः ।
इन्द्रियाणां मनश्चास्मि भूतानामस्मि चेतना ॥ 22 ॥

हे अर्जुन! मैं वेदों की श्रृंखला में सामवेद हूं। देवों में मैं इंद्र हूं। इन्द्रियों में मैं मन हूं और चराचर समस्त भूत प्राणियों की मैं चेतना अर्थात् जीवनीशक्ति हूं।

23वें श्लोक में भगवान् श्रीकृष्ण अपने विभूति रूप को विस्तृत करते हुए कहते हैं–

रुद्राणां शङ्करश्चास्मि वित्तेशो यक्षरक्षसाम् ।
वसूनां पावकश्चास्मि मेरुः शिखरिणामहम् ॥ 23 ॥

अर्जुन को संबोधित करते हुए भगवान् श्रीकृष्ण कहते हैं–मैं एकादश रुद्रों में शंकर हूं और राक्षसों में मैं धन का स्वामी कुबेर हूं। आठ वसुओं में मैं अग्नि हूं और शिखरयुक्त पर्वतों में मैं सुमेरु पर्वत हूं।

एकादश रुद्र–हर, बहुरूप, त्र्यम्बक, अपराजित्, वृषाकपि,

शम्भू, कदर्पी, रैवत, मृगव्याध, शर्व और कपाली–इन सभी में शम्भू अर्थात् शंकर सबके स्वामी हैं।

आठ वसु–धर, ध्रुव, सोम, अहः, अनिल, अनल, प्रत्यूष और प्रभास–ये आठ वसु हैं। इनमें अनल (अग्नि) वसुओं के राजा हैं, जो भगवान् के मुख एवं देवताओं को हवि पहुंचाने का कार्य करते हैं।

24वें श्लोक में भगवान् श्रीकृष्ण द्वारा अपने स्वरूप को विस्तारपूर्वक बतलाते हुए कहा गया है–

पुरोधसां च मुख्यं मां विद्धि पार्थ बृहस्पतिम् ।
सेनानीनामहं स्कन्दः सरसामस्मि सागरः ॥ 24 ॥

हे पार्थ! मुझे तुम समस्त पुरोहितों में मुख्य पुरोहित बृहस्पति जानो और जहां तक सेनानायकों की बात है–सेनानायकों में मैं कार्तिकेय हूं और सृष्टि के समस्त जलाशयों में मुझे समुद्र समझो।

25वें श्लोक में भगवान् श्रीकृष्ण दिव्य रूप के वैभवयुक्त सौंदर्य को बतलाते हुए कहते हैं–

महर्षीणां भृगुरहं गिरामस्म्येकमक्षरम् ।
यज्ञानां जपयज्ञोऽस्मि स्थावराणां हिमालयः ॥ 25 ॥

महार्षिगणों में मैं महार्षि भृगु हूं। जहां तक शब्दों का संबंध है, मैं एक अक्षर ओंकार (ओङ्कार) हूं। मैं सभी प्रकार के यज्ञों में जपयज्ञ हूं और स्थिर रहने वाले पहाड़ों की श्रेणी में मैं पर्वतराज हिमालय हूं।

26वें श्लोक में भगवान् श्रीकृष्ण विभूतियों के विषय में आगे बतलाते हुए कहते हैं–

अश्वत्थः सर्ववृक्षाणां देवर्षीणां च नारदः ।
गन्धर्वाणां चित्ररथः सिद्धानां कपिलो मुनिः ॥ 26 ॥

मैं समस्त वृक्षों में पीपल का वृक्ष, देवर्षियों में मैं नारद मुनि हूं। गंधर्वों में मैं चित्ररथ और सिद्धों में कपिल मुनि हूं।

विभूति-वर्णन के क्रम में भगवान् श्रीकृष्ण 27वें श्लोक में कहते हैं–

उच्चैःश्रवसमश्वानां विद्धि माममृतोद्भवम् ।
ऐरावतं गजेन्द्राणां नराणां च नराधिपम् ॥ 27 ॥

घोड़ों में अमृत के साथ उत्पन्न होने वाला मैं उच्चैःश्रवा नामक घोड़ा हूं। जहां तक श्रेष्ठ हाथियों का प्रश्न है, इन हाथियों में मैं ऐरावत नामक हाथी हूं और मनुष्य की श्रेणी में मैं राजा हूं।

28वें श्लोक में भगवान् श्रीकृष्ण अर्जुन से विभूति-वर्णन के क्रम में कहते हैं–

आयुधानामहं वज्रं धेनूनामस्मि कामधुक् ।
प्रजनश्चास्मि कन्दर्पः सर्पाणामस्मि वासुकिः ॥ 28 ॥

मैं शस्त्रों में वज्र और गौओं में कामधेनु हूं। शास्त्रानुसार परंपरागत

रीति से संतानोत्पत्ति का हेतु मैं कामदेव हूं। सर्पों में मैं सर्पराज वासुकि हूं।

29वें श्लोक में विभूति वर्णन के क्रम में भगवान् अर्जुन से कहते हैं–

अनन्तश्चास्मि नागानां वरुणों यादसामहम् ।
पितृणामर्यमा चास्मि यमः संयमतामहम् ॥ 29 ॥

नागों में भगवान् श्रीकृष्ण स्वयं को शेषनाग बतलाते हैं और जलचरों में जलचरों का अधिपति वरुण देवता बतला रहे हैं। हे पार्थ! पितरों में मैं अर्यमा नामक पितर हूं और प्रशासकों में सूर्य-पुत्र यमराज हूं।

30वें श्लोक में भगवान् श्रीकृष्ण विभूति-विस्तार के वर्णन के क्रम में कहते हैं–

प्रह्लादश्चास्मि दैत्यानां कालः कलयतामहम् ।
मृगाणां च मृगेन्द्रोऽहं वैनतेयश्च पक्षिणाम् ॥ 30 ॥

हे अर्जुन! मैं दैत्यों में प्रह्लाद हूं। गणना करने वालों में मैं समय हूं। पशुओं में मृगराज सिंह और पक्षियों में मैं पक्षीराज गरुड़ हूं।

विभूति-वर्णन के क्रम में 31वें श्लोक में भगवान् श्रीकृष्ण अर्जुन से कहते हैं–

पवनः पवतास्मि रामः शस्त्रभृतामहम् ।
झषाणां मकरश्चास्मि स्त्रोतसामस्मि जाह्नवी ॥ 31 ॥

मैं शुचि (पवित्र) करने वालों में पवन हूं और शस्त्रधारियों में श्रीराम हूं तथा मछलियों में मगरमच्छ हूं और जहां तक नदियों की बात है, उनमें 'मैं जाह्नवी (गंगा) हूं।

32वें श्लोक में भगवान् श्रीकृष्ण अर्जुन से कहते हैं–

सर्गाणामादिरन्तश्च मध्यं चैवाहमर्जुन ।
अध्यात्मविद्या विद्यानां वादः प्रवदतामहम् ॥ 32 ॥

हे अर्जुन! सृष्टियों का आदि और अंत तथा मध्य भी मैं ही हूं। मैं विद्याओं में ब्रह्म विद्या अर्थात् अध्यात्म विद्या हूं। भगवान् आगे कहते हैं कि मैं परस्पर विवाद करने वालों का तत्त्व-निर्णय के लिए किया जाने वाला वाद हूं।

33वें श्लोक में स्व ऐश्वर्य के क्रम में भगवान् श्रीकृष्ण अर्जुन से कहते हैं–

अक्षराणामकारोऽस्मि द्वन्द्वः सामासिकस्य च ।
अहमेवाक्षयः कालो धाताहं विश्वतोमुखः ॥ 33 ॥

हे अर्जुन! मैं अक्षरों में अकार हूं और समासों में मैं द्वंद्व नामक समास हूं। मैं अक्षयकाल हूं अर्थात् काल का भी महाकाल तथा सभी ओर मुख वाला हूं। हे पार्थ! विराट् स्वरूप के इस क्रम में मैं सबका भरण-पोषण करने वाला भी हूं।

34वें श्लोक में भगवान् श्रीकृष्ण अपने विराट् विभूति का परिचय देते हुए कहते हैं—

मृत्युः सर्वहरश्चाहमुद्भवश्च भविष्यताम् ।
कीर्तिः श्रीर्वाक्च नारीणां स्मृतिर्मेधा धृतिः क्षमा ॥ 34 ॥

मैं समस्त प्राणियों का नाश करने वाला मृत्यु हूं, साथ ही उत्पन्न होने वाले प्राणियों को उत्पन्न करने वाला हूं। स्त्रियों में मैं कीर्ति, श्री, वाक् स्मृति, मेधा, धृति तथा क्षमा हूं।

35वें श्लोक में भगवान् अर्जुन से उक्त क्रम को जारी रखते हुए कहते हैं—

बृहत्साम तथा साम्नां गायत्री छन्दसामहम् ।
मासानां मार्गशीर्षोऽहमृतूनां कुसुमाकरः ॥ 35 ॥

मैं गायन करने वाले गीतों में बृहत्साम हूं तथा छंदों की श्रेणी में मैं गायत्री हूं। सभी महीनों में मैं मार्गशीर्ष (अगहन) हूं और जहां तक समस्त ऋतुओं की बात है, ऋतुओं में वसंत ऋतु हूं।

बृहत्साम—सामवेद में विभिन्न देवताओं द्वारा गाए जाने वाले गीतों का संग्रह है। इन्हीं गीतों में सबसे सुमधुर ध्वनि वाला बृहत्साम है, जो अर्द्धरात्रि में गाया जाता है।

36वें श्लोक में भगवान् श्रीकृष्ण छल प्रभाव एवं भाव तत्त्व का वर्णन विभूति रूप में करते हुए कहते हैं—

द्यूतं छलयतामस्मि तेजस्तेजस्विनामहम् ।
जयोऽस्मि व्यवसायोऽस्मि सत्त्वं सत्त्ववतामहम् ॥ 36 ॥

मैं छल करने वालों में द्यूत (जुआ) हूं तथा प्रभावशाली पुरुषों का
प्रभाव हूं। मैं जीतने वालों में विजय हूं। निश्चय करने वाला का
निश्चय हूं और सात्त्विक पुरुषों में अवस्थित सात्त्विक भाव हूं।

37वें श्लोक में स्वयं, अर्जुन, वेदव्यास, शुक्राचार्य आदि के
रूप में अपने विभूतिस्वरूप का वर्णन करते हुए भगवान् कहते हैं–

वृष्णीनां वासुदेवोऽस्मि पाण्डवानां धनञ्जयः ।
मुनीनामप्यहं व्यासः कवीनामुशना कविः ॥ 37 ॥

वृष्णि वंशियों में मैं वासुदेव अर्थात् मैं स्वयं अर्जुन का सखा हूं।
पांडवों में धनंजय अर्थात् अर्जुन हूं। मुनियों में मैं वेदव्यास हूं और
कवियों यानी विचारकों में मैं उशना (शुक्राचार्य) हूं।

38वें श्लोक में दमन, इच्छा, गुप्त रहस्य और ज्ञान रूपी अपने
ऐश्वर्ययुक्त विभूति का वर्णन करते हुए भगवान् श्रीकृष्ण कहते हैं–

दण्डो दमयतामस्मि नीतिरस्मि जिगीषताम् ।
मौनं चैवास्मि गुह्यानां ज्ञानं ज्ञानवतामहम् ॥ 38 ॥

हे अर्जुन! मैं दमन करने वालों का दंड यानी दमन करने वालों
की सर्वप्रसिद्ध ताकत हूं और जीतने की इच्छा रखने वाले पुरुषों
की नीति हूं। वे भाव जो गुप्त रखने योग्य हैं, उन भावों का रक्षक
मौन हूं और ज्ञानवानों की सर्वाधिक प्रिय वस्तु तत्त्वज्ञान मैं ही हूं।

39वें श्लोक में भगवान् श्रीकृष्ण वैभवयुक्त ऐश्वर्य का वर्णन करते हुए भूत (प्राणियों) में अपनी स्थिति को बतलाते हुए कहते हैं–

यच्चापि सर्वभूतानां बीजं तदहमर्जुन ।
न तदस्ति विना यत्स्यान्मया भूतं चराचरम् ॥ 39 ॥

हे अर्जुन! इतना ही नहीं, जो सब प्राणियों (भूतों) की उत्पत्ति का कारण है, वह भी मैं ही हूं, क्योंकि इस सृष्टि में ऐसा चर और अचर कोई भी प्राणी (भूत) नहीं है, जो मुझसे रहित हो।

पूर्व के 20वें श्लोक से लेकर 39वें श्लोक तक भगवान् श्रीकृष्ण द्वारा अनंत विभूतियों का वर्णन किया गया है। 19वें श्लोक में भगवान् श्रीकृष्ण द्वारा अपनी दिव्य विभूतियों को अनंत बतलाकर प्रधानता से उनका वर्णन किया गया है। अब 40वें श्लोक में पुनः परमात्मा अपनी दिव्य विभूतियों की अनंतता दिखलाते हुए कहते हैं–

नान्तोऽस्ति मम दिव्यानां विभूतीनां परन्तप ।
एष तूद्देशतः प्रोक्तो विभूतेर्विस्तरो मया ॥ 40 ॥

हे परंतप! मेरी दैवीय विभूतियों का कहीं अंत नहीं है। मैंने अपनी विभूतियों का यह विस्तार जो तुमसे कहा है, वह तो मेरी अनंत विभूतियों का केवल संकेत-मात्र है।

18वें श्लोक में अर्जुन भगवान् श्रीकृष्ण से उनकी विभूति और योगशक्ति का वर्णन करने की प्रार्थना करते हैं।

41वें श्लोक में भगवान् श्रीकृष्ण द्वारा अपनी दिव्य विभूतियों का वर्णन समाप्त करके संक्षिप्त रूप में अपनी योगशक्ति का वर्णन करते हुए कहा गया है–

यद्यद्विभूतिमत्सत्त्वं श्रीमदूर्जितमेव वा ।
तत्तदेवावगच्छ त्वं मम तेजोंऽशसम्भवम् ॥ 41 ॥

हे अर्जुन! तुम जान लो कि जो-जो भी विभूति (ऐश्वर्ययुक्त), कांतियुक्त, शक्तियुक्त और तेजस्वी वस्तुएं हैं–ये सभी मेरे तेज के अंश की एक अभिव्यक्ति-मात्र हैं।

इस प्रकार से मुख्य-मुख्य वस्तुओं में अपनी योगशक्ति रूपी तेज के अंश को अभिव्यक्ति प्रदान करने के पश्चात् 42वें श्लोक में भगवान् श्रीकृष्ण यह बतलाते हुए कि समस्त जगत् मेरी योगशक्ति के एक अंश से ही धारित है। योगेश्वर श्रीकृष्ण कहते हैं–

अथवा बहुनैतेन किं ज्ञातेन तवार्जुन ।
विष्टभ्याहमिदं कृत्स्नमेकांशेन स्थितो जगत् ॥ 42 ॥

हे अर्जुन! इस समस्त विशद ज्ञान की आवश्यकता क्या है? अर्थात् इस बहुत ज्ञान को जानने का उद्देश्य क्या है? भगवान् कहते हैं कि मैं तो अपने एक अंश-मात्र से समस्त ब्रह्मांड में व्याप्त होकर ब्रह्मांड को धारण करता हूं।

उक्त अध्याय में प्रधानतः भगवान् की विभूतियों अर्थात् ऐश्वर्य का वर्णन है। अर्जुन की जिज्ञासा को शांत करते हुए जग-नियंता भगवान् श्रीकृष्ण के द्वारा समस्त विभूति-वर्णन के माध्यम से

समस्त चराचर में विद्यामान विविध शक्तियों में अपने ऐश्वर्य की उपस्थिति का भान करवाया गया है, इसलिए चराचर जगत् की शक्तियां, भगवत्-शक्ति से समायोजित होकर ही जग में दृष्ट होती है। बिना भगवत्-तत्त्व के विभूति की स्थिति की कल्पना नहीं की जा सकती, इसलिए 10वें अध्याय का नाम 'विभूतियोग' भी रखा गया है।

॥ ॐ तत्सदिति श्रीमद्‌भगवद्‌गीतासूपनिषत्सु ब्रह्मविद्यायां योगशास्त्रे श्रीकृष्णार्जुनसंवादे विभूतियोगो नाम दशमोऽध्यायः ॥

अध्याय-11

विश्वरूपदर्शनयोग

एकादश (ग्यारहवें) अध्याय के आरंभ में भगवान् श्रीकृष्ण की प्रशंसा अर्जुन के द्वारा की गई है। भगवान् द्वारा भगवान् के अंदर देवता, मनुष्य, पशु, पक्षी आदि चराचर प्राणियों तथा अनेक आश्चर्यप्रद दृश्यों सहित संपूर्ण जगत् को देखने की आज्ञा देते हुए दिव्य दृष्टि प्रदान की गई है। तत्पश्चात् संजय ने भगवान् द्वारा अर्जुन को विश्वरूप दिखलाने की बात कही है। अर्जुन द्वारा विश्वरूप का स्तवन और उसके प्रभाव का वर्णन करके अंत में भगवान् से अपना वास्तविक परिचय देने की प्रार्थना की गई है। इसी अध्याय में भगवान् अपने को लोकों का नाश करने वाला काल बतलाते हैं और भीष्मादि समस्त वीरों को पहले ही अपने द्वारा मारे हुए बतलाते हैं और अर्जुन को निमित्त-मात्र बनकर युद्ध करने की आज्ञा देते हैं। भयग्रस्त अर्जुन के द्वारा भगवान् की स्तुति, नमस्कार और क्षमा-याचना के बाद दिव्य चतुर्भुज रूप का दर्शन कराने की प्रार्थना की गई है।

चतुर्भुज रूप में दर्शन के बाद मनुष्य रूप में भगवान् होते हैं, जिसका वर्णन संजय द्वारा किया गया है। अपने चतुर्भुज रूप की सुलभता और अनन्य भक्ति के साथ इस अध्याय की समाप्ति भगवान् के द्वारा की गई है।

10वें अध्याय के अंत में भगवान् योगशक्ति का प्रभाव बतलाते हुए समस्त ब्रह्मांड को अपने एक अंश में धारित बतलाते हैं। यह सुनकर पार्थ के मन में भगवान् के उस महान स्वरूप को प्रत्यक्ष देखने की इच्छा उत्पन्न हो गई, जिसके एक अंश में समस्त विश्व स्थित है। अत: ग्यारहवें अध्याय के श्लोक संख्या-1 से 4 तक भगवान् श्रीकृष्ण एवं उनके द्वारा दिए गए उपदेशों की प्रशंसा करते हुए, उनसे विश्वरूप का दर्शन कराने हेतु निवेदन करते हैं।

पहले श्लोक में उपदेश के द्वारा अज्ञानता के नष्ट हो जाने का उल्लेख करते हुए अर्जुन कहते हैं—

अर्जुन उवाच
मदनुग्रहाय परमं गुह्यमध्यात्मसंज्ञितम् ।
यत्त्वयोक्तं वचस्तेन मोहोऽयं विगतो मम ॥ 1 ॥

अर्जुन ने भगवान् श्रीकृष्ण से कहा—मुझ पर कृपा करते हुए आपके द्वारा जो परम गोपनीय आध्यात्मिक वचन अर्थात् उपदेश दिए गए, उससे मेरा अज्ञान समाप्त (नष्ट) हो गया है। इस अध्याय के दूसरे श्लोक में अर्जुन आगे कहते हैं—

भवाप्ययौ हि भूतानां श्रुतौ विस्तरशो मया ।
त्वत्तः कमलपत्राक्ष माहात्म्यमपि चाव्ययम् ॥ 2 ॥

हे कमलनयन! मैंने आपसे प्रत्येक प्राणी की उत्पत्ति तथा लय आदि के विषय में विस्तार से सुना है और मैंने आपकी अक्षय महिमा का भी अनुभव किया है।

तीसरे श्लोक में अर्जुन द्वारा भगवान् के दृश्य जगत् में प्रविष्टि के रूप को देखने का निवेदन करते हुए कहा गया है—

एवमेतद्यथात्थ त्वमात्मानं परमेश्वर ।
द्रष्टुमिच्छामि ते रूपमैश्वरं पुरुषोत्तम ॥ 3 ॥

हे परमेश्वर! आप स्वयं को जैसा कहते हैं, यह ठीक ऐसा ही है, मैं

आपके द्वारा वर्णित स्वरूप देख रहा हूं, परंतु हे पुरुषोत्तम! आपके ज्ञान, ऐश्वर्य, शक्ति, बल, वीर्य और तेज से युक्त ऐश्वर्य रूप को मैं प्रत्यक्ष रूप से देखने की इच्छा रखता हूं।

चौथे श्लोक में भगवान् श्रीकृष्ण से अर्जुन यह निवेदन करते हैं कि अगर मैं योग्य हूं तो अपने दिव्य स्वरूप के दर्शन करा दीजिए–

मन्यसे यदि तच्छक्यं मया द्रष्टुमिति प्रभो ।
योगेश्वर ततो मे त्वं दर्शयात्मानमव्ययम् ॥ 4 ॥

परम श्रद्धा रखने वाले और परम प्रेमी अर्जुन के इस प्रकार प्रार्थना करने पर श्लोक संख्या–5, 6 और 7 में अपने दिव्य विश्वरूप का वर्णन करते हुए, उसे देखने हेतु अर्जुन को आज्ञा देते हुए भगवान् श्रीकृष्ण कहते हैं–

॥ श्रीभगवान् उवाच ॥
पश्य मे पार्थ रूपाणि शतशोऽथ सहस्रशः ।
नानाविधानि दिव्यानि नानावर्णाकृतीनि च ॥ 5 ॥

भगवान् श्रीकृष्ण ने कहा–हे अर्जुन! अब तुम मेरे उस अलौकिक रूप को देखो, जो नाना प्रकार, नाना वर्ग और नाना आकृति वाला है।

पश्यादित्यान्वसून्रुद्रानश्विनौ मरुतस्थता ।
बहून्यदृष्टपूर्वाणि पश्याश्चर्याणि भारत ॥ 6 ॥

हे भरतवंशी पार्थ! तुम मुझमें आदित्यों को यानी अदिति के द्वादश

पुत्रों को, आठ वसुओं को, एकादश रुद्रों को, दोनों अश्विनी कुमारों को और उनचास मरुद्गणों को देखो। इसके साथ ही तुम अन्य देवताओं और अनेक आश्चर्यमय रूपों को देखो, जिसे किसी ने न तो पहले कभी देखा है, न सुना है।

7वें श्लोक में भगवान् श्रीकृष्ण दिव्य शरीर में स्थित चराचर जगत् को देखने हेतु कहते हैं–

इहैकस्थं जगत्कृत्स्नं पश्याद्य सचराचरम् ।
मम देहे गुडाकेश यच्चान्यद्द्रष्टुमिच्छसि ॥ 7 ॥

हे अर्जुन! तुम जो भी देखना चाहो, उसे तत्क्षण मेरे इस शरीर में देखो। तुम इस समय तथा भविष्य में भी जो भी देखना चाहते हो, उसको यह विश्वरूप दिखाने वाला है। यहां एक ही स्थान पर चर-अचर सब कुछ है।

इस प्रकार तीन श्लोकों में बार-बार अपना अद्भुत रूप देखने के लिये आज्ञा देने पर भी जब अर्जुन भगवान् के रूप को नहीं देख सके। इस स्थिति के कारण अंतर्यामी भगवान् श्रीकृष्ण 8वें श्लोक में अर्जुन को दिव्य दृष्टि देने की इच्छा प्रकट करते हुए कहते हैं–

न तु मां शक्यसे द्रष्टुमनेनैव स्वचक्षुषा ।
दिव्यं ददामि ते चक्षुः पश्य मे योगमैश्वरम् ॥ 8 ॥

अर्जुन को संबोधित करते हुए भगवान् कहते हैं–तुम मुझको अपने प्राकृतिक नेत्रों से देखने में समर्थ नहीं हो, इसलिए मैं तुझे दिव्य

अर्थात् अलौकिक चक्षु प्रदान करता हूं, जिससे तुम्हारे द्वारा मेरी ईश्वरीय योगशक्ति को देखा जा सके।

अर्जुन को दिव्य दृष्टि प्रदान कर भगवान् श्रीकृष्ण ने जिस प्रकार का अपना दिव्य विराट् स्वरूप दिखलाया था, अब उस दिव्य स्वरूप का धृतराष्ट के समक्ष श्लोकों में (श्लोक संख्या-9 से 13 तक) संजय वर्णन करते हुए कहते हैं–

सञ्जय उवाच

एवमुक्त्वा ततो राजन्महायोगेश्वरो हरिः ।
दर्शयामास पार्थाय परमं रूपमैश्वरम् ॥ 9 ॥

संजय ने धृतराष्ट्र से कहा–हे राजन! महायोगेश्वर तथा समस्त प्रकार के पापों का नाश करने वाले भगवान् ने इस प्रकार अर्जुन से कहकर उसके उपरांत उसको परम ऐश्वर्य से युक्त दिव्य स्वरूप दिखलाया।

संजय के द्वारा 10वें और 11वें श्लोक में भगवान् के अद्भुत और अलौकिक स्वरूप का वर्णन करते हुए कहा गया है–

अनेकवक्त्रनयनमनेकाद्भुतदर्शनम् ।
अनेक दिव्याभरणम् दिव्यानेकोद्यतायुधम् ॥ 10 ॥
दिव्यमाल्याम्बरधरं दिव्यगंधानुलेपनम् ।
सर्वाश्चर्यमयं देवमनन्तं विश्वतोमुखम् ॥ 11 ॥

अर्जुन ने भगवान् के उस आश्चर्यचकित कर देने वाले दिव्य विश्वरूप में असंख्य मुख, असंख्य नेत्र तथा असंख्य आश्चर्यमय

दृश्य देखे। यह रूप अनेक दैवी आभूषणों से अलंकृत था और इस रूप द्वारा अनेक दैवी हथियार उठाए गए थे। यह विश्वरूप दैवी मालाएं तथा वस्त्र धारण किए हुए था और उसके ऊपर अनेक दिव्य सुगंधियां लगी थीं। सभी कुछ आश्चर्यजनक, तेजमय, असीम और सर्वत्र व्याप्त था।

12वें श्लोक में उपर्युक्त विराट विश्व स्वरूप में परम पिता परमेश्वर का प्रकाश कैसा था, उसका वर्णन करते हुए संजय धृतराष्ट्र से कहते हैं–

दिवि सूर्यसहस्त्रस्य भवेद्युगपदुत्थिता ।
यदि भाः सदृशी सा स्याद्भासस्तस्य महात्मनः ॥ 12 ॥

हे राजन! यदि आकाश में हजारों सूर्य एक साथ उदित हों और उनके उदय होने पर जो प्रकाश उत्पन्न होता है, वह भी उस विश्वरूप परमात्मा के इस प्रकाशमय तेज की समता न कर सके।

श्लोक संख्या-13 में संजय के द्वारा धृतराष्ट्र को इस तथ्य से अवगत करवाया गया है कि अर्जुन ने सारे विश्व को किस प्रकार से देखा–

तत्रैकस्थं जगत्कृत्स्नं प्रविभक्तमनेकधा ।
अपश्यद्देवदेवस्य शरीरे पाण्डवस्तदा ॥ 13 ॥

पांडु-पुत्र अर्जुन ने उस समय अनेक प्रकार से विभक्त अर्थात् अलग-अलग संपूर्ण जगत् को देवों के देव भगवान् श्रीकृष्ण के उस दिव्य स्वरूप में एक जगह स्थित देखा।

इस प्रकार अर्जुन द्वारा भगवान् का विराट् रूप देखे जाने के पश्चात् क्या हुआ? धृतराष्ट्र की इस जिज्ञासा पर संजय कहते हैं—

तत: स विस्मयाविष्टो हृष्टरोमा धनञ्जय: ।
प्रणम्य शिरसा देवं कृताञ्जलिरभाषत ॥ 14 ॥

उसके पश्चात् वह आश्चर्य से चकित और पुलकित शरीर अर्जुन ने प्रकाशमान विश्वरूप परम पिता परमात्मा को श्रद्धा-भक्ति सहित मस्तक झुकाकर प्रणाम किया और हाथ जोड़कर भगवान् से प्रार्थना करते हुए स्तुति करने लगे।

उपर्युक्त श्लोक में हर्ष और आश्चर्य से चकित अर्जुन भगवान् श्रीकृष्ण के विश्वरूप में दिखाई पड़ने वाले दृश्यों का वर्णन करते हुए उस विश्वरूप की स्तुति 15वें श्लोक में करते हुए कहते हैं—

अर्जुन उवाच
पश्यामि देवांस्तव देव देहे,
सर्वांस्तथा भूतविशेषसङ्घान् ।
ब्रह्माणमीशं कमलासनस्थ-
मृषींश्च सर्वानुरगांश्च दिव्यान् ॥ 15 ॥

अर्जुन ने कहा—हे भगवान् श्रीकृष्ण! मैं आपके शरीर में संपूर्ण देवगणों को और विविध प्रकार के अनेक प्राणी (भूत, जीव) समुदायों को देख रहा हूं। मैं कमलासीन ब्रह्मा को, देवाधिदेव महादेव को तथा संपूर्ण ऋषियों को एवं दिव्य सर्पों के समूह को देख रहा हूं।

16वें श्लोक में भी अर्जुन अनंत परमात्मा स्वरूप का दर्शन करते हुए कहते हैं–

अनेकबाहूदर वक्त्रनेत्रं,
पश्यामि त्वां सर्वतोऽनन्तरूपम् ।
नान्तं न मध्यं न पुनस्तवादिं,
पश्यामि विश्वेश्वर विश्वरूप ॥ 16 ॥

हे संपूर्ण विश्व के स्वामी! हे विश्वरूप! मैं आपके शरीर को अनेक भुजाओं, अनेक पेटों, मुंह तथा आंखों से युक्त देख रहा हूं, जो सभी जगह फैले हुए हैं और जिसका कोई अंत नहीं है। आपके इस विश्वरूप में न तो मेरे द्वारा आपका अंत ही दिखता है, न मध्य ही और न आदि ही दिखाई देता है।

17वें श्लोक में भगवान् श्रीकृष्ण के अप्रमेय स्वरूप का वर्णन करते हुए अर्जुन कहते हैं–

किरीटिनं गदिनं चक्रिणं च,
तेजोराशिं सर्वतो दीप्तिमन्तम् ।
पश्यामि त्वां दुर्निरीक्ष्यं समन्ता,
द्दीप्तानलार्कद्युतिमप्रमेयम् ॥ 17 ॥

हे प्रभु! आपके अलौकिक प्रकाशयुक्त स्वरूप को चकाचौंध तेज के कारण देखना कठिन है। हे अप्रमेय स्वरूप के स्वामी! आप मुकुटयुक्त, गदायुक्त और चक्रयुक्त तथा सभी ओर से प्रकाश के पुंज से प्रकाशित हैं। प्रज्वलित अग्नि और सूर्य के समान आप ज्योर्तियुक्त हैं।

18वें श्लोक में भगवान् के अनादि, सनातन और अविनाशी दिव्य स्वरूप की महत्ता बतलाते हुए अर्जुन कहते हैं–

त्वमक्षरं परमं वेदितव्यं,
त्वमस्य विश्वस्य परं निधानम् ।
त्वमव्ययः शाश्वतधर्मगोप्ता
सनातनस्त्वं पुरुषो मतो मे ॥ 18 ॥

हे परमात्मा! आप ही जानने योग्य परम अक्षर अर्थात् परम ब्रह्म परमात्मा हैं। आप ही इस संसार के सर्वश्रेष्ठ आश्रय हैं। आप अव्यय तथा पुराण पुरुष हैं। आप ही सनातन धर्म के पालक, अविनाशी पुरुषोत्तम भगवान् हैं। हे प्रभु! ऐसा मेरा मत है।

भगवान् के अनंत सौंदर्ययुक्त विश्वरूप का वर्णन करते हुए 19वें श्लोक में अर्जुन कहते हैं–

अनादिमध्यान्तमनन्तवीर्य-
मनन्तबाहुं शशि सूर्यनेत्रम् ।
पश्यामि त्वां दीप्तहुताशवक्त्रं
स्वतेजसा विश्वमिदं तपन्तम् ॥ 19 ॥

हे प्रभो! आप आदि, मध्य तथा अंत से रहित है। आपका यश अनंत हैं। आपकी असंख्य भुजाएं हैं और सूर्य तथा चंद्रमा आपकी आंखें हैं। मैं आपके मुंह से अग्नि निकलते और आपके तेज से इस संपूर्ण ब्रह्मांड को जलते हुए देख रहा हूं।

भगवान् के षड् ऐश्वर्यों की सीमहीन स्थिति का अवलोकन

करने के पश्चात् 20वें श्लोक में भगवान् के इस अद्भुत स्वरूप का वर्णन करते हुए अर्जुन कहते हैं–

द्यावापृथिव्योरिदमन्तरं हि,
व्याप्तं त्वयैकेन दिशश्च सर्वाः ।
दृष्ट्वाभ्दुतं रूपमुग्रं तवेदं,
लोकत्रयं प्रव्यथितम् महात्मन् ॥ 20 ॥

हे महात्मन् यह स्वर्ग और पृथ्वी के मध्य का समस्त आकाश एवं सभी दिशाएं एक आपसे ही परिपूर्ण हैं अर्थात् समस्त लोकों में आप व्याप्त हैं तथा आपके इस अलौकिक एवं भयंकर रूप को देखकर समस्त लोक भयभीत हैं।

21वें श्लोक में विश्वरूप की भयावहता का देव समूह द्वारा प्रार्थना का उल्लेख करते हुए अर्जुन कहते हैं–

अमी हि त्वां सुरसङ्घा विशन्ति,
केचिद्भीताः प्राञ्जलयो गृणन्ति ।
स्वस्तीत्युक्त्वा महार्षिसिद्धसङ्घाः,
स्तुवन्ति त्वां स्तुतिभिः पुष्कलाभिः ॥ 21 ॥

समस्त देवसमूह आपकी शरण में प्रतिष्ठित हैं और सभी देवता आपमें प्रवेश कर रहे हैं। इन देवगणों में से कुछ देवगण अत्यंत भयभीत हो हाथ जोड़कर आपकी प्रार्थना कर रहे हैं। महर्षियों तथा सिद्धों के समूह 'कल्याण हो' ऐसा उच्चरित करके वैदिक स्तोत्रों का पाठ करते हुए आपकी स्तुति करने में लगे हैं।

22वें श्लोक में देवगण, रुद्रादि, आदित्य आदि के द्वारा विस्मित होकर भगवान् के विश्वरूप के दर्शन करने का उल्लेख करते हुए अर्जुन कहते हैं—

रुद्रादित्या वसवो ये च साध्या-
विश्वेऽश्विनौ मरुतश्चोष्मपाश्च ।
गन्धर्वयक्षासुरसिद्धसङ्घा-
वीक्षन्ते त्वां विस्मिताश्चैव सर्वे ॥ 22 ॥

हे परमात्मा! ग्यारह रुद्र और बारह आदित्य तथा आठ वसु, साध्य समूह, विश्वेदेव, दोनों अश्विनी कुमार, मरुद्गण, पितृगण तथा गंधर्व, यक्ष, राक्षस और सिद्धों के समुदाय—ये सभी विस्मित नयनों से आपको देख रहे हैं।

23वें श्लोक में अर्जुन के द्वारा भगवान् के अत्यंत विकराल एवं महान् रूप को देखकर सृष्टि के लोग एवं स्वयं अर्जुन व्याकुल होकर कहते हैं—

रूपं महत्ते बहुवक्त्रनेत्रं,
महाबाहो बहुबाहूरुपादम् ।
बहूदरं बहुदंष्ट्राकरालं,
दृष्ट्वा लोकाः प्रव्यथितास्तथाहम् ॥ 23 ॥

हे महाबाहो! आपके इस बहुत से मुख और अनेक नेत्रों वाले, बहुत सारे बाहु, बहुत सारे जंघा और पैरों वाले, बहुत सारे उदरों वाले और बहुत सारे भयानक दांतों वाले इस अत्यंत विकराल और महान

रूप को देखकर सभी जन व्याकुल हो रहे हैं; उन्हीं की तरह मैं भी व्याकुल हो रहा हूं।

24वें श्लोक में अपने मानसिक संतुलन का वर्णन करते हुए अर्जुन कहते हैं–

नभः स्पृशं दीप्तमनेकवर्णं,
व्यात्ताननं दीप्तविशाल नेत्रम् ।
दृष्ट्वा हि त्वां प्रव्यथितान्तरात्मा,
धृतिं न विन्दामि शमं च विष्णो ॥ 24 ॥

हे सर्वव्यापक विष्णु! आकाश का स्पर्श करने वाले देदीप्यमान और नाना ज्योतिर्मय रंगों से युक्त, मुख फैलाए तथा बड़ी-बड़ी चमकती आंखें निकाले देखकर भय से मेरा मन विचलित हो रहा है। हे ईश्वर! इस स्थिति में मैं न तो धैर्य धारण कर पा रहा हूं और न ही अपना मानसिक संतुलन व्यवस्थित कर पा रहा हूं।

भगवान् के प्रलयकारी एवं विकराल रूप को देखकर अर्जुन 25वें श्लोक में भगवान् को विकरालता त्यागकर प्रसन्न होने का निवेदन करते हुए कहते हैं–

दंष्ट्रा करालानि च ते मुखानि,
दृष्ट्वैव कालानलसन्निभानि ।
दिशो न जाने न लभे च शर्म,
प्रसीद देवेश जगन्निवास ॥ 25 ॥

हे देवेश! आप मुझ पर प्रसन्न हों। हे जगन्निवास! मैं इस प्रकार से

आपके प्रलययुक्त अग्नि स्वरूप मुखों को तथा विकराल दांतों को देखकर अपना संतुलन खो रहा हूं और हे प्रभों! मैं सभी दृष्टियों से मोहग्रस्त हो रहा हूं।

भगवान् श्रीकृष्ण के विश्वरूप में महाभारत के रथियों और महारथियों की वीभत्स और विचलित कर देने वाली स्थिति को देखकर अर्जुन 26वें श्लोक में कहते हैं–

अमी च त्वां धृतराष्ट्रस्य पुत्राः
सर्वे सहैवावनिपालसङ्घैः ॥
भीष्मो द्रोणः सूतपुत्रस्तथासौ
सहास्मदीयैरपि योधमुख्यै ॥ 26 ॥
वक्त्राणि ते त्वरमाणा विशन्ति
दंष्ट्राकरालानि भयानकानि ।
केचिद्विलग्ना दशनान्तरेषु
सन्दृश्यन्ते चूर्णितैरुत्तमाङ्गैः ॥ 27 ॥

धृतराष्ट्र के समस्त पुत्र और उनके समस्त सहायक राजा संपूर्ण समुदाय सहित आपके विश्वरूप में आप ही प्रवेश कर रहे हैं। भीष्म पितामह, आचार्य द्रोण तथा कर्ण के साथ ही हमारे पक्ष के भी प्रधान योद्धाओं सहित सब-के-सब हे परमेश्वर! आपके विकराल एवं भयानक मुखों में बड़े वेग से दौड़ते हुए प्रविष्ट होकर दांतों के बीच चूर्ण होते हुए दिखाई दे रहे हैं।

28वें श्लोक में अर्जुन योद्धाओं की दशा को बतलाते हुए कहते हैं–

यथा नदीनां बहवोऽम्बुवेगाः
समुद्रमेवाभिमुखा द्रवन्ति ।
तथा तवामी नरलोकवीरा
विशन्ति वक्त्राण्यभिविज्वलन्ति ॥ 28 ॥

जिस प्रकार नदियों की अनेक जल तरंगें जल के स्वाभाविक प्रवाह के साथ समुद्र में प्रवेश करती हैं, उसी प्रकार इस मृत्युलोक के समस्त योद्धा, जो वीरत्व से संपन्न हैं, आपके प्रज्वलित अनंत मुखों में प्रवेश कर रहे हैं।

29वें श्लोक में पतंग नामक कीड़े के समान समस्त योद्धाओं को भगवान् के मुख में देखते हुए अर्जुन कहते हैं–

यथा प्रदीप्तं ज्वलनं पतङ्गा,
विशन्ति नाशाय समृद्धवेगाः ।
तथैव नाशाय विशन्ति लोका-
स्तवापि वक्त्राणि समृद्धवेगाः ॥ 29 ॥

जिस प्रकार से पतंगे मोहवश नष्ट होने के लिए अतिवेग से दौड़ते हुए अग्नि में कूद पड़ते हैं, उसी प्रकार समस्त लोगों को पूर्ण वेग के साथ आपके मुख में प्रविष्ट होते हुए देख रहा हूं।

दोनों सेनाओं के लोगों के मुख में प्रवेश के दृष्टांत द्वारा वर्णन करके उन्हें भगवान् द्वारा किस प्रकार नष्ट किया जा रहा है, इसका वर्णन 30वें श्लोक में करते हुए अर्जुन कहते हैं–

लेलिह्यसे ग्रसमानः समन्ता-
ल्लोकान्समग्रान्वदनैर्ज्वलद्भिः ।
तेजोभिरापूर्य जगत्समग्रं-
भासस्तवोग्राः प्रतपन्ति विष्णो ॥ 30 ॥

हे विष्णु! मैं देख रहा हूं कि आप अपने प्रज्वलित मुखों से समस्त
दिशाओं के लोगों को ग्रास करते हुए सब ओर बार-बार से चाट
रहें हैं। आपका उग्र प्रकाश संपूर्ण जगत् को तेज के द्वारा परिपूर्ण
करके अपनी विकराल झुलसाती किरणों से तपा रहा है।

ध्यान से अगर हम अवलोकन करें तो अर्जुन द्वारा तीसरे और
चौथे श्लोक में ऐश्वर्यमय रूप को देखने की प्रार्थना की गई थी।
उसी वजह से भगवान् ने यह रूप दिखलाया है। इस भयानक और
उग्र रूप को देखकर अर्जुन बहुत डर गए और उनके मन में इस
बात को जानने की इच्छा उत्पन्न हो गई कि ये श्रीकृष्ण वस्तुतः
कौन हैं?

31वें श्लोक में अर्जुन भगवान् श्रीकृष्ण से महान उग्र स्वरूप
द्वारा आप क्या करना चाहते हैं, यह पूछते हुए कहते हैं–

आख्याहि मे को भवानुग्ररूपो-
नमोऽस्तु ते देववर प्रसीद ।
विज्ञातुमिच्छामि भवन्तमाद्यं-
न हि प्रजानामि तव प्रवृत्तिम् ॥ 31 ॥

हे देवों के ईश्वर! इतने उग्र रूप में आप कौन हैं? कृपा करके मुझे
बतलाने का कष्ट करें। मैं आपको नमन करता हूं। हे आदि भगवान्!

कृपा करके आप मुझ पर प्रसन्न होइए। मैं आपको जानना चाहता हूं, क्योंकि मैं नहीं जान पा रहा हूं कि आपका प्रयोजन क्या है?

इस प्रकार अर्जुन के पूछने पर भगवान् श्रीकृष्ण उग्र रूप धारण करने का कारण बतलाते हुए प्रश्नानुसार उत्तर देते हैं–

श्रीभगवान् उवाच
कालोऽस्मि लोकक्षयकृत्प्रवृद्धो
लोकान् समाहर्तुमिह प्रवृत्तः ।
ऋतेऽपि त्वां न भविष्यन्ति सर्वे
येऽवस्थिताः प्रत्यनीकेषु योधाः ॥ 32 ॥

श्री भगवान् ने कहा–मैं लोकों को विनष्ट करने वाला महाकाल हूं। इस समय मैं इस लोक के समस्त लोगों को विनष्ट करने के लिए आया हूं, इसलिए जो प्रतिपक्षियों की सेना में स्थित योद्धा लोग हैं, वे सब तेरे बिना भी नहीं रहेंगे अर्थात् तुम्हारे द्वारा युद्ध न करने पर भी इन सभी का विनाश निश्चित है।

उपर्युक्त श्लोक में अर्जुन के प्रश्नों का उत्तर देने के बाद अब भगवान् श्रीकृष्ण श्लोक संख्या-33 एवं 34 में युद्ध करने में सब प्रकार का लाभ बतलाते हुए अर्जुन को युद्ध करने हेतु उत्साहित करते हुए तथा आज्ञा देते हुए कहते हैं–

तस्मात्त्वमुत्तिष्ठ यशो लभस्व
जित्वा शत्रून् भुङ्क्ष्व राज्यं समृद्धम् ।
मयैवैते निहताः पूर्वमेव
निमित्त मात्रं भव सव्यसाचिन् ॥ 33 ॥

इसलिए हे अर्जुन, उठो! लड़ने के लिए तैयार हो जाओ और यश अर्जित करो। तुम अपने शत्रुओं को जीतकर धन-धान्य से संपन्न राज्य का भोग करो। ध्यान रखो, ये सब शूरवीर पहले ही मेरे द्वारा मारे जा चुके हैं। हे सव्यसाचिन! तुम तो इस युद्ध केवल निमित्त मात्र बन सकते हो।

सव्यसाची–जो बाएं हाथ से भी बाण चला सकता हो, उसे सव्यसाची कहते हैं।

34वें श्लोक में कौरव पक्ष के विविध योद्धाओं को संबोधित करते हुए भगवान् श्रीकृष्ण कहते हैं–

द्रोणं च भीष्मं च जयद्रथं च,
कर्णं तथान्यानपि योधवीरान् ।
मया हतांस्त्वं जहि मा व्यथिष्ठा
युध्यस्व जेतासि रणे सपत्नान् ॥ 34 ॥

द्रोणाचार्य और भीष्म पितामह तथा जयद्रथ और कर्ण के साथ ही और भी बहुत सारे योद्धा पहले ही मेरे द्वारा मारे जा चुके हैं, इसलिए तुम उनका वध करो और थोड़ा भी विचलित मत होओ। तुम केवल युद्ध करो। युद्ध में तुम अपने शत्रुओं को निश्चित रूप से परास्त करोगे।

भगवान् श्रीकृष्ण के मुख से ये सब बातें सुनने के पश्चात् अर्जुन के द्वारा क्या किया गया? धृतराष्ट्र की इस जिज्ञासा पर संजय 35वें श्लोक में कहते हैं–

सञ्जय उवाच
एतच्छ्रुत्वा वचनं केशवस्य
कृताञ्जलिर्वेपमानः किरीटी ।
नमस्कृत्वा भूय एवाह कृष्णं
सगद्गदं भीतभीतः प्रणम्य ॥ 35 ॥

संजय ने धृतराष्ट्र से कहा–हे राजन! भगवान् कृष्ण के मुख से इस प्रकार के वचनों को सुनकर मुकुटधारी अर्जुन हाथ जोड़कर कांपते हुए बारंबार नमस्कार करके अत्यंत भयभीत होकर अवरुद्ध स्वर में भगवान् श्रीकृष्ण के प्रति गद्गद वाणी में बोले।

इसके पश्चात् 36वें श्लोक से लेकर 46वें श्लोक तक अर्जुन द्वारा की गई भगवान् की स्तुति, नमस्कार और क्षमा-याचना सहित प्रार्थना का वर्णन किया गया है–

अर्जुन उवाच
स्थाने हृषीकेश तव प्रकीर्त्या
जगत्प्रहृष्यत्यनुरज्यते च ।
रक्षांसि भीतानि दिशो द्रवन्ति
सर्वे नमस्यन्ति च सिद्धसङ्घा ॥ 36 ॥

अर्जुन ने भगवान् श्रीकृष्ण से कहा–हे अंतर्यामिन! हे हृषीकेश!

आपके नाम के श्रवण-मात्र से समस्त संसार हर्षित होता है और समस्त जन आपके प्रति अनुरक्त होते हैं। सिद्धपुरुष समुदाय आपको नमन करते हैं, लेकिन असुरगण समूह भयभीत हैं और इधर-उधर भाग रहे हैं। हे प्रभु, यह समस्त प्रभाव आपके नाम, गुण और कीर्तन से युक्त जगत् का वैशिष्ट्य है।

36वें श्लोक में अर्जुन द्वारा 'स्थाने' पद के प्रयोग के माध्यम से सिद्ध समुदायों का नमस्कार आदि करना उचित बतलाया गया है। अब 37वें, 38वें, 39वें और 40वें श्लोकों में भगवत्-प्रभाव का वर्णन करते हुए उसी तथ्य को सिद्ध करते हुए अर्जुन के द्वारा बार-बार नमस्कार करने का भाव दिखलाते हुए कहा गया है—

कस्माच्च ते न नमेरन्महात्मन्
गरीयसे ब्रह्मणोऽप्यादिकर्त्रे ।
अनन्त देवेश जगन्निवास
त्वमक्षरं सदसत्तत्परं यत् ॥ 37 ॥

हे महात्मन्! आप ब्रह्मा से भी श्रेष्ठ हैं। आप जगत् के साथ ही आदि स्रष्टा हैं। आप सर्वश्रेष्ठ हैं, तो फिर आपको वे (ब्रह्मादि सहित समस्त चराचर) कैसे नमस्कार न करें? हे अनंत! हे देवेश! जो सत्-असत् और उनसे परे अक्षर अर्थात् सच्चिदानंदघन ब्रह्म हैं, वह आप ही हैं।

38वें श्लोक में यत्र, तत्र-सर्वत्र जगत् में सच्चिदानंदघन श्रीकृष्ण की परिपूर्णता दर्शाते हुए अर्जुन कहते हैं—

त्वामिदेवः पुरुषः पुराण-
स्त्वमस्य विश्वस्य परं निधानम् ।
वेत्तासि वेद्यं च परं च धाम
त्वया ततं विश्वमनन्तरूप ॥ 38 ॥

हे अनंत रूप! आप आदिदेव, सनातन पुरुष तथा इस दृश्य जगत् के परम आश्रय हैं। आप सब कुछ जानने वाले हैं और आप ही वह सब कुछ हैं, जो जानने योग्य है। आप समस्त भौतिक गुणों से अलग परम आश्रय हैं। यह संपूर्ण दृश्य जगत् आपमें व्याप्त है अर्थात् आपसे परिपूर्ण है।

39 वें श्लोक में अर्जुन वायु, जल, अग्नि आदि समस्त चराचर का परम पिता बतलाते हुए सच्चिदानंद भगवान् को बार-बार नमस्कार करते हुए कहते हैं–

वायुर्यमोऽग्निर्वरुणः शशाङ्कः
प्रजापतिस्त्वं प्रपितामहश्च ।
नमो नमस्तेऽस्तु सहस्त्रकृत्वः
पुनश्च भूयोऽपि नमो नमस्ते ॥ 39 ॥

आप वायु हैं तथा परम नियंता भी हैं। आप अग्नि हैं, जल हैं तथा चंद्रमा भी हैं। आप ही प्रजा के स्वामी आदि जीव ब्रह्मा हैं और आप ही ब्रह्मा के पिता भी हैं। अतः आपको हजारों बार नमस्कार है और पुनः पुनः नमस्कार है।

40वें श्लोक में भगवान् के अनंत सामर्थ्य का वर्णन करते हुए अर्जुन कहते हैं–

नमः पुरस्तादथ पृष्ठतस्ते,
नमोऽस्तु ते सर्वत एव सर्व ।
अनन्तवीर्यामितविक्रमस्त्वं,
सर्वं समाप्नोषि ततोऽसि सर्वः ॥ 40 ॥

हे अनंत सामर्थ्य वाले! आपको आगे-पीछे तथा हर तरफ से नमस्कार है। हे सर्वात्मन्! हे असीम शक्ति! आप अनंत पराक्रम के स्वामी हैं। आपके द्वारा समस्त संसार को व्याप्त किया गया है, इसलिए आप ही सर्वस्व हैं।

इस प्रकार उपर्युक्त 4 श्लोकों में अर्जुन द्वारा भगवान् की स्तुति एवं प्रणाम के पश्चात् अब भगवान् के गुण, रहस्य का यथार्थ न जानने के कारण वाणी एवं क्रिया के माध्यम से किए गए अपराधों को क्षमा करने के लिए 41वें और 42वें श्लोक में भगवान् श्रीकृष्ण से प्रार्थना की गई है।

सखेति मत्वा प्रसभं यदुक्तं-
हे कृष्ण हे यादव हे सखेति ।
अजानता महिमानं तवेदं-
मया प्रमादात्प्रणयेन वापि ॥ 41 ॥
यच्चावहासार्थमसत्कृतोऽसि
विहारशय्यासनभोजनेषु ।
एकोऽथवाप्यच्युत तत्समक्षं
यत्क्षामये त्वामहमप्रमेयम् ॥ 42 ॥

आपके इस अद्वितीय प्रभाव एवं महिमा को न जानते हुए आपको

सखा और अपना मित्र मानते हुए मैंने प्रेम से अथवा कभी-कभी प्रमाद से भी 'हे कृष्ण, हे यादव, हे सखा' आदि संबोधनों से पुकारा है। मैंने अज्ञानवश, मूर्खतावश और प्रेमवश जो कुछ भी किया है, कृपया उसके लिए मुझे क्षमा कर दीजिए। इतना ही नहीं, मैंने कई बार आराम करते समय, एक साथ शैया, आसन, साथ-साथ खाते हुए अथवा बैठे हुए तो कभी अकेले में तो कभी अनेक मित्रों के समक्ष आपका अनादर किया है। हे अप्रेमय स्वरूप अर्थात् अचिंत्य प्रभाव वाले हे अच्युत! मेरे इन समस्त अपराधों को क्षमा करें।

उपर्युक्त दो श्लोकों में अपराध क्षमा करने के लिए प्रार्थना करने के पश्चात् अब 43वें श्लोक में अर्जुन भगवान् के प्रभाव का वर्णन करते हुए अपराध क्षमा करने की योग्यता का प्रतिपादन कर भगवान् से प्रसन्न होने की पुन: प्रार्थना करते हुए कहते हैं–

पितासि लोकस्य चराचरस्य
त्वमस्य पूज्यश्च गुरुर्गरीयान् ।
न त्वत्समोऽस्त्यभ्यधिकः कुतोऽन्यो
लोकत्रयेऽप्य प्रतिमप्रभाव ॥ 43 ॥

हे अनुपमेय प्रभाव वाले! आप इस संपूर्ण चर और अचर संपूर्ण दृश्य जगत् के जनक हैं। आप सबसे श्रेष्ठ गुरु एवं अति पूजनीय हैं। हे प्रभो! तीनों लोकों में न तो आपके समान कोई है ओर न कोई आपके समान हो सकता है। हे अतुल्य प्रभु! आपसे अधिक कोई हो, ऐसा संभव ही नहीं है।

44वें श्लोक में अर्जुन भगवान् श्रीकृष्ण से कहते हैं–

तस्मात्प्रणम्य प्रणिधाय कायं-
प्रसादये त्वामहमीशमीड्यम् ।
पितेव पुत्रस्य सखेव सख्युः
प्रियः प्रियायार्हसि देव सोढुम् ॥ 44 ॥

हे प्रभो! आप प्रत्येक जीव द्वारा पूजनीय हैं। मैं शरीर को भली-भांति
चरणों में निवेदित कर प्रणाम करके स्तुति करने योग्य अपने ईश्वर
को प्रसन्न होने के लिए प्रार्थना करता हूं। हे देव! पिता जिस प्रकार
पुत्र का, मित्र के द्वारा जैसे मित्र का और पति जैसे अपनी प्रियतमा
पत्नी का अपराध सहन करता है, ठीक उसी प्रकार आप भी मेरे
अपराध को सहन कर सकते हैं।

उपर्युक्त श्लोकों में भगवान् श्रीकृष्ण से अपने अपराधों के लिए
क्षमा-याचना करने के पश्चात् अब अर्जुन के द्वारा 45वें और 46वें
श्लोकों में भगवान् से चतुर्भुज रूप का दर्शन कराने हेतु निवेदन
किया गया है—

अदृष्ट पूर्वं हृषितोऽस्मि दृष्ट्वा
भयेन च प्रव्यथितं मनो मे ।
तदेव मे दर्शय देवरूपं-
प्रसीद देवेश जगन्निवास ॥ 45 ॥

हे देवेश! पहले कभी न देखे गए आपके इस आश्चर्यजनक रूप
को देखकर हर्षित हो रहा हूं, साथ ही मेरा मन भी भयभीत हो
रहा है। अत: हे जगन्निवास! आप मुझ पर कृपा करिए और अपना
चतुर्भुज विष्णु (पुरुषोत्तम) रूप मुझे दिखलाने की कृपा कीजिए।

46वें श्लोक में चतुर्भुज स्वरूप को देखने के अपने आग्रह को पुनः प्रस्तुत करते हुए अर्जुन कहते हैं–

किरीटिनं गदिनं चक्रहस्त-
मिच्छामि त्वां द्रष्टुमहं तथैव ।
तेनैव रूपेण चतुर्भुजेन
सहस्त्रबाहो भव विश्वमूर्ते ॥ 46 ॥

हे सहस्त्रबाहो! हे विश्वरूप! मैं आपके गदा और चक्र हाथ में लिये हुए, मुकुटधारी स्वरूप का दर्शन करना चाहता हूं जिसमें आप अपने चारों हस्तों में शंख, चक्र, गदा और पद्म धारण किए हुए हैं। हे प्रभो! मैं उस चतुर्भुज रूप को देखने की इच्छा रखता हूं। अर्जुन द्वारा किए गए इस प्रार्थना पर 47वें और 48वें श्लोक में भगवान् श्रीकृष्ण के द्वारा अपने विश्वरूप की महिमा और दुर्लभता का वर्णन करते हैं और 49वें श्लोक में अर्जुन को अश्वासन देकर चतुर्भुज रूप दिखलाते हैं।

47वें श्लोक में भगवान् विश्वरूप की महिमा और दुर्लभता दर्शाते हुए कहते हैं–

श्रीभगवान् उवाच
मया प्रसन्नेन तवार्जुनेदं-
रूपं परं दर्शितमात्मयोगात् ।
तेजोमयं विश्वमनन्तमाद्यं-
यन्मे त्वदन्येन न दृष्टपूर्वम् ॥ 47 ॥

श्री भगवान् बोले—हे अर्जुन! मैंने प्रसन्न होकर अनुग्रहपूर्वक अपनी योगशक्ति के प्रभाव से तुम्हें इस संसार में अपने इस परम तेजोमय, विश्वरूप का दर्शन कराया है। तुमसे पूर्व किसी ने भी कभी इस दिव्य स्वरूप को नहीं देखा था।

48वें श्लोक में श्रीभगवान् कृष्ण कहते हैं—

न वेदयज्ञाध्ययनैर्न दानै-
र्न च क्रियाभिर्न तपोभिरुग्रैः ।
एवंरूपः शक्य अहं नृलोके
द्रष्टुं त्वदन्येन कुरुप्रवीर ॥ 48 ॥

हे कुरुश्रेष्ठ! तुमसे पूर्व किसी ने भी मेरे इस विश्वरूप के दर्शन नहीं किए हैं, क्योंकि न तो मैं वेदों के माध्यम से और न यज्ञों के द्वारा, न दान से, न अन्यादि क्रियाओं से और न ही कठिन तप से तुम्हारे अतिरिक्त किसी के द्वारा देखा जा सकता हूं। अर्जुन को विश्वरूप के विषय में बतलाते हुए भगवान् 49वें श्लोक में कहते हैं—

मा ते व्यथा मा च विमूढभावो
दृष्ट्वा रूपं घोरमीदृङ्ममेदम् ।
व्यपेतभीः प्रीतमनाः पुनस्त्वं-
तदेव मे रूपमिदं प्रपश्य ॥ 49 ॥

तुम मेरे इस प्रकार के विकराल रूप को देखकर विचलित एवं मूढ़ भाव से ग्रसित होकर मोहित हो गए हो। हे मेरे अनन्य! तुम समस्त चिंताओं से पुनः मुक्त हो जाओ। तुम भयरहित और प्रसन्न मन वाला होकर मेरे इस शंख-चक्र-गदा-पद्मयुक्त चतुर्भुज रूप को फिर से देखो।

इस प्रकार से उपर्युक्त श्लोक में चतुर्भुज रूप का दर्शन करने हेतु अर्जुन को आज्ञा देकर भगवान् द्वारा क्या किया गया, अब संजय के द्वारा धृतराष्ट्र के आगे भगवद् स्थिति का वर्णन करते हुए 50वें श्लोक में कहा गया है–

सञ्जय उवाच
इत्यर्जुनं वासुदेवस्तथोक्त्वा
स्वकं रूपं दर्शयामास भूयः ।
आश्वासयामास च भीतमेनं
भूत्वा पुनः सौम्यवपुर्महात्मा ॥ 50 ॥

संजय ने कहा–वासुदेव भगवान् श्रीकृष्ण ने अर्जुन को वैसा ही चतुर्भुज रूप दिखलाया। इसके पश्चात् भगवान् श्रीकृष्ण द्वारा अपने सौम्यमूर्ति रूप (दो भुजाओं वाले रूप) के द्वारा भयभीत अर्जुन को धीरज प्रदान किया गया।

भगवान् श्रीकृष्ण ने अपने विश्वरूप को संवरण करके, चतुर्भुज रूप के दर्शन देने के पश्चात् सौम्य मानव रूप से युक्त हुए और अर्जुन को आश्वस्त किया। 51वें श्लोक में अर्जुन अत्यंत सावधानीपूर्वक भगवान् श्रीकृष्ण से कहते हैं–

अर्जुन उवाच

दष्ट्वेदं मानुषं रूपं तव सौम्यं जनार्दन ।
इदानीमस्मि संवृत्तः सचेताः प्रकृतिं गतः ॥ 51 ॥

जब अर्जुन के द्वारा भगवान् के सौम्य मानव रूप को देखा गया तो अर्जुन ने कहा–हे जनार्दन! आपके इस अत्यंत सुंदर मानवी रूप को देखकर मैंने अब स्थिरचित्त में लौटकर पुनः अपनी प्राकृतिक अवस्था प्राप्त कर ली है।

अर्जुन के वचन सुनकर अब भगवान् श्रीकृष्ण द्वारा 52वें और 53वें श्लोक में अपने चतुर्भुज देवरूप के दर्शन की दुर्लभता और उसकी महिमा का वर्णन करते हुए कहा गया है–

॥ श्रीभगवान् उवाच ॥

सुदुर्दर्शमिदं रूपं दृष्टवानसि यन्मम ।
देवा अप्यस्य रूपस्य नित्यं दर्शनकाङ्क्षिणः ॥ 52 ॥

श्री भगवान् ने कहा–हे अर्जुन! मेरा जो चतुर्भुज रूप तुमने देखा है, उसे देख पाना दुर्लभ है, (जिसको देख पाना कठिन हो) मतलब यह कि इसके दर्शन बड़े ही दुर्लभ हैं। यहां तक कि देवता भी इस अत्यंत प्रिय रूप को देख पाने की आकांक्षा करते रहते हैं।

53वें श्लोक में भगवान् के अद्वितीय रूप को देखना किसी भी साधन से संभव नहीं है–इस बात को बतलाते हुए भगवान् द्वारा कहा गया है–

नाहं वेदैर्न तपसा न दानेन न चेज्यया ।
शक्य एवंविधो द्रष्टुं दृष्टवानसि मां यथा ॥ 53 ॥

हे अर्जुन! तुम्हारे द्वारा अपने दिव्य नेत्रों से जिस रूप का दर्शन किया गया, उसे न तो वेदाध्ययन से, न कठिन तपस्या से, न दान से और न ही पूजा से ही जाना व देखा जा सकता है। कोई भी इन साधनों के द्वारा मुझे इस अद्वितीय रूप में नहीं देख सकता।

उपर्युक्त उपायों के अतिरिक्त किस उपाय के द्वारा आपका दर्शन संभव है, इस जिज्ञासा को शांत करते हुए 54वें श्लोक में भगवान् श्रीकृष्ण कहते हैं–

भक्त्या त्वनन्यया शक्य अहमेवंविधोऽर्जुन ।
ज्ञातुं द्रष्टुं च तत्त्वेन प्रवेष्टुं च परन्तप ॥ 54 ॥

हे अर्जुन! मेरे इस रूप को केवल अनन्य भक्ति के द्वारा ही देखा और समझा जा सकता है। हे परंतप! इसी रूप में मेरा साक्षात् दर्शन भी किया जा सकता है। केवल यही एक विधि है, जिससे तुम्हारे द्वारा मेरे ज्ञान के रहस्य को पाया जा सकता है।

अनन्य भक्ति के माध्यम से ही भगवत्स्वरूप को देखना, जानना और एकीभाव से प्राप्त करना सुलभ है। 55वें श्लोक में अनन्य भक्ति के स्वरूप को जानने की आकांक्षा पर अनन्य

भक्त के स्वरूप के लक्षणों को बतलाते हुए भगवान् श्रीकृष्ण कहते हैं–

मत्कर्मकृन्मत्परमो मद्भक्तः सङ्गवर्जितः ।
निर्वैरः सर्वभूतेषु यः स मामेति पांडव ॥ 55 ॥

हे अर्जुन! जो प्राणी (व्यक्ति) सकाम कर्मों तथा मनोधर्म के कल्मष से मुक्त होकर, केवल मेरी भक्ति में निरंतर लगा रहता है, जिसके द्वारा मेरे लिए ही कर्म किया जाता है, जो मुझे ही जीवन-लक्ष्य समझता है और जो प्रत्येक जीव से मैत्री भाव रखता है, उस प्राणी के द्वारा निश्चय ही मुझे प्राप्त किया जाता है।

11वें अध्याय में अर्जुन द्वारा प्रार्थना करने पर भगवान् श्रीकृष्ण द्वारा अर्जुन को विश्वरूप का दर्शन करवाया गया है। इस अध्याय के अधिकाधिक अंशों में केवल भगवत्स्वरूप के विश्वरूप और उसके स्तवन का ही प्रकरण है; इसलिए इस अध्याय का नाम विद्वत जनों द्वारा 'विश्वरूप दर्शन योग' भी रखा गया है, जो सार्थक है।

॥ ॐ तत्सदिति श्रीमद्भगवद्गीतासूपनिषत्सु ब्रह्मविद्यायां योगशास्त्रे श्रीकृष्णार्जुनसंवादे विश्वरूपदर्शनयोगो नामैकादशोऽध्यायः ॥

अध्याय-12

भक्तियोग

इस अध्याय में सगुण-साकार और निर्गुण-निराकार इन दोनों में से कौन-सा उपासक श्रेष्ठ है–इस बात को जानने की कोशिश अर्जुन के द्वारा की गई है। भगवान् द्वारा दोनों उपासकों का महत्त्व बताते हुए साकार उपासकों को श्रेष्ठ बतलाया गया है। कर्मफल त्याग को सर्वश्रेष्ठ बतलाकर उसका फल तत्काल ही शांति की प्राप्ति होना बतलाया गया है। ज्ञानी और महात्मा भक्तों का लक्षण भी इस अध्याय में वर्णित है। भक्ति तत्त्व की महिमा का विशुद्ध भाव से वर्णन इस अध्याय का मुख्य उपजीव्य है, इसलिए इस अध्याय में भक्तिमूलक वृत्तियों का संपूर्णता से चित्रण किया गया है।

दूसरे अध्याय से लेकर छठे अध्याय तक भगवान् श्रीकृष्ण द्वारा जगह-जगह भक्ति तत्त्व एवं परमेश्वर की उपासना का महत्त्व बतलाया है। सातवें अध्याय से ग्यारहवें अध्याय तक भगवान् के सगुण स्वरूप की महत्ता बतलाई गई है। ग्यारहवें अध्याय के अंत में भगवान् श्रीकृष्ण ने सगुण-साकार भगवत्स्वरूप की अनन्य भक्ति का फल भगवत्-प्राप्ति बतलाकर 'मत्कर्मकृत्' से आरंभ होने वाले अंतिम श्लोक में सगुण-साकार भक्त की विशेषता बतलाई है। ब्रह्मस्वरूप से संबंधित इस जिज्ञासा का जिसमें निर्गुण निराकार की और सगुण-साकार ब्रह्म की उपासना करने वाले हैं, इनमें उत्तम उपासक कौन है–इस जिज्ञासा को प्रकट करते हुए अर्जुन कहते हैं–

अर्जुन उवाच
एवं सततयुक्ता ये भक्तास्त्वां पर्युपासते ।
ये चाप्यक्षरमव्यक्तं तेषां के योगवित्तमाः ॥ 1 ॥

अर्जुन ने कहा–हे प्रभो! जो कुछ अनन्य प्रेमी भक्तगण आपके ध्यान-भजन आदि में लगे रहकर आपके सगुण-साकार ईश्वरीय रूप को निष्ठापूर्वक पूजते हैं और दूसरे जो केवल अविनाशी सच्चिदानंदघन निराकार ब्रह्म को अति श्रेष्ठ भाव से भजते हैं–इन दोनों प्रकार के उपासकों में श्रेष्ठ और उत्तम योगवेत्ता कौन है?

इस तरह से अर्जुन के पूछने पर उत्तर में भगवान् श्रीकृष्ण सगुण-साकार ब्रह्म के उपासकों को श्रेष्ठ बतलाते हुए कहते हैं–

श्रीभगवान् उवाच
मय्यावेश्य मनो ये मां नित्ययुक्ता उपासते ।
श्रद्धया परयोपेतास्ते मे युक्ततमा मताः ॥ 2 ॥

भगवान् ने कहा–मुझमें मन को एकाग्र करके हमेशा मेरे भजन और ध्यान में लगे हुए वे भक्तजन जो अतिशय श्रेष्ठ श्रद्धा से युक्त होकर मुझ सगुण रूप परमात्मा का भजन-चिंतन करते हैं, वे मेरे लिए योगियों में अति उत्तम योगी हैं।

श्लोक संख्या-2 में सगुण-साकार परमेश्वर के उपासकों को उत्तम योगवेत्ता बतलाया है। इस पर जिज्ञासा यह उत्पन्न होती है कि तो क्या निर्गुण-निराकार ब्रह्म के उपासक उत्तम योगवेत्ता नहीं हैं? इस पर भगवान् श्लोक संख्या-3 और 4 में कहते हैं–

ये त्वक्षरमनिर्देश्यमव्यक्तं पर्युपासते ।
सर्वत्रगमचिन्त्यं च कूटस्थमचलं ध्रुवम् ॥ 3 ॥
सन्नियम्येन्द्रियग्रामं सर्वत्र समबुद्धयः ।
ते प्राप्नुवन्ति मामेव सर्वभूतहिते रताः ॥ 4 ॥

जो पुरुष इन्द्रियों को पूरी तरह अपने वश में करके मन, बुद्धि से परे सर्वव्यापी, अकथनीय स्वरूप और हमेशा एकरस रहने वाले नित्य, अचल, निराकार अविनाशी सच्चिदानंदघन ब्रह्म को निरंतर एकाग्र भाव से ध्यान करते हुए भजते हैं, वे संपूर्ण भूतों के हित में रत और सबमें समान भाव वाले योगी मुझको ही प्राप्त होते हैं।

इस प्रकार से निर्गुण-निराकार की उपासना और उसके फल का प्रतिपादन करने के पश्चात् अब 5वें श्लोक में भगवान् श्रीकृष्ण के द्वारा देहधारियों के लिए अव्यक्त गति की प्राप्ति को मुश्किल बतलाते हुए कहा गया है–

क्लेशोऽधिकतरस्तेषामव्यक्तासक्तचेतसाम् ।
अव्यक्ता हि गतिर्दुःखं देहवद्भिरवाप्यते ॥ 5 ॥

जिन प्राणियों के मन परम पिता परमेश्वर के अव्यक्त, निराकार और निर्गुण स्वरूप के प्रति आसक्त हैं, उनके लिए प्रगति कर पाना और साध्य प्राप्त करना कठिन है। देहधारियों के लिए ईश्वर-प्राप्ति के क्षेत्र में प्रगति प्राप्त कर पाना अत्यंत कठिन और दुःसाध्य कार्य है।

इस प्रकार निर्गुण और निराकार ब्रह्म की उपासना से देहधारियों के लिए परमात्मा की प्राप्ति दुष्कर बतलाने के पश्चात् अब भगवान् श्रीकृष्ण के द्वारा श्लोक संख्या-6 एवं 7 में सगुण परमेश्वर की

उपासना से परमेश्वर की प्राप्ति शीघ्र और अनायास होने की बात करते हुए कहा गया है–

ये तु सर्वाणि कर्माणि मयि सन्न्यस्य मत्पराः ।
अनन्येनैव योगेन मां ध्यायन्त उपासते ॥ 6 ॥

जो मेरे परायण रहने वाले भक्तगण संपूर्ण कर्मों को मुझमें अर्पण करके मुझ सगुण एवं साकार रूप परमेश्वर को ही अनन्य भक्तियोग के साथ निरंतर चिंतन करते हुए भजते हैं।

7वें श्लोक में भगवान् श्रीकृष्ण कहते हैं–

तेषामहं समुद्धर्ता मृत्युसंसारसागरात् ।
भवामि नचिरात्पार्थ मय्यावेशितचेतसाम् ॥ 7 ॥

हे अर्जुन! वे भक्तगण जो मुझमें चित्त लगाने वाले हैं, ऐसे प्रेमी भक्तों का मैं शीघ्र ही मृत्यु रूपी संसार-समुद्र से उद्धार करने वाला होता हूं। उपर्युक्त दोनों श्लोकों में निर्गुण-उपासना की अपेक्षा सगुण-उपासना की सुगमता का प्रतिपादन किया गया है। 8वें श्लोक में भगवान् श्रीकृष्ण के द्वारा अर्जुन को सगुण ईश्वर की उपासना मन और बुद्धि को लगाकर करने की आज्ञा देते हुए कहा गया है–

मय्येव मन आधत्स्व मयि बुद्धिं निवेशय ।
निवसिष्यसि मय्येव अत ऊर्ध्वं न संशयः ॥ 8 ॥

हे अर्जुन! तुम मुझमें मन को लगाओ तथा साथ ही मुझमें अपनी

बुद्धि को लगाओ। इसके पश्चात् तुम मुझमें ही निवास करोगे, इसमें कोई भी संशय नहीं है।

9वें श्लोक में भगवान् श्रीकृष्ण द्वारा अर्जुन की इस जिज्ञासा को शांत करने की कोशिश की गई है कि यदि मैं उपर्युक्त विधि से आपमें मन-बुद्धि न लगा सकूं, तो मुझको क्या करना चाहिए? इस पर भगवान् श्रीकृष्ण कहते हैं–

अथ चित्तं समाधातुं न शक्नोषि मयि स्थिरम् ।
अभ्यासयोगेन ततो मामिच्छाप्तुं धनञ्जय ॥ 9 ॥

हे धनंजय! यदि तुम्हारे द्वारा अपने चित्त को अविचल भाव से मुझमें स्थिर नहीं किया जा सकता तो तुम भक्तियोग के विधि-विधानों का पालन करो। तुम मुझे भक्तिपूर्वक प्राप्त करने की चाह उत्पन्न करो।

10वें श्लोक में भगवान् श्रीकृष्ण अर्जुन के माध्यम से स्पष्ट करते हैं कि आम प्राणी द्वारा यदि इस प्रकार का अभ्यास न किया जा सके, तब आम प्राणी को क्या करना चाहिए? इस पर भगवान् श्रीकृष्ण कहते हैं–

अभ्यासेऽप्यसमर्थोऽसि मत्कर्मपरमो भव ।
मदर्थमपि कर्माणि कुर्वन्सिद्धिमवाप्स्यसि ॥ 10 ॥

हे अर्जुन! यदि तुम यह अभ्यास भक्तियोग के विधि-विधानों के द्वारा करने में असमर्थ हो, तो मेरे लिए केवल कर्म करने का प्रयत्न करो, क्योंकि मेरे लिए तथा मेरे निमित्त कर्म करने से तुम पूर्ण अवस्था अर्थात् सिद्धि को प्राप्त हो जाओगे।

11वें श्लोक में अर्जुन (प्राणी-मात्र) की यह जिज्ञासा हो सकती है कि यदि उपर्युक्त विधि के द्वारा आपकी प्राप्ति हेतु मैं कर्म न कर सकूं तो मुझे क्या करना चाहिए, इस पर भगवान् श्रीकृष्ण कहते हैं–

अथैतदप्यशक्तोऽसि कर्तुं मद्योगमाश्रितः ।
सर्वकर्मफलत्यागं ततः कुरु यतात्मवान् ॥ 11 ॥

हे अर्जुन! यदि मेरी प्राप्ति रूपी योग के आश्रय में आकर तुम (प्राणी-मात्र) उपर्युक्त साधन को करने में भी असमर्थ हो तो मन-बुद्धि आदि पर विजय प्राप्त करने वाला होकर समस्त कर्मों के फलों का त्याग करो।

इस अध्याय में छठे श्लोक से आठवें तक अनन्य ध्यान का फलसहित वर्णन किया गया है। नवें से ग्यारहवें श्लोक तक एक प्रकार से साधन में असमर्थ होने पर दूसरा साधन बतलाते हुए अंत में 'सर्वकर्मफल त्याग' रूप साधन का वर्णन किया गया है। इससे यह शंका स्वाभाविक हो सकती है कि 'कर्मफल त्याग' रूप साधन पूर्वोक्त अन्य साधनों की अपेक्षा निम्न श्रेणी का होगा; अतः इस प्रकार की शंका को दूर करने हेतु 12वें श्लोक में कर्मफल का महत्त्व प्रतिपादित करते हुए भगवान् श्रीकृष्ण कहते हैं–

श्रेयो हि ज्ञानमभ्यासाज्ज्ञानाद्ध्यानं विशिष्यते ।
ध्यानात्कर्मफलत्यागस्त्यागाच्छान्तिरनन्तरम् ॥ 12 ॥

अगर तुम यह अभ्यास नहीं कर सकते, तो मर्म समझकर ज्ञान के

अनुशीलन में लग जाओ। मेरे परमात्मा स्वरूप के लिए ज्ञान से भी श्रेष्ठ ध्यान है और ध्यान से भी श्रेष्ठ है कर्म के फलों का परित्याग, क्योंकि कर्मफल का त्याग करने से तत्काल मनुष्य को मन:शांति की प्राप्ति हो सकती है।

ऊपर के श्लोकों में भगवान् की प्राप्ति हेतु भक्ति को अंगीकृत करने वाले अलग-अलग साधनों के साथ ही उनका फल भगवान् श्रीकृष्ण द्वारा बतलाया गया है। भगवान् को प्राप्त हुए प्रेमी भक्तों के लक्षण जानने की इच्छा होने पर अब भगवान् श्रीकृष्ण के द्वारा 13वें श्लोक से लेकर 19वें श्लोक तक भगवत्-प्राप्त ज्ञानी भक्तों के लक्षण बतलाते हुए कहा गया गया है–

अद्वेष्टा सर्वभूतानां मैत्र: करुण एव च।
निर्ममो निरहङ्कार: समदु:खसुख: क्षमी ॥ 13 ॥
सन्तुष्ट: सततं योगी यतात्मा दृढनिश्चय: ।
मय्यर्पितमनोबुद्धिर्यो मद्भक्त: स मे प्रिय: ॥ 14 ॥

जो मनुष्य समस्त प्राणियों में द्वेषभाव से रहित होकर, स्वार्थरहित होकर, सभी का प्रेमी और बिना किसी कारण के सबके लिए दयालुता रखता है तथा जो ममता से रहित, अहंकार से रहित, सुख-दु:खों की प्राप्ति में सम और क्षमा की प्रतिमूर्ति है अर्थात् जो अपराध करने वालों को भी अभय देने वाला है–वह योगिजन जो निरंतर संतुष्ट है और अपने मन तथा इन्द्रियों सहित स्व-शरीर को वश में किए हुए है और जिनका मन मुझमें दृढ़ निश्चय रखने वाला है–वह मन-बुद्धि सहित मुझमें अपने को संपूर्णता से अर्पित करने वाला भक्त मुझे निश्चित रूप से अति प्रिय है।

15वें श्लोक में भगवान् श्रीकृष्ण समभावी भक्त से स्वयं को जोड़ते हुए कहते हैं–

यस्मान्नोद्विजते लोको लोकान्नोद्विजते च यः ।
हर्षामर्षभयोद्वेगैर्मुक्तो यः स च मे प्रियः ॥ 15 ॥

जिससे किसी को कष्ट नहीं पहुंचता तथा साथ ही जो अन्य किसी के द्वारा विचलित नहीं किया जाता–जो पुरुष सुख में, दुख में, भय में, चिंता में समभाव रहता है, वह समभावी भक्त मुझे अन्यंत प्रिय है।

16वें श्लोक में भी भगवान् श्रीकृष्ण द्वारा समभावी भक्त की अतिप्रियता का उल्लेख करते हुए कहा गया है–

अनपेक्षः शुचिर्दक्ष उदासीनो गतव्यथः ।
सर्वारम्भपरित्यागी यो मद्भक्तः स मे प्रियः ॥ 16 ॥

मेरा ऐसा भक्त जो सामान्य कार्य-कलापों पर आश्रित नहीं है, जो अपने कार्यों में दक्ष है, जो शुद्धता से युक्त है और चिंता रहित है, सभी प्रकार के कष्टों से रहित है और साथ ही जो अपने द्वारा किए गए कर्मों हेतु किसी फल के लिए प्रयत्नशील नहीं रहता है, वह मुझे अत्यधिक प्रिय है।

17वें श्लोक में समभावी भक्त के वैशिष्ट्य को और विस्तृत परिप्रेक्ष्य में विवेचित करते हुए भगवान् श्रीकृष्ण कहते हैं–

यो न हृष्यति न द्वेष्टि न शोचति न काङ्क्षति ।
शुभाशुभपरित्यागी भक्तिमान्यः स मे प्रियः ॥ 17 ॥

हे अर्जुन! जो समभावी न तो कभी हर्षित होता है, न कभी शोक
करता है, जिसे न ही कभी पछतावा होता है और न ही किसी
प्रकार की इच्छा रखता है, जिसके द्वारा शुभ एवं अशुभ दोनों ही
प्रकार की वस्तुओं का परित्याग कर दिया जाता है; ऐसा समभावी
भक्त मुझे अत्यधिक प्रिय है।

समभावी अतिप्रिय भक्त की चर्चा करते हुए भगवान् श्रीकृष्ण
18वें श्लोक में कहते हैं–

सम शत्रौ च मित्रे च तथा मानापमानयोः ।
शीतोष्णसुखदुःखेषु समः सङ्गविवर्जितः ॥ 18 ॥

जो शत्रुओं और मित्रों के लिए समान है, जो मान और अपमान–दोनों
स्थितियों में समभावी रहता है, जिसके द्वारा सर्दी और गर्मी दोनों
द्वंद्वयुक्त स्थिति में समानता का अनुभव होता है, जो सुख और दुख
दोनों द्वंद्वों में सम है और आसक्ति से रहित है...।

आगे 19वें श्लोक में भगवान् श्रीकृष्ण द्वारा समभावी भक्त की
अतिप्रियता को बतलाते हुए कहा गया है–

तुल्यनिन्दास्तुतिर्मौनी सन्तुष्टो येन केनचित् ।
अनिकेतः स्थिरमतिर्भक्तिमान्मे प्रियो नरः ॥ 19 ॥

जिसके द्वारा निंदा और स्तुति को समान रूप से समझा जाता है,

जो दूषित (बुरी) संगति से हमेशा दूर रहता है, जो मननशील हो और जो किसी भी प्रकार से शरीर निर्वहन करके सदा संतुष्ट रहता है, जिसके द्वारा किसी भी तरह से घर-बार की परवाह नहीं की जाती अर्थात् जिसमें रहने के स्थान को लेकर ममता और आसक्ति नहीं रहती। जो ज्ञान में दृढ़ है तथा भक्ति में संलग्न है: ऐसा स्थिर पुरुष मुझको अतिप्रिय है।

उपर्युक्त सात श्लोकों में परमात्मा को प्राप्त हुए भक्तों के लक्षण बतलाकर 20वें श्लोक में भगवान् श्रीकृष्ण द्वारा अब उपर्युक्त लक्षणों को आधार बनाकर बड़े प्रयत्न के साथ उनका भली-भांति सेवन करने वाले, परम श्रद्धालु, भक्तों की प्रशंसा करने के लिए, उनको अपना अत्यंत प्रिय बतलाने के साथ ही इस अध्याय का उपसंहार होता है।

ये तु धर्म्यामृतमिदं यथोक्तं पर्युपासते ।
श्रद्दधाना मत्परमा भक्तास्तेऽतीव मे प्रियाः ॥ 20 ॥

जो श्रद्धायुक्त पुरुष मेरे परायण होकर भक्ति के अमरपथ का अनुसरण करते हैं, इसके साथ ही जो पुरुष मुझे ही अपना चरम लक्ष्य मानकर श्रद्धा भाव से संपूर्णता के साथ भक्ति में लगे रहते हैं, वे भक्त मुझे सर्वाधिक प्रिय हैं।

बारहवें अध्याय में दूसरे श्लोक से लेकर अंतिम श्लोक तक भक्तियोग की महिमा बतलाई गई है। भगवान् तक पहुंचने के दिव्य मार्गों के विषय में बतलाया गया है। भक्ति योग के माध्यम से भक्ति-वेदांत सूत्र की व्याख्या भगवान् श्रीकृष्ण के द्वारा की गई है।

अनेक प्रकार के साधनों से रहित भगवान् की भक्ति का वर्णन

एवं भगवद्-भक्तों के लक्षण बतलाकर इस अध्याय को समाप्त किया गया है। इस अध्याय में ज्ञानयोग गौण है और भक्तियोग प्रधान है।

॥ ॐ तत्सदिति श्रीमद्भगवद्गीतासूपनिषत्सु ब्रह्मविद्यायां
योगशास्त्रे श्रीकृष्णार्जुनसंवादे भक्तियोगो
नाम द्वादशोऽध्यायः ॥

अध्याय-13

क्षेत्र-क्षेत्रज्ञविभागयोग

इस अध्याय में शरीर और आत्मा के विषय पर प्रकाश डाला गया है। इस अध्याय के आरंभिक श्लोक में क्षेत्र (शरीर) और क्षेत्रज्ञ (आत्मा) के लक्षण बतलाए गए हैं। इसके पश्चात् क्षेत्र और क्षेत्रज्ञ की एकता एवं स्वरूप का प्रतिपादन हुआ है। तत्त्वज्ञान की प्राप्ति में साधन होने के कारण जिसका नाम ज्ञान रखा गया है, ऐसे 'अमानित्वं' आदि बीस सात्त्विक भावों और आचरणों का वर्णन किया गया है। जानने योग्य परमात्मा के स्वरूप की प्राप्ति, पुरुष एवं प्रकृति प्रकरण प्रकाश, परमात्मा और आत्मा की एकता का प्रतिपादन, प्रकृति-पुरुष को जानने का फल तथा परमात्मा के साक्षात्कार के विविध उपाय की चर्चा की गई है। क्षेत्र एवं क्षेत्रज्ञ के संयोग से समस्त चराचर प्राणियों की उत्पत्ति, परमात्मा के अकर्तृत्व स्वरूप एवं फल तथा महत्त्व आदि के साथ ही आत्मा के प्रभाव एवं क्षेत्रज्ञ (आत्मा) के विभाग को जानने के फल का वर्णन तेहरवें अध्याय का मुख्य उपजीव्य है।

विद्वत्जन के द्वारा इस अध्याय का नाम क्षेत्र-क्षेत्रज्ञ विभागयोग भी रखा गया है, जो एकदम उपयुक्त है।

12वें अध्याय के प्रारंभ में अर्जुन के द्वारा सगुण और निर्गुण ब्रह्म के उपासकों की श्रेष्ठता के विषय में जिज्ञासा प्रकट की गई है। इस जिज्ञासा का उत्तर देते हुए भगवान् श्रीकृष्ण ने सगुण एवं निर्गुण दोनों ब्रह्मों के उपासकों की श्रेष्ठता सिद्ध की है। इतना ही नहीं, भगवान् श्रीकृष्ण के द्वारा सगुण उपासना का महत्त्व, फल, प्रकार और भगवद्-भक्तों के लक्षणों का वर्णन किया गया है। इस अध्याय में निर्गुण ब्रह्म, तत्त्व, महिमा और उसकी प्राप्ति के साधनों को विस्तार से नहीं बतलाया गया है। 13वें अध्याय

में निर्गुण-निराकार का तत्त्व के माध्यम से ज्ञानयोग का विषय भली-भांति समझाने का प्रयास किया गया है।

इस अध्याय के आरंभ में अर्जुन के द्वारा प्रकृति, पुरुष, क्षेत्र, ज्ञान तथा ज्ञेय के विषय में जानने की इच्छा व्यक्त की गई है। पूर्व के अध्यायों में भगवान् की श्रेष्ठता तथा जीव की अधीनावस्था परिभाषित की गई है। अधीनता की वजह से ही जीवात्मा अपनी विस्मृति के कारण कष्ट उठा रही है। जब पुण्य कर्मों के माध्यम से उन्हें प्रकाश मिलता है, तो वे विभिन्न परिस्थितियों में जैसे—आर्त, धनहीन, जिज्ञासु तथा ज्ञान-पिपासु के रूप में जीवात्मा भगवान् के समक्ष पहुंचती है।

13वें अध्याय के आरंभ में इस तत्त्व को प्रकाशित किया गया है कि किस प्रकार जीवात्मा प्रकृति के संपर्क में आती है, जीवात्मा और आत्मा का संबंध क्या है—प्रथम श्लोक में अर्जुन कहते हैं—

अर्जुन उवाच
प्रकृतिं पुरुषं चैव क्षेत्रं क्षेत्रज्ञमेव च ।
एतद्वेदितुमिच्छामि ज्ञानं ज्ञेयं च केशव ॥ 1 ॥

अर्जुन ने कहा—हे केशव! मैं प्रकृति एवं पुरुष (भोक्ता), क्षेत्र एवं क्षेत्रज्ञ तथा ज्ञान एवं ज्ञेय के विषय में जानने की इच्छा रखता हूं।

अध्याय के दूसरे श्लोक में भगवान् श्रीकृष्ण द्वारा क्षेत्र (शरीर) तथा क्षेत्रज्ञ (आत्मा) का लक्षण बतलाते हुए अर्जुन से कहा गया है—

श्रीभगवान् उवाच

इदं शरीरं कौन्तेय क्षेत्रमित्यभिधीयते ।
एतद्यो वेत्ति तं प्राहुः क्षेत्रज्ञ इति तद्विदः ॥ 2 ॥

श्रीभगवान् ने कहा—हे अर्जुन! इस शरीर को क्षेत्र के नाम से जाना
जाता है और इसको जो जानता है, उसको क्षेत्रज्ञ कहते हैं अर्थात्
शरीर क्षेत्र है और आत्मा क्षेत्रज्ञ है। ज्ञानी जनों के द्वारा शरीर और
आत्मा को इन्हीं नामों से अभिहित किया जाता है।

इस प्रकार से क्षेत्र तथा क्षेत्रज्ञ का लक्षण बतलाने के पश्चात्
भगवान् श्रीकृष्ण द्वारा तीसरे श्लोक में क्षेत्रज्ञ और परमात्मा की
एकता को दर्शाकर ज्ञान के लक्षणों का निरूपण करते हुए कहा
गया है—

क्षेत्रज्ञं चापि मां विद्धि सर्वक्षेत्रेषु भारत ।
क्षेत्रक्षेत्रज्ञयोर्ज्ञानं यत्तज्ज्ञानं मतं मम ॥ 3 ॥

हे भरतवंशी अर्जुन! तुम्हें यह ज्ञात होना चाहिए कि मैं ही समस्त
शरीरों का ज्ञाता भी हूं अर्थात् मैं समस्त क्षेत्रों का क्षेत्रज्ञ भी हूं।
क्षेत्र-क्षेत्रज्ञ अर्थात् विकार सहित प्रकृति को जिस तत्त्व के माध्यम
से सांगोपांग जाना जाए, वह ज्ञान है, ऐसा मेरा अभिमत है।

क्षेत्र और क्षेत्रज्ञ यानी शरीर और आत्मा का पूर्ण ज्ञान हो जाने
पर सांसारिक भ्रम का नाश हो जाता है और परमात्मा तत्त्व की
पूर्णतः प्राप्ति हो जाती है। अतः क्षेत्र और क्षेत्रज्ञ के स्वरूपादि को
भली-भांति विभागपूर्वक समझाने के लिए चौथे श्लोक में भगवान्
श्रीकृष्ण कहते हैं—

तत्क्षेत्रं यच्च यादृक्च यद्विकारि यतश्च यत् ।
स च यो यत्प्रभावश्च तत्समासेन शृणु ॥ 4 ॥

हे भरतवंशी अर्जुन! वह क्षेत्र (शरीर) जो है और जैसा है तथा जिन विकारों से युक्त है और जिस कारण से जो हुआ है, साथ ही वह क्षेत्रज्ञ भी है, चाहे वह जिस प्रभाव वाला हो। क्षेत्र और क्षेत्रज्ञ के ज्ञाता को जान लेना ज्ञान कहलाता है। हे अर्जुन! आगे इस विषय पर मेरे संक्षिप्त विचार सुनो।

तीसरे श्लोक में क्षेत्र और क्षेत्रज्ञ के जिस तत्त्व को संक्षेप में सुनाने के लिए भगवान् श्रीकृष्ण कहते हैं। पांचवें श्लोक में उसके विषय में ऋषि, वेद और ब्रह्मसूत्र की उक्ति का प्रमाण देकर भगवान् ऋषि, वेद और ब्रह्मसूत्र को आदर देते हुए कहते हैं–

ऋषिभिर्बहुधा गीतं छन्दोभिर्विविधैः पृथक ।
ब्रह्मसूत्रपदैश्चैव हेतुमद्भिर्विनिश्चितैः ॥ 5 ॥

यह क्षेत्र और क्षेत्रज्ञ शब्द ऋषियों द्वारा विविध प्रकार से कथनीय है, साथ ही विविध प्रकार के वेदमंत्रों द्वारा भी यह विभागपूर्वक कहा गया है। भली-भांति निश्चय किए हुए और युक्तियुक्त ब्रह्मसूत्र के पदों के माध्यम से भी इसे वर्णित किया गया है।

इस उपर्युक्त श्लोक में ऋषि, वेद और ब्रह्मसूत्र द्वारा छठे और सातवें श्लोक में 'यत्' पद से जुड़े हुए उससे संदर्भित विकारों की चर्चा करते हुए कहा गया है–

महाभूतान्यहङ्कारो बुद्धिरव्यक्तमेव च ।
इन्द्रियाणि दशैकं च पञ्च चेन्द्रियगोचराः ॥ 6 ॥

पांच महाभूत–अहंकार, बुद्धि और मूल प्रकृति भी; साथ ही दस इन्द्रियां, एक मन और पांच इन्द्रियों के विषय अर्थात् शब्द, स्पर्श रूप, रस और गंध आदि।

इसके पश्चात् 7वें श्लोक में भगवान् श्रीकृष्ण कहते हैं–

इच्छा द्वेषः सुखं दुःख संघातश्चेतना धृतिः ।
एतत्क्षेत्रं समासेन सविकारमुदाहृतम् ॥ 7 ॥

इच्छा तथा द्वेष, सुख, दुःख, स्थूल देह का पिंड, चेतना और धृति (धैर्य) इन सभी को संक्षेप में कर्म का क्षेत्र तथा उनकी अंतःक्रियाएं अर्थात् विकार कहा जाता है।

महाभूतानि– क्षिति, जल, पावक, गगन और वायु को पांच महाभूत कहते हैं।

अहंकार– यह पंचतन्मात्राओं, मन और समस्त इन्द्रियों का कारण है। यह मैं के भाव से आवृत्त होने के कारण अहंकार कहलाता है।

दस इन्द्रियां– वाणि (वाक्), हाथ (पाणि), पैर (पाद), उपस्थ और गुदा ये पांच कर्मेंद्रियां हैं। श्रोत्त, त्वचा, चक्षु, रसना और घ्राण ये पांच ज्ञानेंद्रियां हैं। इन सभी का कारण अहंकार है।

पांचों इन्द्रियों का गोचर विषय– शब्द, स्पर्श, रूप, रस और गंध पांचों ज्ञानेंद्रियों का स्थूल विषय है।

इच्छा पद का वाचक– जिन पदार्थों को मानव सुख का हेतु

और दु:ख नाशक समझता है। वासना, तृष्णा, आशा, लालसा, स्पृदा आदि इसके अनेक भेद हैं।

द्वेष– जिन पदार्थों का मानव के द्वारा दु:ख का हेतु और सुख का बाधक समझा जाता है; उनमें प्रयुक्त जो विरोध बुद्धि है, उसका नाम द्वेष है। इसके स्थूल रूप, वैर, ईर्ष्या, घृणा एवं क्रोध है।

सुख– अनुकूल की प्राप्ति एवं प्रतिकूल की निवृत्ति से अंत:करण में जो प्रसन्नता की वृत्ति होती है, उसका नाम सुख है।

दु:ख– प्रतिकूल की प्राप्ति एवं अनुकूल के विनष्ट हो जाने पर अंत:करण में जो व्याकुलता होती है, वह दु:ख है। इसे व्यथा, पीड़ा भी कहते हैं।

'सङ्घात' पद– मृत्यु के उपरांत सूक्ष्म शरीर (आत्मा) के निकल जाने के पश्चात् पड़े हुए प्राणविहीन स्थूल शरीर को 'सङ्घात' कहते हैं।

चेतना का अर्थ– अंत:करण की वह ज्ञान शक्ति जिसके माध्यम से सुख-दु:ख एवं समस्त पदार्थों का अनुभव किया जाता है, वह चेतना है।

छठवें और सातवें श्लोक में क्षेत्र के स्वरूप और उसके विकारों का वर्णन करने के बाद क्षेत्र और क्षेत्रज्ञ का जो ज्ञान है, उस ज्ञान को प्राप्त करने के साधनों का 'ज्ञान' के ही नाम से 8वें से 12वें श्लोक तक वर्णन करते हुए भगवान् श्रीकृष्ण अर्जुन से कहते हैं–

अमानित्वमदम्भित्वमहिंसा क्षान्तिरार्जवम् ।
आचार्योपासनं शौचं स्थैर्यमात्मविनिग्रहः ॥ 8 ॥

विनम्रता (अभिमान का अभाव), दंभाचरण का अभाव, किसी भी

प्राणी को किसी प्रकार से न सताने का भाव, क्षमा करने का भाव, मन और वाणी की सरलता, श्रद्धा और भक्ति के साथ गुरु-सेवा का भाव, बाह्य और आंतरिक शुद्धि, अंतःकरण की स्थिरता और मन इन्द्रियों के साथ शरीर का निग्रह–ये ज्ञान के साधन हैं।

नौवें श्लोक में इस क्रम को जारी रखते हुए भगवान् श्रीकृष्ण कहते हैं–

इन्द्रियार्थेषु वैराग्यमनहङ्कार एवं च ।
जन्ममृत्यु जराव्याधिदुःखदोषानुदर्शनम् ॥ 9 ॥

ज्ञान साधन का उल्लेख करते हुए भगवान् श्रीकृष्ण कहते हैं–इहलोक और परलोक के संपूर्ण भोगों में आसक्ति का अभाव साथ ही अहंकार का भी अभाव। जन्म, मृत्यु, जरा और रोगादि की स्थिति में दुःख एवं दोषों पर बार-बार विचार करना ज्ञान-साधन के अंतर्गत आते हैं।

दसवें श्लोक में परमात्मा श्रीकृष्ण कहते हैं–

असक्तिरनभिष्वङ्गः पुत्रदारगृहादिषु ।
नित्यं च समचित्तत्वमिष्टानिष्टोपपत्तिषु ॥ 10 ॥

पुत्र, स्त्री, घर (निवास स्थान) और धन आदि में आसक्ति का अभाव, ममता की स्थिति का अभाव और प्रिय तथा अप्रिय की प्राप्ति में सदा ही चित्त का सम रहना ज्ञान साधन के अंतर्गत आते हैं।

ग्यारहवें श्लोक में भगवान् श्रीकृष्ण द्वारा ज्ञान साधन के क्रम में कहा गया है–

मयि चानन्ययोगेन भक्तिरव्यभिचारिणी ।
विविक्तदेशसेवित्वमरतिर्जनसंसदि ॥ 11 ॥

मुझमें अर्थात् परमेश्वर में अनन्य योग के माध्यम से अव्यभिचारिणी
भक्ति तथा साथ ही एकांत एवं शुद्धता के साथ देश में रहने का
स्वभाव और संसार में रहते हुए भी विषयासक्त मनुष्यों के समुदाय
से प्रेम न रखना–ज्ञान के साधन के क्रम में आता है।

बारहवें श्लोक में ज्ञान-साधन के क्रम को बतलाते हुए
ज्ञान-साधन विषयक स्थिति का उपसंहार करते हुए भगवान् श्रीकृष्ण
कहते हैं–

अध्यात्मज्ञाननित्यत्वं तत्त्वज्ञानार्थदर्शनम् ।
एतज्ज्ञानमिति प्रोक्तमज्ञानं यदतोऽन्यथा ॥ 12 ॥

अध्यात्म ज्ञान में हमेशा अपने आपको अवस्थित रखना और
तत्त्वज्ञान के आधार पर अर्थ रूपी परमात्मा को ही केवल देखना–ये
सब कुछ ज्ञान एवं ज्ञान के साधन हैं। जो इन सबके विपरीत है,
वह केवल अज्ञान है–ऐसा कहा गया है।

इस तरह से ज्ञान के साधनों का 'ज्ञान' के नाम से वर्णन सुनने
पर स्वभावत: यह जिज्ञासा उत्पन्न हो सकती है कि इन साधनों द्वारा
प्राप्त 'ज्ञान' से जानने योग्य वस्तु आखिर क्या है? और उसे जान
लेने से क्या होता है? इस जिज्ञासा का उत्तर देने हेतु भगवान् श्रीकृष्ण
द्वारा अब जानने योग्य वस्तु के स्वरूप का वर्णन, उसके जानने का
फल 'अमृत्व की प्राप्ति' आदि बतलाने के साथ ही 13वें से 18वें
श्लोक तक जानने योग्य परमात्मा स्वरूप का वर्णन किया गया है।

तेरहवें श्लोक में ब्रह्म के स्वरूप को बतलाते हुए भगवान् श्रीकृष्ण कहते हैं–

ज्ञेयं यत्तत्प्रवक्ष्यामि यज्ज्ञात्वामृतमश्नुते ।
अनादिमत्परं ब्रह्म न सत्तन्नासदुच्यते ॥ 13 ॥

जो जानने लायक है तथा जिसको जानने के साथ ही मनुष्य परमानंद को प्राप्त होता है। उसको मैं भली-भांति बतलाता हूं–वह अनादि स्वरूप वाला ब्रह्म न सत् ही कहा जाता है और न ही असत्।

इस प्रकार 13वें श्लोक में ज्ञेय तत्त्व की प्रतिज्ञा पूरी कर एवं उसके स्वरूप का संक्षेप में वर्णन करते हैं। ज्ञेय तत्त्व अत्यंत व्यापक है, इसलिए साधकों को उसका ज्ञान कराने के लिए 14वें श्लोक में इसके सर्वव्यापकता युक्त लक्षणों का विस्तारपूर्वक वर्णन करते हुए भगवान् श्रीकृष्ण कहते हैं–

सर्वतः पाणिपादं तत्सर्वतोऽक्षिशिरोमुखम् ।
सर्वतः श्रुतिमल्लोके सर्वमावृत्य तिष्ठति ॥ 14 ॥

वह ज्ञेय तत्त्व (परमात्मा) सब ओर हाथ-पैर वाला, सभी ओर नेत्र वाला, सिर और मुख वाला तथा सभी तरफ कान वाला है, क्योंकि उसी के अंदर संसार के समस्त तत्त्व व्याप्त एवं स्थित हैं।

ज्ञेय स्वरूप परमात्मा को सभी ओर से हाथ, पैर आदि सभी इन्द्रियों से शक्तिसंपन्न बतलाने के पश्चात् अब भगवान् श्रीकृष्ण के द्वारा परमात्मा के स्वरूप की अलौकिकता का वर्णन 15वें श्लोक में करते हुए कहा गया है–

सर्वेन्द्रियगुणाभास सर्वेन्द्रियविवर्जितम् ।
असक्तं सर्वभृच्चैव निर्गुणं गुणभोक्तृ च ॥ 15 ॥

वह ज्ञेय परमात्मा समस्त इन्द्रियों के विषयों की जानकारी रखने वाला है; इसके बावजूद भी वास्तविकता के धरातल पर समस्त इन्द्रियों से रहित है। वह ज्ञेय परमात्मा आसक्ति रहित होने पर भी सबका भरण-पोषण करने वाला है और निर्गुण होते हुए भी गुणों को भोगने वाला है।

16वें श्लोक में ज्ञेय परमात्म-तत्त्व की स्थिति को बतलाते हुए भगवान् श्रीकृष्ण कहते हैं–

बहिरन्तश्च भूतानामचरं चरमेव च ।
सूक्ष्मत्वात्तदविज्ञेयं दूरस्थं चान्तिके च तत् ॥ 16 ॥

वह ज्ञेय परमात्मा चराचर अर्थात् समस्त प्राणियों (भूतों) के बाहर-भीतर परिपूर्ण है तथा साथ ही चर और अचर रूप भी वही है। वह परम तत्त्व सूक्ष्म होने के कारण अविज्ञेय है और अति समीप तथा दूर भी वही स्थित है।

17वें श्लोक में भगवान् श्रीकृष्ण द्वारा ज्ञेय परमात्मा तत्त्व के सृजन, पालन एवं संहार स्वरूप की चर्चा करते हुए कहा गया है–

अविभक्तं च भूतेषु विभक्तमिव च स्थितम् ।
भूतभर्तृ च तज्ज्ञेयं ग्रसिष्णु प्रभविष्णु च ॥ 17 ॥

वह ज्ञेय परमात्मा स्वरूप यद्यपि समस्त जीवों के बीच में विभाजित

प्रतीत होता है, लेकिन वह कभी भी विभाजित नहीं है। परमात्मा विभागरहित है। वह ज्ञेय परमात्मा विष्णु रूप से भूतों को धारण करने के साथ ही पालन-पोषण करने वाला है। वह रूद्र रूप में संसार का संहारक है और ब्रह्म रूप में समस्त सृष्टि का उत्पन्न कर्ता है।

18वें श्लोक में सभी के हृदय में विशिष्ट रूप से अवस्थित ज्ञेय परमात्मा तत्त्व का वर्णन करते हुए भगवान् श्रीकृष्ण कहते हैं–

ज्योतिषामपि तज्ज्योतिस्तमसः परमुच्यते ।
ज्ञानं ज्ञेयं ज्ञानगम्यं हृदि सर्वस्य विष्ठितम् ॥ 18 ॥

वह परब्रह्म परमात्मा ज्योतियों (प्रकाश) का भी ज्योति रूप (प्रकाश रूप) है और माया अर्थात् भौतिक अंधकार से परे है।

वह परमात्मा बोधस्वरूप, जानने के योग्य एवं तत्त्वज्ञान के माध्यम से प्राप्त करने योग्य है अर्थात् वह अगोचर होते हुए भी ज्ञान से ज्ञेय एवं ज्ञान का लक्ष्य है। वह ज्ञेय परमात्मा सबके हृदय में विशेष रूप से स्थित है।

18वें श्लोक में क्षेत्र, ज्ञान और ज्ञेय के स्वरूप का संक्षेप में वर्णन करने के पश्चात् 19वें श्लोक में इस प्रकरण को जानने का फल बतलाते हुए कहा गया है–

इति क्षेत्रं तथा ज्ञानं ज्ञेयं चोक्तं समासतः ।
मद्भक्त एतद्विज्ञाय मद्भावायोपपद्यते ॥ 19 ॥

इस प्रकार मैंने कर्मक्षेत्र (शरीर) ज्ञान तथा ज्ञेय का संक्षेप में वर्णन

किया है। इस तत्त्व को केवल मेरे भक्त ही पूरी तरह समझ सकते हैं और इस तरह से मेरे स्वभाव को प्राप्त होते हैं।

इस अध्याय के तीसरे श्लोक में भगवान् श्रीकृष्ण द्वारा क्षेत्र के विषय में चार बातें और क्षेत्रज्ञ के विषय में दो बातें संक्षेप में सुनने के लिए अर्जुन ने कहा था, फिर विषय आरंभ करते ही क्षेत्र के स्वरूप का और उसके विकारों का वर्णन करने के उपरांत क्षेत्र और क्षेत्रज्ञ के तत्त्व को भली-भांति जानने के उपायभूत साधनों का और जानने योग्य परमात्मा के स्वरूप का वर्णन प्रसंगवश किया गया। इससे क्षेत्र के विषय में उसके स्वभाव का और किस कारण से कौन-सा कार्य उत्पन्न होता है, इस विषय का तथा प्रभाव सहित क्षेत्रज्ञ के स्वरूप का भी वर्णन नहीं हुआ। अत: इन सभी का वर्णन करने हेतु भगवान् द्वारा पुन: प्रकृति और पुरुष नामक प्रकरण का आरंभ किया जाता है। 20वें श्लोक में प्रकृति पुरुष की अनादिता का सम्यक् प्रतिपादन करते हुए समस्त गुण और विकारों को प्रकृतिजन्य बतलाते हुए भगवान् श्रीकृष्ण कहते हैं–

प्रकृतिं पुरुषं चैव विद्ध्यनादी उभावपि ।
विकारांश्च गुणांश्चैव विद्धि प्रकृतिसंभवान् ॥ 20 ॥

हे अर्जुन! प्रकृति एवं पुरुष (प्रकृति प्रदत्त चीजों) को तुम अनादि समझो। राग-द्वेषादि विकारों को तथा त्रिगुणात्मक (सत्व, रज, तम) संपूर्ण पदार्थों को भी प्रकृति से उत्पन्न हुआ जानो।

20वें श्लोक के उत्तरार्ध में जो भगवान् श्रीकृष्ण ने कहा है, उसी को 21वें और 22वें श्लोक में वर्णित करते हुए कहते हैं–

कार्यकरणकर्तृत्वे हेतुः प्रकृतिरुच्यते ।
पुरुषः सुखदुःखानां भोक्तृत्वे हेतुरुच्यते ॥ 21 ॥

यह प्रकृति समस्त भौतिक कारणों और कार्यों (परिणामों) की हेतु
कही जाती है और पुरुष (जीवात्मा) इस संसार में विविध प्रकार
के सुख-दुख के भोग का कारण कहा जाता है।

22वें श्लोक में भगवान् श्रीकृष्ण गुणविषयक स्थिति को
बतलाते हुए कहते हैं–

पुरुषः प्रकृतिस्थो हि भुङ्क्ते प्रकृतिजान्गुणान् ।
कारणं गुणसङ्गोऽस्य सदसद्योनिजन्मसु ॥ 22 ॥

इस तरह से जीव के द्वारा तीनों गुणों का उपभोग किया जाता है।
तीनों गुणों का उपभोग करता हुआ वह जीव प्रकृति में ही अपना
जीवन व्यतीत करता है। यह उस प्रकृति के साथ पुरुष के संगति
का मूल कारण है। इसी आधार पर जीव की योनियों का निर्धारण
होता है, उसे उत्तम और अधम योनियां मिलती हैं।

प्रकृतिस्थ पुरुष के स्वरूप वर्णन के पश्चात् अब 23वें श्लोक
में जीवात्मा और परमात्मा में एकत्व स्थापित करते हुए भगवान्
श्रीकृष्ण आत्मा के गुणतीत स्वरूप का वर्णन करते हुए कहते हैं–

उपद्रष्टानुमन्ता च भर्ता भोक्ता महेश्वरः ।
परमात्मेति चाप्युक्तो देहेऽस्मिन्पुरुषः परः ॥ 23 ॥

इस शरीर में अवस्थित यह आत्मा, वास्तव में परमात्मा ही है।

वही साक्षी होने की स्थिति में उपद्रष्टा और यथार्थ सम्मति देने वाला होने से अनुमन्ता, सभी को धारण एवं भरण-पोषण करने से भर्ता, जीवरूप में होने से भोक्ता, ब्रह्मादि का स्वामी होने के कारण महेश्वर और शुद्ध सच्चिदानंदघन होने से परमात्मा है–ऐसा कहा गया है।

आत्म तत्त्व के परमात्म स्वरूप को बतलाने के पश्चात् यानी गुणों सहित प्रकृति और पुरुष के स्वरूप के वर्णन करने के बाद अब 24वें श्लोक में इसको यथार्थ रूप में जानने का फल बतलाते हुए भगवान् श्रीकृष्ण कहते हैं–

य एवं वेत्ति पुरुषं प्रकृतिं च गुणै: सह ।
सर्वथा वर्तमानोऽपि न स भूयोऽभिजायते ॥ 24 ॥

इस प्रकार से पुरुष को और गुणादि सहित प्रकृति को जो मनुष्य तत्त्व से जानता है, उसकी मुक्ति सुनिश्चित हो जाती है। उसका वर्तमान परिवेश चाहे जैसा भी हो, यहां (मृत्युलोक में) में उसका पुनर्जन्म नहीं होता।

इस प्रकार गुणों के साथ प्रकृति और पुरुष के ज्ञान का महत्त्व सुनकर इस इच्छा का आविर्भाव हो सकता है कि ऐसा ज्ञान कैसे होता है? श्लोक संख्या-24 एवं 25 में भिन्न-भिन्न अधिकारियों के लिए तत्त्वज्ञान के अलग-अलग साधनों का प्रतिपादन करते हुए भगवान् श्रीकृष्ण कहते हैं–

ध्यानेनात्मनि पश्यन्ति केचिदात्मानमात्मना ।
अन्ये साङ्ख्येन योगेन कर्मयोगेन चापरे ॥ 25 ॥

उस परम तत्त्व परमात्मा को बहुत सारे भक्तजन शुद्ध हुई सूक्ष्म बुद्धि से ध्यान के द्वारा हृदय में देखते हैं। कुछ अन्य बहुत सारे भक्तजन ज्ञानयोग के द्वारा देखते हैं और दूसरे अन्य कितने ही कर्मयोग के द्वारा देखते है अर्थात् मुझे प्राप्त करते हैं।

साधन चतुष्ट्य के अंतर्गत विवेक, वैराग्य, षट्संपत्ति और मुमुक्षुत्व ये चार साधन आते हैं–

1. **विवेक**–सत्-असत् तथा नित्य-अनित्य वस्तु के विवेचन का आधार विवेक है।

2. **वैराग्य**–विवेक के द्वारा सत्-असत् और नित्य-अनित्य को अलग करने के बाद असत् और अनित्य से सहज ही प्रेम हट जाता है, इसी का नाम वैराग्य है।

3. **षट्संपत्ति**–विवेक और वैराग्य के बाद साधक को छ: विभागों वाली परम संपत्ति मिलती है, जो 'षट्संपत्ति' कहलाती है। ये छ: संपत्तियां निम्नलिखित हैं–

   शम, दम, उपरति, तितिक्षा, श्रद्धा और समाधान।

   शम–मन का पूर्णरूपेण निगृहीत, निश्चल और शांत हो जाना शम है।

   दम–इन्द्रियों को पूर्णरूपेण निगृहीत और विषयों के रसास्वादन से रहित हो जाना दम है।

   उपरति–विषयों से चित्त का उपरत हो जाना (अलग हो जाना) उपरति है।

   तितिक्षा–द्वंद्वों को सहन करना तितिक्षा है। द्वंद्व जगत्

से ऊपर उठकर साक्षी होकर द्वंद्वों का देखना वास्तविक तितिक्षा है।

श्रद्धा—आत्मसत्ता में प्रत्यक्ष की तरह अखंड विश्वास का नाम श्रद्धा है।

समाधान—मन और बुद्धि का पूर्णतया परमात्मा में समाहित हो जाना और निरंतर लक्ष्य वस्तु ब्रह्म के ही दर्शन होते रहना यही समाधान है।

मुमुक्षुत्व—जब विवेक, वैराग्य और षट्संपत्ति की प्राप्ति हो जाती है, तब साधक स्वाभाविक ही अविद्या के बंधन से सर्वथा मुक्त होना चाहता है और वह सब ओर से चित्त हटाकर किसी ओर भी न ताककर एकमात्र परमात्मा की ओर ही दौड़ना अर्थात् तीव्र साधन ही उस परमात्मा को पाने की तीव्रतम लालसा का परिचय देता है, यही मुमुक्षुत्व है।

26वें श्लोक में भगवान् श्रीकृष्ण मन, बुद्धि वाले श्रवण-उपासना परायण पुरुषों की चर्चा करते हुए कहते हैं—

अन्ये त्वेवमजानन्तः श्रुत्वान्येभ्य उपासते ।
तेऽपि चातितरन्त्येव मृत्युं श्रुतिपरायणाः ॥ 26 ॥

ऐसे भी पुरुष हैं, जो यद्यपि आध्यात्मिक ज्ञान से अवगत नहीं होते, पर अन्यों से परम पुरुष परमात्मा के विषय में सुनकर उनकी पूजा करने लगते हैं। ये लोग भी प्रामाणिक पुरुषों से श्रवण करने की मनोवृत्ति होने के कारण जन्म तथा मृत्यु के पथ को पार कर जाते हैं।

इस प्रकार परमात्मा संबंधी तत्त्वज्ञान के भिन्न-भिन्न साधनों का प्रतिपादन करके अब तीसरे श्लोक में जो 'यादृक्' पद से क्षेत्र के स्वभाव को सुनने के लिए कहा था, उसके अनुसार भगवान् दो श्लोकों द्वारा उस क्षेत्र को उत्पत्ति-विनाशशील बतलाकर उसके स्वभाव का वर्णन करते हुए आत्मा के यथार्थ तत्त्व को जानने वाले की प्रशंसा करते हुए भगवान् श्रीकृष्ण 27वें श्लोक में कहते हैं–

यावत्सञ्जायते किञ्चित्सत्त्वं स्थावरजङ्गमम् ।
क्षेत्रक्षेत्रज्ञसंयोगात्तद्विद्धि भरतर्षभ ॥ 27 ॥

हे भरतवंशियों में श्रेष्ठ अर्जुन! यह स्पष्ट रूप से जान लो कि चर तथा अचर जो भी तुम्हें अस्तित्व में दृष्टिगत हो रहा है, यह कर्मक्षेत्र तथा क्षेत्र के ज्ञाता का संयोग-मात्र ही है। यह सभी स्थावर-जंगम प्राणी क्षेत्र और क्षेत्रज्ञ के संयोग से ही उत्पन्न होता है। 28वें श्लोक में भगवान् श्रीकृष्ण द्वारा और नाशरहित स्थिति को बतलाया गया है–

समं सर्वेषु भूतेषु तिष्ठन्तं परमेश्वरम् ।
विनश्यत्स्वविनश्यन्तं यः पश्यति स पश्यति ॥ 28 ॥

जो पुरुष नष्ट होते हुए सभी चर और अचर प्राणियों (भूतों) में परमेश्वर को नाशरहित और समभाव से स्थित देखता है, वही यथार्थ को देखता है।

समं पश्यन्हि सर्वत्र समवस्थितमीश्वरम् ।
न हिनस्त्यात्मनात्मनं ततो याति परां गातिम् ॥ 29 ॥

जो पुरुष सभी प्रणियों में समभाव से स्थित परमेश्वर को समान रूप से देखते हुए स्वयं को नष्ट हुआ नहीं मानता, वह परम गति को प्राप्त करता है।

उस परमेश्वर का जो सब भूतों (प्राणियों) में नाशरहित और समभाव से देखने का महत्त्व और फल बतलाने के पश्चात् 30वें श्लोक में आत्मा के अकर्ता होने के दर्शन कराते हुए भगवान् श्रीकृष्ण कहते हैं–

प्रकृत्यैव च कर्माणि क्रियमाणानि सर्वशः ।
यः पश्यति तथात्मानमकर्तारं स पश्यति ॥ 30 ॥

जिसके द्वारा यह देखा जाता है कि समस्त कार्य शरीर के द्वारा ही संपन्न किए जाते हैं, जिसकी उत्पत्ति प्रकृति से हुई है और जो देखता है कि आत्मा के द्वारा कुछ भी नहीं करता; (अर्थात् जो आत्मा को अकर्ता के रूप में देखता है) वही यथार्थ में द्रष्टा है और यथार्थ को देखता है।

30वें श्लोक में आत्मा के अकर्तृत्व की महिमा के पश्चात् 31वें श्लोक में भगवान् श्रीकृष्ण अब आत्मा के एकत्व दर्शन का फल बतलाते हुए कहते हैं–

यदा भूतपृथग्भावमेकस्थमनुपश्यति ।
तत एव च विस्तारं ब्रह्म सम्पद्यते तदा ॥ 31 ॥

जिस समय विवेकयुक्त पुरुष प्राणियों (भूतों) के अलग-अलग
भाव को एक परमात्मा में ही स्थित और उस परमात्मा से ही
संपूर्ण प्राणियों (भूतों) का विस्तार देखता है, वह पुरुष उसी क्षण
सच्चिदानंदघन ब्रह्म को प्राप्त कर लेता है।

उपर्युक्त श्लोकों में जिस प्रकार आत्मा को सब प्राणियों में
समभाव से अवस्थित, निर्विकार और अकर्ता बतलाया गया है, इससे
यह जानने की जिज्ञासा होती है कि समस्त शरीरों में व्याप्त आत्मा
शारीरिक दोषों से निर्लिप्त और अकर्ता कैसे रह सकता है? इस
शंका का समाधान करने हेतु अब भगवान् श्रीकृष्ण 32वें 33वें और
34वें श्लोक में आत्मा के प्रभाव का वर्णन करते हुए कहते हैं–

अनादित्वान्निर्गुणत्वात्परमात्मायमव्ययः ।
शरीरस्थोऽपि कौन्तेय न करोति न लिप्यते ॥ 32 ॥

हे अर्जुन! अनादि होने से और स्वरूपतः निर्गुण होने से यह
अविनाशी परमात्मा रूपी आत्मा शरीर में स्थित होने पर भी वास्तव
में न तो कुछ करता है और न ही लिप्त होता है।

33वें श्लोक में शरीर में स्थित होने के बाद भी आत्मा शरीर
से क्यों नहीं लिप्त होता है, इस रहस्य को समझाते हुए भगवान्
श्रीकृष्ण कहते हैं–

यथा सर्वगतं सौक्ष्म्यादाकाशं नोपलिप्यते ।
सर्वत्रावस्थितो देहे तथात्मा नोपलिप्यते ॥ 33 ॥

जिस प्रकार हर तरफ (सर्वत्र) फैला हुआ (व्याप्त) आकाश सूक्ष्म होने के कारण लिप्त नहीं होता, ठीक उसी प्रकार से प्राणियों के शरीर में सर्वत्र स्थित आत्मा निर्गुण होने के कारण शारीरिक गुणों से लिप्त नहीं होता है।

34वें श्लोक में भगवान् श्रीकृष्ण द्वारा शरीर में स्थित आत्मा के अकर्तृत्व पर प्रकाश डालते हुए कहा गया है–

यथा प्रकाशयत्येकः कृत्स्नं लोकमिमं रविः ।
क्षेत्रं क्षेत्री तथा कृत्स्नं प्रकाशयति भारत ॥ 34 ॥

हे भारत! हे अर्जुन! जिस प्रकार एक ही सूर्य के द्वारा इस संपूर्ण ब्रह्मांड को प्रकाशित किया जाता है; ठीक उसी प्रकार एक ही आत्मा संपूर्ण क्षेत्र को प्रकाशित करता है अर्थात् शरीर में आत्मा की स्थिति प्रकाशपुंज की है।

इस अध्याय में वर्णित जिन छः तथ्यों को समझाने का पूर्व में भगवान् द्वारा प्रयास किया गया है; उसका वर्णन करके अब इस अध्याय में वर्णित समस्त उपदेश को भली-भांति समझने का फल परब्रह्म परमात्मा की प्राप्ति को बतलाते हुए भगवान् श्रीकृष्ण इस अध्याय के 35वें श्लोक में कहते हैं–

क्षेत्रक्षेत्रज्ञयोरेवमन्तरं ज्ञानचक्षुषा ।
भूतप्रकृतिमोक्षं च ये विदुर्यान्ति ते परम् ॥ 35 ॥

इस प्रकार क्षेत्र और क्षेत्रज्ञ के भेद को बतलाते हुए भगवान् श्रीकृष्ण
कहते हैं, जो लोग ज्ञान के चक्षुओं से शरीर और शरीर के ज्ञाता
के अंतर को देखते हैं और बाधाओं के बंधन से मुक्ति की विधि
को भी जानते हैं, उन्हें परम लक्ष्य प्राप्त होता है। वे महात्मा लोग
परमब्रह्म परमात्मा को प्राप्त होते हैं।

तेरहवें अध्याय में क्षेत्र एवं क्षेत्रज्ञ के परस्पर विलक्षण औचित्य
को दर्शाया गया है। केवल अज्ञान के कारण ही लोगों को एक दूसरे
की एकता-सी प्रतीत होती है। क्षेत्र (शरीर) जड़ विकारी, क्षणिक
और नाशवान है एवं क्षेत्रज्ञ (आत्मा) चेतन, ज्ञानस्वरूप, निर्विकार,
नित्य और अविनाशी है। क्षेत्र और क्षेत्रज्ञ दोनों के स्वरूप का अत्यंत
व्यवस्थित चित्रण इस अध्याय का मूल उपजीव्य है। इस अध्याय में
वर्णित तथ्य चिंतनपरक तथा साक्षात्कारपरक है। मनुष्य को चाहिए
कि विद्वत्जन (योग्य गुरु) के निर्देशन में क्षेत्र और क्षेत्रज्ञ के रहस्य
को ठीक ढंग से समझें। इस अध्याय में जिन विषयों को वर्णित
किया गया है, उनका संबंध प्रकृति, पुरुष और चैतन्यता से संदर्भित
है। इस आधार पर इसका एक नाम प्रकृति-पुरुष-चेतना भी रखना
युक्तिसंगत एवं तर्कपूर्ण है।

॥ ॐ तत्सदिति श्रीमद्भगवद्गीतासूपनिषत्सु ब्रह्मविद्यायां
योगशास्त्रे श्रीकृष्णार्जुनसंवादे क्षेत्र-क्षेत्रज्ञविभागयोगो
नाम त्रयोदशोऽध्यायः ॥

अध्याय-14

गुणत्रयविभागयोग

14वें अध्याय में ज्ञान की महिमा, प्रकृति-पुरुष संबंध और प्राणियों की उत्पत्ति, गुण और जीवात्म-बंधन, त्रिगुणों का स्वरूप एवं लक्षण, गुणों का क्रमिक उत्थान एवं ह्रास से उत्पन्न स्थिति, गुण, वृद्धि और मृत्यु की स्थिति का भी विवेचन किया गया है। त्रिगुण के कर्म एवं कर्मफल, गुणों के अनुरूप जीवात्मा की गति, समस्त कर्मों के कर्तृत्व का आधार गुण को बतलाया गया है।

आत्मतत्त्व (आत्मा) को गुणातीत बतलाया गया है। गुणातीत पुरुष के लक्षणों पर भी चर्चा करने का निवेदन अर्जुन के द्वारा किया गया है, गुणातीत होने के उपायों के संदर्भ में जिज्ञासा निवेदित की गई है। भगवान् द्वारा ब्रह्म, अमृत, अव्यय आदि को अपना ही स्वरूप बतलाया गया है।

इस अध्याय में चूंकि तीनों गुणों—सत्व, रज, तम की चर्चा ही मुख्यत: की गई है, इसलिए इस अध्याय का नाम विद्वत् समूह द्वारा प्रकृतिगत तीन गुण अथवा 'गुणत्रय विभाग योग' रखा गया है, जो विषय की उपादेयता को ध्यान में रखते हुए समुचित है।

तेरहवें अध्याय में क्षेत्र और क्षेत्रज्ञ (शरीर और आत्मा) के लक्षणों को निर्देशित कर दोनों के विषय में अपेक्षित ज्ञान रखने को ही ज्ञान कहा गया है। इसी के अनुसार क्षेत्र के स्वरूप, स्वभाव, विकार और उसके तत्त्वों की उत्पत्ति के क्रम को तथा क्षेत्रज्ञ के स्वरूप और प्रभाव का वर्णन किया गया है। इसी अध्याय में गुणों को प्रकृतिजन्य बतलाया गया है तथा मनुष्य के परिवर्तित जन्म को गणाधारित बतलाया गया है। गुणों के अलग-अलग स्वरूप क्या हैं? ये जीवात्मा को किस प्रकार शरीर में बांधते हैं। किस गुण के संग से किस योनि में जन्म लेते हैं? गुणों से छूटने का उपाय, गुणों से

छूटे हुए पुरुषों के लक्षण तथा आचरण की स्थिति—ये समस्त बातें जानने की स्वभावत: इच्छा होती है।

भगवान् श्रीकृष्ण द्वारा 13वें अध्याय में वर्णित ज्ञान को 14वें अध्याय में भगवान् द्वारा विस्तारपूर्वक समझाया गया है। भगवान् श्रीकृष्ण द्वारा पहले और दूसरे दोनों श्लोकों में ज्ञान के महत्त्व को प्रतिपादित करते हुए कहा गया है–

श्रीभगवान् उवाच
परं भूय: प्रवक्ष्यामि ज्ञानानां ज्ञानमुत्तमम् ।
यज्ज्ञात्वा मुनय: सर्वे परां सिद्धिमितोगता: ॥ 1 ॥

श्रीभगवान् बोले–मैं तुमसे ज्ञानों में श्रेष्ठ, अति उत्तम उस परम ज्ञान को पुन: कहूंगा, जिसको जानकर समस्त मुनिजन इस संसार से मुक्ति प्राप्त कर परम सिद्धि को प्राप्त हो गए हैं।

दूसरे श्लोक में सृष्टि के आदि से प्रलयकालीन स्थिति तक ज्ञान प्राप्त पुरुष के अस्तित्व का उल्लेख करते हुए भगवान् श्रीकृष्ण अर्जुन से कहते हैं–

इदं ज्ञानमुपाश्रित्य मम साधर्म्यमागता: ।
सर्गेऽपि नोपजायन्ते प्रलये न व्यथन्ति च ॥ 2 ॥

इदं परम ज्ञान का आश्रय करके मनुष्य (पुरुष) मेरे समान दिव्य प्रकृति को प्राप्त कर लेता है। परम ज्ञान से आश्रित पुरुष न तो सृष्टि के आरंभ में उत्पन्न होता है और न ही सृष्ट्यांत के समय वह विचलित होता है।

तीसरे श्लोक में ब्रह्म नामक मूल प्रकृति की चर्चा करते हुए भगवान् श्रीकृष्ण कहते हैं–

मम योनिर्महद्ब्रह्म तस्मिन्गर्भं दधाम्यहम् ।
सम्भवः सर्वभूतानां ततो भवति भारत ॥ 3 ॥

हे अर्जुन! मेरी महत्त ब्रह्म रूपी मूल प्रकृति संपूर्ण भूतों (प्राणियों) की योनि है अर्थात् गर्भधारण करने का स्थान है और मेरे द्वारा उस योनि मे चेतन-समुदाय रूपी गर्भ की स्थापना की जाती है। उस जड़-चेतन के संयोग से समस्त भूतों (प्राणियों) की उत्पत्ति होती है।

समस्त योनियों में उत्पन्न प्राणियों से स्वयं को जोड़ते हुए भगवान् श्रीकृष्ण चौथे श्लोक में कहते हैं–

सर्वयोनिषु कौन्तेय मूर्तयः सम्भवन्ति याः ।
तासां ब्रह्म महद्योनिरहं बीजप्रदः पिता ॥ 4 ॥

हे अर्जुन! नाना प्रकार की समस्त योनियों में जितनी मूर्तियां अर्थात् शरीरधारी प्राणी उत्पन्न होते हैं, उनके संदर्भ में मैं बतलाना चाहूंगा कि प्रकृति तो उन सबको गर्भ में धारण करने वाली माता है और मैं बीज को स्थापित करने वाला पिता हूं।

प्रकृति-प्रदत्त गुण जो अविनाशी जीवात्मा को बांधते हैं, उनकी चर्चा करते हुए भगवान् श्रीकृष्ण पांचवें श्लोक में कहते हैं–

सत्त्वं रजस्तम इति गुणाः प्रकृति सम्भवाः ।
निबध्नन्ति महाबाहो देहे देहिनमव्ययम् ॥ 5 ॥

हे अर्जुन! सत्त्वगुण, रजोगुण और तमोगुण–ये प्रकृति से उत्पन्न तीन गुण हैं। ये तीनों गुण अविनाशी जीवात्मा को शरीर में बांधते हैं।

छठे श्लोक में भगवान् श्रीकृष्ण द्वारा सत्त्वगुण का स्वरूप और उसके द्वारा जीवात्मा के बांधे जाने को बतलाते हुए कहा गया है–

तत्र सत्वं निर्मलत्वात्प्रकाशकमनामयम् ।
सुखसङ्गेन बध्नाति ज्ञानसङ्गेन चानघ ॥ 6 ॥

अर्जुन को संबोधित करते हुए भगवान् श्रीकृष्ण कहते हैं–हे निष्पाप! इन तीनों गुणों में सत्त्वगुण अति निर्मल होने के कारण प्रकाश प्रदाता और विकाररहित है। सत्त्व गुण सुख के संबंध से और ज्ञान के संबंध से अर्थात् उसके अभिमान से बांधता है।

सातवें श्लोक में भगवान् श्रीकृष्ण के द्वारा रजोगुण का स्वरूप और उसके द्वारा जीवात्मा को बांधे जाने की स्थिति को बतलाते हुए कहा गया है–

रजो रागात्मकं विद्धि तृष्णासङ्गसमुद्भवम् ।
तन्निबध्नाति कौन्तेय कर्मसङ्गेन देहिनम् ॥ 7 ॥

हे अर्जुन! राग रूपी रजोगुण की उत्पत्ति असीम आकांक्षाओं तथा तृष्णाओं से होती है। अपनी इसी विशिष्टता के कारण यह जीवात्मा को कर्मों एवं कर्मफल से बांधता है।

8वें श्लोक में भगवान् श्रीकृष्ण तमोगुण का स्वरूप और उसके द्वारा जीवात्मा को बांधे जाने की स्थिति को बतलाते हुए कहते हैं–

तमस्त्वज्ञानजं विद्धि मोहनं सर्वदेहिनाम् ।
प्रमादालस्यनिद्राभिस्तन्निबध्नाति भारत ॥ 8 ॥

हे भरत–पुत्र! तमोगुण की उत्पत्ति का आधार अज्ञान है। यह समस्त जीवधारियों में मोह की उत्पत्ति करता है। तमोगुण के द्वारा पागलपन (प्रमाद) आलस्य और निद्रा के द्वारा बांधता है। ऐसा व्यक्ति सदैव घोर नैराश्ययुक्त होता है। बहुत अधिक सोता है और उसका भौतिक द्रव्यों के प्रति झुकाव होता है।

इस प्रकार से भगवान् श्रीकृष्ण द्वारा सत्त्व, रज और तम–इन तीनों गुणों के स्वरूप का और उनके द्वारा जीवात्मा के बांधे जाने के प्रकार को बतलाकर अब भगवान् के द्वारा तीनों गुणों का स्वाभाविक व्यापार बतलाते हुए 9वें श्लोक में कहा गया है–

सत्वं सुखे सञ्जयति रजः कर्मणि भारत ।
ज्ञानमावृत्य तु तमः प्रमादे सञ्जयत्युत ॥ 9 ॥

हे अर्जुन! सत्त्वगुण के द्वारा मनुष्य को सुख–सौख्य से बांधा जाता है। रजोगुण मनुष्य को सकाम कर्म से बांधता है और तमोगुण मनुष्य के समस्त ज्ञान को आवृत्त कर उसे प्रमाद अर्थात् पागलपन से बांधता है। सत्त्व, रज, तम आदि तीनों गुण जिस समय अपने–अपने कार्यक्षेत्र में जीव को नियुक्त करते हैं, उस समय वे ऐसा करने में

किस प्रकार से समर्थ होते हैं, यह बात दसवें श्लोक में भगवान्
श्रीकृष्ण बतलाते हैं–

रजस्तमश्चाभिभूय सत्वं भवति भारत ।
रज: सत्वं तमश्चैव तम: सत्वं रजस्तथा ॥ 10 ॥

हे अर्जुन! रजोगुण और तमोगुण को दबाकर सत्त्वगुण, सत्त्वगुण और
तमोगुण को दबाकर रजोगुण, वैसे ही सत्त्वगुण और रजोगुण को
दबाकर तमोगुण होता है अर्थात् बढ़ता है।

उपर्युक्त श्लोक में अन्य दो गुणों को दबाकर प्रत्येक गुण के
बढ़ने की बात की गई है। अब प्रत्येक गुण की वृद्धि के लक्षण
जानने की इच्छा होने पर भगवान् श्रीकृष्ण के द्वारा ग्यारहवें श्लोक
में सत्त्वगुण की वृद्धि के लक्षण बतलाए गए हैं–

सर्वद्वारेषु देहेऽस्मिन्प्रकाश उपजायते ।
ज्ञानं यदा तदा विद्याद्विवृद्धं सत्त्वमित्युत ॥ 11 ॥

जिस समय इस शरीर में तथा अंत:करण और इन्द्रियों में चैतन्यता
और विवेकशक्ति उत्पन्न होती है; उस समय मनुष्य को ऐसा जानना
चाहिए कि सत्त्वगुण बढ़ा है।

12वें श्लोक में भगवान् श्रीकृष्ण द्वारा अब रजोगुण की वृद्धि
के लक्षण बतलाते हुए कहा गया है–

लोभः प्रवृत्तिरारम्भः कर्मणामशमः स्पृहा ।
रजस्येतानि जायन्ते विवृद्धे भरतर्षभ ॥ 12 ॥

हे अर्जुन! रजोगुण के बढ़ने पर लोभ, प्रवृत्ति, स्वार्थपरक बुद्धि से कर्मों का सकाम भाव से आरंभ, अशांति और विषय भोगों की लालसा–ये समस्त स्थितियां उत्पन्न होती हैं।

13वें श्लोक में तमोगुण की वृद्धि के लक्षण बतलाते हुए भगवान् श्रीकृष्ण कहते हैं–

अप्रकाशोऽप्रवृत्तिश्च प्रमादो मोह एव च ।
तमस्येतानि जायन्ते विवृद्धे कुरुनन्दन ॥ 13 ॥

हे कौंतेय! तमोगुण की वृद्धि होने पर अंतःकरण और इन्द्रियों में अप्रकाश, कर्तव्य-कर्मों में अप्रवृत्ति और प्रमाद अर्थात् व्यर्थ प्रयास और निद्रादि अंतःकरण की मोहिनी वृतियां आदि उत्पन्न होती हैं।

इस प्रकार से भगवान् श्रीकृष्ण द्वारा तीनो गुणों की वृद्धि के अलग-अलग लक्षण बतलाने के पश्चात् अब श्लोक संख्या-14 एवं 15 में उपर्युक्त तीनों गुणों में से किस गुण की वृद्धि के समय मरकर मनुष्य किस प्रकार की गति को प्राप्त होता है, इस तथ्य पर प्रकाश डालते हुए कहा गया है–

यदा सत्त्वे प्रवृद्धे तु प्रलयं याति देहभृत् ।
तदोत्तमविदां लोकानमलान्प्रतिपद्यते ॥ 14 ॥

मनुष्य जब सत्त्व गुण की वृद्धियुक्त स्थिति का अनुपालन करते हुए

मृत्यु को प्राप्त करता है, तब वह उत्तम कर्म करने वालों के निर्मल, दिव्य स्वर्गादि लोकों को प्राप्त करता है।

आगे इसी क्रम में पंद्रहवें श्लोक में भगवान् कहते हैं–

रजसि प्रलयं गत्वा कर्मसङ्गिषु जायते ।
तथा प्रलीनस्तमसि मूढयोनिषु जायते ॥ 15 ॥

रजोगुणों की वृद्धि होने के दौरान मृत्यु को प्राप्त होने पर मनुष्य पुनः कर्मों की आसक्ति को लेकर मनुष्यों में ही उत्पन्न होता है तथा तमोगुण की वृद्धि होने के समय मृत्यु को प्राप्त मनुष्य कीट, पशु, पक्षी आदि मूढ़ योनियों में पुनः उत्पन्न होता है।

उपर्युक्त दोनों श्लोकों में सत्त्व, रज और तम–इन तीनों गुणों की वृद्धि होने में मरने के अलग-अलग फल बतलाए गए हैं। इसके पश्चात् एक जिज्ञासा स्वभावतः उत्पन्न होती है कि मानव जीवन में इस प्रकार से कभी किसी गुण और कभी किसी गुण की वृद्धि क्यों होती है? इस पर भगवान् श्रीकृष्ण कहते हैं–

कर्मणः सुकृतस्याहुः सात्त्विकं निर्मलं फलम् ।
रजसस्तु फलं दुःखमज्ञानं तमसः फलम् ॥ 16 ॥

श्रेष्ठ कर्म सात्त्विक होते हैं और इसका फल सुख सौख्य, ज्ञान और वैराग्यादि निर्मल स्थितियां होती हैं। राजसी कर्म का फल दुःखदायी स्थितियां होती हैं। तामसी कर्म का फल अज्ञानयुक्त एवं अंधकारमय स्थितियां होती हैं।

सत्त्वादि गुणों की वृद्धि में मरने का अलग-अलग फल बतलाया

333

गया है। इस पर जानने की यह इच्छा होती है कि 'ज्ञान' आदि की उत्पत्ति को सत्त्व आदि गुणों की वृद्धि के लक्षण क्यों माना गया है? 17वें श्लोक में भगवान् श्रीकृष्ण कार्य की उत्पत्ति से कारण की सत्ता को जान लेने के लिए ज्ञानादि की उत्पत्ति में सत्त्वादि गुणों को कारण बतलाते हुए कहते हैं–

सत्त्वात्सञ्जायते ज्ञानं रजसो लोभ एव च ।
प्रमादमोहौ तमसो भवतोऽज्ञानमेव च ॥ 17 ॥

सत्त्व गुण के द्वारा ज्ञान की उत्पत्ति होती है। रजोगुण के द्वारा लोभ की उत्पत्ति होती है, इसमें कोई संशय नहीं है तथा तमोगुण के द्वारा प्रमाद, आलस्य, मोह आदि उत्पन्न होते हैं और अज्ञान भी तमो गुण की देन है।

18वें श्लोक में भगवान् श्रीकृष्ण के द्वारा सत्त्वगुण मानव में अवस्थित होने एवं रजोगुण व तमोगुण का त्याग करने के लिए तीनों गुणों में स्थित पुरुषों की अलग-अलग गतियों का प्रतिपादन करते हुए कहा गया है–

ऊर्ध्वं गच्छन्ति सत्त्वस्था मध्ये तिष्ठन्ति राजसाः ।
जघन्यगुणवृत्तिस्था अधो गच्छन्ति तामसाः ॥ 18 ॥

सत्त्वगुण से संपन्न मनुष्य स्वर्गादि उच्च लोकों को प्राप्त करते हैं। रजोगुण से संपन्न पुरुष मध्य में अर्थात् ये मनुष्य लोक में ही रहते हैं। तमोगुण से संपन्न मनुष्य निद्रा, प्रमाद, आलस्य आदि प्रवृत्तियों से युक्त हो अधोगति को प्राप्त होते हैं अर्थात् कीट, पशु आदि नीच योनियों को तथा नरकों को प्राप्त होते हैं।

तेरहवें अध्याय के इक्कीसवें श्लोक में जो यह बात कही गई थी कि गुणों का संग ही मानव की अच्छी एवं बुरी योनियों की प्राप्ति रूपी पुन्र्जन्म का कारण है। इस अध्याय में पांचवें से अट्ठारहवें श्लोक तक गुणों के स्वरूप तथा गुणों के कार्य द्वारा बंधे हुए मनुष्यों की गति आदि का विस्तारपूर्वक प्रतिपादन किया गया है। इस वर्णन के माध्यम से यह बात समझाई गई है कि मानव के सर्वप्रथम तम और रजोगुण का त्याग करके सत्त्वगुण में अपनी स्थिति रखनी चाहिए और उसके बाद सत्त्वगुण का भी त्याग करके गुणातीत हो जाना चाहिए। अत: 19वें और 20वें श्लोक में गुणातीत होने के उपाय एवं गुणातीत अवस्था का फल बतलाते हुए भगवान् श्रीकृष्ण कहते हैं–

नान्यं गुणेभ्यः कर्तारं यदा द्रष्टानुपश्यति ।
गुणेभ्यश्च परं वेत्ति मद्भावं सोऽधिगच्छति ॥ 19 ॥

जब द्रष्टा या मानव यह अच्छी तरह जान लेता है कि समस्त कार्यों में प्रकृति के तीनों गुणों के अतिरिक्त अन्य कोई कर्ता नहीं है और जब वह परमेश्वर को जान लेता है, जो इन तीनों गुणों से परे है, तो वह मेरे दिव्य स्वभाव को प्राप्त होता है।

20वें श्लोक में भगवान् श्रीकृष्ण इसी क्रम में कहते हैं–

गुणानेतानतीत्य त्रीन्देही देहसमुद्भवान् ।
जन्ममृत्युजरादुःखैर्विमुक्तोऽमृतश्नुते ॥ 20 ॥

जो शरीरधारी जीव भौतिक शरीर से संबद्ध तीनों गुणों को लांघने

में समर्थ होते हैं, तो वे जन्म, मृत्यु, बुढ़ापा तथा उनके कष्टों से मुक्त हो सकते हैं और इसी जीवन में समस्त दु:खों से मुक्त होकर परमानंद (अमृत तत्त्व) को प्राप्त होते हैं।

इस तरह से जीवन-अवस्था में ही तीनों गुणों से अतीत होकर मनुष्य अमृत को प्राप्त हो जाता है। इस रहस्ययुक्त बात को सुनकर गुणातीत पुरुष के लक्षण, आचरण और गुणातीत बनने के उपाय जानने की इच्छा से 21वें श्लोक में अर्जुन भगवान् श्रीकृष्ण से पूछते हैं–

अर्जुन उवाच

कैर्लिङ्गैस्त्रीन्गुणानेतानतीतो भवति प्रभो ।
किमाचारः कथं चैतांस्त्रीन्गुणानतिवर्तते ॥ 21 ॥

अर्जुन ने कहा हे भगवान्! हे प्रभो! जो इन तीनों गुणों से परे है, वह किन लक्षणों के द्वारा जाना-पहचाना जाता है? उसका आचरण कैसा होता है और वह प्रकृति के गुणों को किस प्रकार लांघ लेता है?

अर्जुन द्वारा इस प्रकार पूछे जाने पर भगवान् श्रीकृष्ण 'लक्षण' और 'आचरण' विषयक दो प्रश्नों के उत्तर श्लोक संख्या-22, 23, 24, 25 में देते हुए कहते हैं–

श्रीभगवान् उवाच

प्रकाशं च प्रवृत्तिं च मोहमेव च पांडव ।
न द्वेष्टि संप्रवृत्तानि न निवृत्तानि काङ्क्षति ॥ 22 ॥

श्रीभगवान् ने कहा–हे अर्जुन! ऐसा मनुष्य सत्त्वगुण के कार्य रूपी

प्रकाश को और रजोगुण के कार्य रूपी प्रवृत्ति को तथा साथ ही तमोगुण के कार्य रूपी मोह को भी न तो प्रवृत्त होने पर उनसे द्वेष करता है और न निवृत्त होने पर उनकी आकांक्षा करता है।

23वें श्लोक में भगवान् श्रीकृष्ण कहते हैं–

उदासीनवदासीनो गुणैर्यो न विचाल्यते ।
गुणा वर्तन्त इत्येवं योऽवतिष्ठति नेङ्गते ॥ 23 ॥

ऐसा पुरुष प्रमाण के समान स्थित हुआ गुणों (सत्त्व, रज, तम) के द्वारा विचलित नहीं किया जा सकता और गुण ही गुणों में बरतते हैं। ऐसा समझता हुआ जो सच्चिदानंदघन परमात्मा में एकीभाव से स्थित रहता है और उस स्थिति से कभी विचलित नहीं होता।

तीनों गुणों से अतीत और पुरुष के लक्षण एवं आचरण की चर्चा करते हुए 24वें श्लोक में भगवान् श्रीकृष्ण कहते हैं–

समदुःखसुखः स्वस्थः समलोष्टाश्मकाञ्चनः ।
तुल्यप्रियाप्रियो धीरस्तुल्यनिन्दात्मसंस्तुतिः ॥ 24 ॥

ऐसा पुरुष निरंतर आत्मभाव में स्थित, दुःख-सुख को समान समझने वाला, मिट्टी, पत्थर और स्वर्ण में समान भाव वाला, ज्ञानी, प्रिय तथा अप्रिय को एक-सा मानने वाला और अपनी निंदा-स्तुति में भी समान भाव वाला है।

तीनों गुणों से अतीत और पुरुष के लक्षण एवं आचरण को बतलाते हुए भगवान् श्रीकृष्ण 25वें श्लोक में कहते हैं–

मानापमानयोस्तुल्यस्तुल्यो मित्रारिपक्षयोः ।
सर्वारम्भपरित्यागी गुणातीतः स उच्यते ॥ 25 ॥

जो पुरुष मान और अपमान में सम हैं, मित्र और वैरी के पक्ष में
भी सम है एवं संपूर्ण आरम्भों में कर्तापन के अभिमान से रहित है,
वह पुरुष गुणातीत कहा जाता है।

इस प्रकार भगवान् श्रीकृष्ण के द्वारा अर्जुन के गुणों से अतीत
पुरुष के लक्षण एवं आचरण पर आधारित दोनों प्रश्नों का उत्तर
देकर अब गुणातीत बनने के अर्जुन की तीसरी जिज्ञासा का उत्तर
देते हैं। हालांकि भगवान् श्रीकृष्ण द्वारा गुणातीत बनने का उपाय
अपने को अकर्ता समझकर निर्गुण-निराकार सच्चिदानंदघन ब्रह्म में
नित्य-निरंतर स्थित रहना बतला दिया था। उपर्युक्त चार श्लोकों
को आदर्श मानकर धारण करने का अभ्यास भी गुणातीत बनने का
उपाय माना जाता है; किंतु अर्जुन द्वारा इन उपायों से अलग सरल
उपाय की कामना की गई थी, इसलिए भगवान् श्रीकृष्ण 26वें
श्लोक में वह उपाय बतलाते हुए कहते हैं–

मां च योऽव्यभिचारेण भक्तियोगेन सेवते ।
स गुणान्समतीत्यैतान्ब्रह्मभूयाय कल्पते ॥ 26 ॥

जो पुरुष समस्त परिस्थितियों में अविचलित भाव से पूर्ण भक्ति में
प्रवृत्त होकर मुझे भजता है, वह तुरंत ही प्रकृति के सत्त्व, रज और
तम गुणों को लांघ जाता है, वह सच्चिदानंदघन ब्रह्म को प्राप्त करने
के स्तर तक पहुंच जाता है।

26वें श्लोक में सगुण-साकार ईश्वर की उपासना का फल

निर्गुण-निराकार ब्रह्म की प्राप्ति को बतलाया गया है। इसके साथ ही उन्नीसवें श्लोक में गुणातीत अवस्था का फल भगवद्-भाव की प्राप्ति एवं बीसवें श्लोक में 'अमृत' की प्राप्ति बतलाया गया है। अब 27वें श्लोक में फल में विषमता की शंका का निराकरण करने के लिए सबकी एकता का प्रतिपादन करते हुए इस अध्याय का उपसंहार करते हुए भगवान् श्रीकृष्ण कहते हैं–

ब्रह्मणो हि प्रतिष्ठाहममृतस्याव्ययस्य च ।
शाश्वतस्य च धर्मस्य सुखस्यैकान्तिकस्य च ॥ 27 ॥

भगवान् कहते हैं कि मैं ही उस अविनाशी निराकार ब्रह्म का आश्रय हूं, जो अमर्त्य, अविनाशी तथा शाश्वत है और चरम सुख का स्वाभाविक पद है।

यह तथ्य सच है कि जीव स्वभावतः ब्रह्म होता है, लेकिन जीव में भौतिक जगत् पर प्रभुत्व जताने की इच्छा रहती है, जिसके कारण मनुष्य क्रमशः नीचे गिरता है। यह भी यथार्थ है कि अपनी स्वाभाविक स्थिति में जीव तीनों गुणों से परे होता है, लेकिन प्राकृतिक संसर्ग से वह अपने को सत्त्व, रज एवं तमादि गुणों से बांध लेता है और इन्हीं तीनों गुणों के संसर्ग के चलते जीव भौतिक जगत् पर प्रभुत्त्व जताने की इच्छा रखता है। गुणों से परे होकर भौतिक जगत् को त्यागकर जो व्यक्ति अपने को ब्रह्मज्योति या ब्रह्मबोध के विभिन्न प्रकारों में अवस्थित कर लेता है, वह गुणात्मक रूप से भगवान् के तुल्य हो जाता है।

इस अध्याय में सत्त्व, रज और तम–इन तीनों गुणों के स्वरूप का, उनके कार्य, कारण और शक्ति का तथा वे किस प्रकार किस

अवस्था में जीवात्मा को कैसे बंधन में डालते हैं और किस प्रकार इनसे निकलकर मनुष्य द्वारा परम पद प्राप्त किया जा सकता है—इस बारे में बताया गया है। साधनकाल की स्थिति को बतलाते हुए पहले साधनकाल में रज और तम का त्याग करके सत्त्वगुण को ग्रहण करना चाहिए और अंत में सभी गुणों से सर्वथा संबंध त्याग देना चाहिए। गुणों के त्याग के पश्चात् ईश्वर तत्त्व के तुल्य मनुष्य की गुणपरक स्थिति का वर्णन किया गया है, जो इस अध्याय का मुख्य वर्ण्य विषय है।

॥ ॐ तत्सदिति श्रीमद्भगवद्गीतासूपनिषत्सु ब्रह्मविद्यायां योगशास्त्रे श्रीकृष्णार्जुनसंवादे गुणत्रयविभागयोगो नाम चतुर्दशोऽध्यायः ॥

अध्याय-15

पुरुषोत्तमयोग

पंद्रहवें अध्याय के आरंभ में अश्वत्थ वृक्ष के रूपक के द्वारा संसार का वर्णन भगवान् श्रीकृष्ण के द्वारा किया गया है। परम पद एवं परमधाम को प्राप्त होने वाले पुरुषों के लक्षण बतलाए गए हैं। परम पद का परम प्रकाशमय होना, जीव का स्वरूप, मन एवं इन्द्रियों सहित उसके एक शरीर से दूसरे शरीर में जाने के प्रकार। शरीर में रहकर इन्द्रियों और मन की सहायता से विषयों के उपभोग करने की बात और इन्द्रिय विषयों का वर्णन किया गया है। जगत् को प्रकाशित करने वाले सूर्य एवं चंद्र के तेज को भगवान् का तेज बतलाते हुए भगवान् को समस्त प्राणियों का धारक, वैश्वानर रूप में समस्त अन्नों को पचाने वाला बतलाया गया है। भगवान् सभी के हृदय में स्थित, सबकी स्मृति आदि के कारण, समस्त वेदों द्वारा जानने योग्य, वेदों को जानने वाले और वेदांत का कर्ता बतलाया है। समस्त भूतों का क्षर तथा कूटस्थ आत्मा को अक्षर पुरुष बतलाते हुए, पुरुषोत्तमत्व की प्रसिद्धि का हेतु का प्रतिपादन के साथ भगवान् श्रीकृष्ण को पुरुषोत्तम समझने वाले की महिमा आदि की चर्चा इस अध्याय में मुख्य रूप से की गई है, इसलिए विद्वत्जन द्वारा इस अध्याय का नाम पुरुषोत्तम योग रखा गया है; जो सार्थक एवं उचित है।

चौदहवें अध्याय में तीनों गुणों का स्वरूप, उनके कार्य एवं उनकी बंधनकारिता का और गुणों के बंधन में बंधे मनुष्यों की उत्तम, मध्यम और अधम गति आदि का विस्तारपूर्वक वर्णन करके उन गुणों से दूर होने के उपाय और फल भी बतलाए हैं। गुणातीत पुरुषों के लक्षण एवं आचरणों के वर्णन और सगुण परमेश्वर के अव्यभिचारी भक्तियोग को गुणों से अतीत होकर ब्रह्मप्राप्ति हेतु योग्य बनाने का सरल उपाय बतलाया गया है। परमात्मा में

अव्यभिचारी (कभी विचलित न होने वाला) भक्तियोग रूप, अनन्य प्रेम उत्पन्न कराने के उद्देश्य से पंद्रहवें अध्याय में सब सगुण परमेश्वर पुरुषोत्तम भगवान् के गुण, प्रभाव व स्वरूप का एवं गुणों से अतीत होने में प्रधान साधन वैराग्य एवं भगवत् शरणागति का वर्णन करने के लिए पंद्रहवें अध्याय का आरंभ किया गया है। इस अध्याय के आरंभ में संसार में वैराग्य उत्पन्न कराने के उद्देश्य से श्लोक संख्या-1, 2 और 3 में भगवान् श्रीकृष्ण द्वारा संसार का वर्णन वृक्ष के रूप में करते हुए वैराग्य रूपी शस्त्र के द्वारा उसका भेदन करने की सलाह देते हुए कहा गया है-

श्रीभगवान् उवाच

ऊर्ध्वमूलमधःशाखमश्वत्थं प्राहुरव्ययम् ।
छन्दांसि यस्य पर्णानि यस्तं वेद स वेदवित् ॥ 1 ॥

श्री भगवान् ने कहा-एक शाश्वत अश्वत्थ वृक्ष (पीपल वृक्ष) है, जिसकी जड़ें परमेश्वर स्वरूप, जिसकी शाखाएं ब्रह्मरूप हैं। इसकी जड़ें तो ऊपर की ओर हैं और शाखाएं नीचे की ओर तथा पत्तियां वेद के तात्पर्य को जानने वाली वैदिकस्त्रोत हैं। जो इस वृक्ष को जानता हैं, वह वेदों का ज्ञाता है।

अधश्चोर्ध्वं प्रसृतास्तस्य शाखा
गुणप्रवृद्धा विषयप्रवालाः ।
अधश्च मूलान्यनुसन्ततानि
कर्मानुबन्धीनि मनुष्यलोके ॥ 2 ॥

इस संसार रूपी वृक्ष की शाखाएं तीनों गुणों रूपी जल के द्वारा बढी हुई हैं एवं विषय-भोग रूपी कोंपलों वाली देव, मनुष्य और तिर्यक् आदि योनि रूपी शाखाएं नीचे और ऊपर सर्वत्र फैली हुई हैं तथा मनुष्यलोक में कर्मों के अनुसार बांधने वाली अहंता, ममता और वासना रूपी जड़ें भी नीचे और ऊपर सभी लोकों में व्याप्त हो रही है।

न रूपमस्येह तथोपलभ्यते
नान्तो न चादिर्न च सम्प्रतिष्ठा ।
अश्वत्थमेनं सुविरूढमूल-
मसङ्गशस्त्रेण दृढेन छित्त्वा ॥ 3 ॥

इस संसार रूपी वृक्ष का स्वरूप जैसा वर्णित है, वैसा विचारकाल में नहीं प्राप्त होता। इसका कारण यह है कि न तो इसका आदि है, न अंत है और न ही इसके आधार का पता है। इस अहंता, ममता और वासनारूप अति दृढ़ मूल वाले पीपल वृक्ष को दृढ़ वैराग्य रूपी शस्त्र से ही मानव के द्वारा काटा जा सकता है।

इस प्रकार वैराग्य रूपी शस्त्र के माध्यम से मानव के द्वारा संसार का भेदन किया जा सकता है। इसके लिए मानव को क्या करना चाहिए, चौथे श्लोक में इसे बतलाते हुए भगवान् श्रीकृष्ण कहते हैं–

ततः पदं तत्परिमार्गितव्यं
यस्मिन्गता न निवर्तन्ति भूयः ।
तमेव चाद्यं पुरुषं प्रपद्ये
यतः प्रवृत्ति प्रसृता पुराणी ॥ 4 ॥

उसके पश्चात् उस परमेश्वर को अच्छी तरह से खोजना चाहिए; जिसमें गए हुए पुनः संसार में लौटकर नहीं आते और जिस परमेश्वर से इस पुरातन जगत् रूपी वृक्ष की प्रवृत्ति विस्तार को प्राप्त हुई है, उसी आदि पुरुष जगदीश्वर की मैं शरण में हूं। इस तरह का दृढ़ निश्चय करके उस परमपिता परमेश्वर का मनन करना चाहिए।

पांचवें श्लोक में आदिपुरुष परमपदस्वरूप परमेश्वर की शरण होकर उसको प्राप्त हो जाने वाले पुरुषों के लक्षण बतलाते हुए भगवान् श्रीकृष्ण कहते हैं–

निर्मानमोहा जितसङ्गदोषा-
अध्यात्मनित्या विनिवृत्तकामाः ।
द्वन्द्वैर्विमुक्ताः सुखदुःखसंज्ञै-
गच्छन्त्यमूढाः पदमव्ययं तत् ॥ 5 ॥

जो पुरुष झूठी प्रतिष्ठा, मोह और कुसंगति से मुक्त हैं, जिनके द्वारा शाश्वत सत्य को समझा जाता है, जिनके द्वारा भौतिक काम को पूर्णतया नष्ट कर दिया गया है, जो सुख तथा दुख के द्वंद्व से मुक्त हैं और जो मोहरहित होकर परम पुरुष की शरणागत होना जानते हैं, वे उस शाश्वत राज्य को प्राप्त होते हैं।

उपर्युक्त लक्षणों वाले पुरुष जिसे प्राप्त करते हैं, वह अविनाशी

पद किस प्रकार का है? इस जिज्ञासा को शांत करते हुए छठे श्लोक में भगवान् श्रीकृष्ण द्वारा उस परमेश्वर के स्वरूप, भूत, परम पद की महिमा को बतलाते हुए कहा गया है—

न तद्भासयते सूर्यो न शशाङ्को न पावकः ।
यद्गत्वा न निवर्तन्ते तद्धाम परमं मम ॥ 6 ॥

जिस परम पद की प्राप्ति के उपरांत मनुष्य लौटकर संसार में पुनः नहीं आते, वह स्वयं प्रकाश मेरा परम धाम न तो सूर्य के द्वारा प्रकाशित किया जा सकता है, न चंद्रमा के द्वारा प्रकाशित किया जा सकता है और न अग्नि के द्वारा ही उसे प्रकाशित किया जा सकता है, ऐसा है मेरा वह परम पवित्र धाम।

पहले से तीसरे श्लोक तक भगवान् द्वारा संसार रूपी वृक्ष के नाम से क्षर पुरुष का वर्णन किया गया है; उसमें जीव रूपी अक्षर पुरुष के बंधन का हेतु उसके द्वारा मनुष्य योनि में अहंता, ममता और आसक्तिपूर्वक किए हुए कर्मों को बतलाया गया है तथा उस बंधन से छूटने का उपाय सृष्टिकर्ता आदि पुरुष की शरण ग्रहण करना बतलाया है। इस पर एक स्वाभाविक जिज्ञासा होती है कि उपर्युक्त प्रकार से बंधे हुए जीव का स्वरूप क्या है? साथ ही उसका वास्तविक स्वरूप क्या है? उसे कौन जानता है? इन सभी बातों का स्पष्टीकरण करने हेतु भगवान् श्रीकृष्ण द्वारा 7वें श्लोक में जीव का स्वरूप बतलाते हुए कहा गया है—

ममैवांशो जीवलोके जीवभूतः सनातनः ।
मनःषष्ठानीन्द्रियाणि प्रकृति स्थानि कर्षति ॥ 7 ॥

इस शरीर में अवस्थित सनातन जीवात्मा मेरा ही अंश है और बंधे
जीवन के प्राकृतिक स्थिति के कारण ये छहों इन्द्रियों से घोर संघर्ष
कर रहे हैं, जिनमें मन भी शामिल है।

यह जीवात्मा मनसहित छः इन्द्रियों को किस समय, किस
प्रकार और किसलिए आकर्षित करता है तथा वे मनसहित छः
इन्द्रियां कौन-कौन-सी है—इस जिज्ञासा को शांत करते हुए 8वें और
9वें श्लोक में भगवान् श्रीकृष्ण कहते हैं—

शरीरं यदवाप्नोति यच्चाप्युत्क्रामतीश्वरः ।
गृहीत्वैतानि संयाति वायुर्गन्धानिवाशयात् ॥ 8 ॥

इस जगत् में अवस्थित जीव अपनी देहात्म बुद्धि को एक शरीर से
दूसरे शरीर में ठीक उसी तरह ले जाता है, जिस प्रकार वायु के
द्वारा सुगंधि को अपने साथ लेकर जाया जाता है। इस प्रकार वह
एक शरीर धारण करता है और फिर इसे त्यागकर दूसरे शरीर को
उसके द्वारा धारण किया जाता है।

नौवें श्लोक में इन्द्रिय विषय संबंधी एक विशिष्ट समुच्चय की
चर्चा करते हुए भगवान् श्रीकृष्ण कहते हैं—

श्रोत्रं चक्षुः स्पर्शनं च रसनं घ्राणमेव च ।
अधिष्ठाय मनश्चायं विषयानुपसेवते ॥ 9 ॥

इस तरह दूसरा स्थूल शरीर धारण करके जीव विशेष प्रकार का
कान, आंख, जीभ, नाक तथा स्पर्श इन्द्रिय (त्वचा) प्राप्त करता है,
जो मन के चारों ओर संपुंजित हैं। इस प्रकार वह इन्द्रिय-विषयों के
एक विशिष्ट समुच्चय का भोग करता है।

जीवात्मा को तीनों गुणों से संबद्ध एक शरीर को छोड़कर दूसरे
शरीर में जाने वाला और शरीर में रहकर विषयों का सेवन करने
वाला कहा गया। अतः यह जिज्ञासा होती है कि ऐसे आत्मा को
कौन, कैसे जानता है और कौन नहीं जानता? भगवान् श्रीकृष्ण 10वें
और 11वें श्लोक में बतलाते हुए कहते हैं–

उत्क्रामन्तं स्थितं वापि भुञ्जानं वा गुणान्वितम् ।
विमूढा नानुपश्यन्ति पश्यन्ति ज्ञानचक्षुषः ॥ 10 ॥

वे पुरुष जो मूर्ख हैं, वे न तो यह समझ पाते हैं कि जीवधारी के
द्वारा किस प्रकार अपने शरीर को त्याग करने की क्रिया की जा
सकती है। न ही मूर्ख पुरुष यह समझ पाते हैं कि प्रकृति के गुणों
के अधीन वे किस प्रकार से शरीर का भोग करते हैं, परंतु जिसकी
आंखें ज्ञान में प्रशिक्षित होती हैं, वह ये सब कुछ देख सकता है।

ग्यारहवें श्लोक में भगवान् श्रीकृष्ण ने उपर्युक्त क्रम के संदर्भ
को जारी रखते हुए कहा है–

यतन्तो योगिनश्चैनं पश्चन्त्यात्मन्यवस्थितम् ।
यतन्तोऽप्यकृतात्मानो नैनं पश्यन्त्यचेतसः ॥ 11 ॥

आत्म-तत्त्व की स्थिति को बतलाते हुए भगवान् कहते हैं–प्रयत्न करने वाले योगिजन भी अपने हृदय में स्थित इस आत्मा को तत्त्वतः जानते हैं; किंतु जिन्होंने अपने अंतःकरण को शुद्ध नहीं किया हैं; इस प्रकार के अज्ञानी जन तो प्रयत्न करते रहने पर भी इस श्रेष्ठ आत्मा को नहीं जानते।

छठे श्लोक के अंतर्गत दो जिज्ञासाएं शंका के रूप में उत्पन्न होती हैं। पहली यह कि सूर्य-चंद्र आदि के द्वारा भी परमात्मा को प्रकाशित क्यों नहीं किया जा सकता और दूसरी यह कि परम धाम को प्राप्त होने के पश्चात् मनुष्य वापस क्यों नहीं आते?

दूसरी शंका के उत्तर में सातवें श्लोक में जीवात्मा को परमेश्वरांश बतलाकर उसके स्वरूप स्वभाव और व्यवहारादि का वर्णन आगे के चार श्लोकों में किया गया है तथा यथार्थ स्वरूप जानने वालों की महिमा कही गई है। अब पहली जिज्ञासा का उत्तर भगवान् श्रीकृष्ण के द्वारा 12वें से 15वें श्लोक तक दिया गया है, जिसमें भगवत्स्वरूप, भगवत्गुण, भगवत्प्रभाव और भगवत्ऐश्वर्य आदि का वर्णन किया गया है–

यदादित्यगतं तेजो जगद्भासयतेऽखिलम् ।
यच्चन्द्रमसि यच्चाग्नौ तत्तेजो विद्धि मामकम् ॥ 12 ॥

सूर्य में अवस्थित जो तेज संपूर्ण जगत् को प्रकाशमान करता है तथा

तेज का जो स्वरूप चंद्रमा और अग्नि में दृष्टिगोचर होता है, वह समस्त तेज मुझसे ही निकलता है।

13वें श्लोक में भगवान् श्रीकृष्ण परमेश्वर के असीम अस्तित्व को समझाते हुए कहते हैं–

गामाविश्य च भूतानि धारयाम्यहमोजसा ।
पुष्णामि चौषधीः सर्वाः सोमो भूत्वा रसात्मकः ॥ 13 ॥

मैं हर लोक में प्रवेश करता हूं और मेरी शक्तियों के प्रभाव से नियंत्रित होकर हर लोक अपनी कक्षा में स्थित रहता है। मैं चंद्रमा बनकर समस्त वनस्पतियों को जीवन रस प्रदान करता हूं।

चौदहवें श्लोक में प्राणवायु तक में अपने वजूद को बतलाते हुए भगवान् श्रीकृष्ण द्वारा कहा गया है–

अहं वैश्वानरो भूत्वा प्राणिनां देहमश्रितः ।
प्राणपानसामायुक्तः पचाम्यन्नं चतुर्विधम् ॥ 14 ॥

मैं ही समस्त प्राणियों के शरीर में स्थित रहते वाला प्राण और अपान (श्वास और प्रश्वास) वायु हूं। मैं ही समस्त जीवों के शरीरों का पाचन-तंत्र हूं और श्वास प्रवास द्वारा चार प्रकार के अन्नों को भक्ष्य (चबाकर खाए जाने वाले अन्न), भोज्य (मिलाकर खाए जाने वाले अन्न), लेह्य (चाटकर खाए जाने वाले अन्न) और चोष्य (चूसकर खाए जाने वाले अन्नों को) पचाता हूं।

संपूर्ण प्रकाशन शक्ति, धारण शक्ति, पोषण शक्ति और पाचन शक्ति आदि समस्त शक्तियों को अपनी शक्ति का अंश बतलाकर

अर्थात् जैसे पंखा चलाकर वायु का विस्तार करने में, बत्ती जलाकर प्रकाश फैलाने में, चक्की घुमाने में, जल आदि को गरम करने में तथा रेडियो आदि के द्वारा शब्द का प्राकट्य करने में एक ही बिजली का अंश सब कार्य करता है, वैसे ही सूर्य, चंद्रमा और अग्नि आदि के द्वारा सबको प्रकाशित करने, पृथ्वी आदि के द्वारा सबको धारण करने तथा वैश्वानर के द्वारा अन्न को पचाने में मेरी ही शक्ति का एक अंश सब कुछ करता है। इसके पश्चात् अब भगवान् श्रीकृष्ण द्वारा अपने अंतर्यामी युक्त सर्वज्ञत्व आदि गुणों से युक्त स्वरूप का वर्णन करते हुए सभी प्रकार से जानने योग्य स्वयं को बतलाते हुए 15वें श्लोक में कहा गया है–

सर्वस्य चाहं हृदि सन्निविष्टो-
मत्तः स्मृतिर्ज्ञानमपोहनं च ।
वेदैश्च सर्वैरहमेव वेद्यो-
वेदान्त कृद्वेदविदेव चाहम् ॥ 15 ॥

मैं प्रत्येक जीव के हृदय में अंतर्यामी के रूप में अवस्थित हूं तथा मुझसे ही स्मृति, ज्ञान और विस्मृति आदि होती है। मैं ही वेदों के द्वारा जानने योग्य हूं। इसमें कोई भी संदेह नहीं है कि मैं वेदांत का संकलनकर्ता तथा समस्त वेदों को जानने वाला हूं।

अगर हम ध्यान से देखें तो पहले से छठें श्लोक तक वृक्ष रूप से संसार का, दृढ़ वैराग्य के द्वारा उसके छेदन का, परमेश्वर की शरण में जाने का, परमात्मा को प्राप्त होने वाले पुरुषों के लक्षण का, अश्वत्थ वृक्ष रूपी क्षर पुरुष का प्रकरण पूरा किया गया। इसके पश्चात् 'जीव' शब्दवाच्य उपासक अक्षर पुरुष का प्रकरण

आरंभ करके उसके स्वरूप, शक्ति, स्वभाव और व्यवहार का वर्णन करके एवं उसे जानने वालों की महिमा का वर्णन करते हुए ग्यारहवें श्लोक तक उस प्रकरण को पूरा किया। तदुपरांत उपास्य देव 'पुरुषोत्तम' का प्रकरण आरंभ करके उसके गुण, प्रभाव और स्वरूप का वर्णन करते हुए प्रकरण पूरा हुआ।

16वें श्लोक में भगवान् श्रीकृष्ण द्वारा क्षर और अक्षर पुरुष का स्वरूप बतलाते हुए कहा गया है–

द्वाविमौ पुरुषौ लोके क्षरश्चाक्षर एव च ।
क्षरः सर्वाणि भूतानि कूटस्थोऽक्षर उच्यते ॥ 16 ॥

इस संसार में नाशवान् और अविनाशी ये दो प्रकार के पुरुष होते हैं। इनमें समस्त भूत प्राणियों के शरीर तो नाशवान् हैं, लेकिन उनकी जीवात्मा अविनाशी है।

17वें और 18वें श्लोक में भगवान् श्रीकृष्ण के द्वारा क्षर और अक्षर पुरुष दोनों से श्रेष्ठ पुरुषोत्तम भगवान् के स्वरूप का और पुरुषोत्तम होने के कारण का वर्णन करते हुए कहा गया है–

उत्तमः पुरुषस्त्वन्यः परमात्मेत्युदाहृतः ।
यो लोकत्रयमाविश्य बिभर्त्यव्यय ईश्वरः ॥ 17 ॥

इन दोनों के अतिरिक्त एक परम पुरुष परमात्मा है, जो साक्षात् अविनाशी भगवान् है और तीनों लोकों में प्रवेश करके समस्त सृष्टि का पालन कर रहा है।

इसी क्रम में 18वें श्लोक में पुरुषोत्तम भगवान् श्रीकृष्ण कहते हैं–

यस्मात्क्षरमतीतोऽहमक्षरादपि चोत्तमः ।
अतोऽस्मि लोके वेदे च प्रथितः पुरुषोत्तमः ॥ 18 ॥

चूंकि मैं क्षर और अक्षर तथा नाशवान् जड़वर्ग क्षेत्र से सर्वथा अतीत हूं और प्रत्येक अविनाशी जीवात्मा से भी श्रेष्ठ हूं, इसलिए मैं लोक और वेद दोनों में पुरुषोत्तम नाम से प्रसिद्ध हूं।

अब 19वें श्लोक में भगवान् श्रीकृष्ण अर्जुन से पुरुषोत्तम पुरुष की महिमा एवं लक्षण बतलाते हुए कहते हैं–

यो मामेवमसम्मूढो जानाति पुरुषोत्तमम् ।
स सर्वविद्भजति मां सर्वभावेन भारत ॥ 19 ॥

हे अर्जुन! जो ज्ञानी पुरुष मुझको इस प्रकार से तत्त्वतः पुरुषोत्तम जानता है, वह सर्वज्ञ पुरुष सभी विधियों और संपूर्ण भावों से मुझ वासुदेव परमेश्वर को ही हमेशा भजता है।

इस प्रकार भगवान् को पुरुषोत्तम जानने वाले पुरुष की महिमा का वर्णन करके अब इस अध्याय में वर्णित विषय को गूढ़ रहस्ययुक्त बतलाकर उसे जानने के फल का वर्णन करते हुए 20वें श्लोक में भगवान् श्रीकृष्ण कहते हैं–

इति गुह्यतमं शास्त्रमिदमुक्तं मयानघ ।
एतद्बुद्ध्वा बुद्धिमान्स्यात्कृतकृतश्च भारत ॥ 20 ॥

अनघ–इसका अर्थ निष्पाप होता है जिससे अर्जुन को संबोधित किया गया है।

हे निष्पाप अर्जुन! यह अत्यंत रहस्यमय और गूढ़ शास्त्र मेरे द्वारा कहा गया। इसे तत्त्व से जानकर मनुष्य ज्ञानी और कृतार्थ बन जाता है।

क्षर पुरुष, अक्षर पुरुष और पुरुषोत्तम इन तीनों का वर्णन किया गया है। क्षर और अक्षर से पुरुषोत्तम को श्रेष्ठ बतलाया गया है। पुरुषोत्तम के लक्षण, माहात्म्य एवं उन्हें प्राप्त करने के साधन का उल्लेख किया गया है। इस अध्याय के अंतर्गत क्रमश: क्षर-अक्षर और पुरुषोत्तम की अवस्था के क्रमिक वर्णन के कारण इस अध्याय का नाम 'पुरुषोत्तम योग' रखा गया है।

॥ ॐ तत्सदिति श्रीमद्भगवद्गीतासूपनिषत्सु ब्रह्मविद्यायां
योगशास्त्रे श्रीकृष्णार्जुनसंवादे पुरुषोत्तमयोगो
नाम पञ्चदशोऽध्यायः ॥

अध्याय-16

दैवासुरसम्पद्विभागयोग

सोलहवें अध्याय में मुख्य रूप से देव और आसुरी प्रवृत्ति के विषय में भगवान् श्रीकृष्ण द्वारा चर्चा की गई है। इस अध्याय में आरंभ के तीन श्लोकों में दैवी संपदायुक्त पुरुषों के लक्षणों की चर्चा की गई है। उसके पश्चात् आसुरी संपदा की चर्चा है। इसके पश्चात् दैवीय संपदा एवं फलमुक्ति आसुरी संपदा एवं फलबंधन की चर्चा है। दैव एवं असुर वर्गों का संकेत करके प्रथम आसुरी संपद की विस्तृत चर्चा की गई है। आसुरी प्रकृति वाले मनुष्यों का दुर्भाव, दुर्गुण और दुराचार तथा दुर्गति का भी वर्णन किया गया है, साथ ही आसुरी संपदा के प्रधान तत्त्व-काम, क्रोध और लोभादि को नरक का द्वार कहा गया है। दैवी संपदा के साधकों का दैवी संपदा के साधनों के माध्यम से परम गति की प्राप्ति को दर्शाया गया है। इच्छानुसार शास्त्रविहित नियमों को त्यागकर कर्म करने वालों की निंदा की गई है और शास्त्रानुसार कर्म करने हेतु प्रेरित किया गया है।

पूर्व के सातवें एवं नवें अध्याय में भगवान् श्रीकृष्ण के द्वारा यह संकेत किया गया है कि आसुरी प्रवृत्ति को धारण करने वाले मूर्ख होते हैं और उनके द्वारा हमेशा तिरस्कार किया जाता है। नवें अध्याय में दैवी प्रकृतियुक्त महात्मा जन मुझे अविनाशी समझकर प्रेमपूर्वक निरंतर भजन करते हैं। 15वें अध्याय में भगवान् के द्वारा कहा गया है कि ज्ञानी महात्मा मुझे पुरुषोत्तम जानते हैं और सभी प्रकार से मेरा भजन करते हैं।

इस पर भगवान् को पुरुषोत्तम जानकर सर्वभाव से उनका भजन करने वाले दैवी प्रकृतियुक्त महात्मा पुरुषों के और उनका भजन न करने वाले आसुरी प्रकृति युक्त अज्ञानी मनुष्यों के क्या-क्या लक्षण है? यह जिज्ञासा होने के कारण भगवान् श्रीकृष्ण द्वारा दैवी और

आसुरी दोनों के लक्षण और स्वभाव का विस्तारपूर्वक वर्णन करने के लिए 16वें अध्याय का आरंभ किया गया है।

इस अध्याय के श्लोक-1, 2 और 3 में दैवी संपदा से युक्त सात्त्विक पुरुषों के स्वाभाविक लक्षणों का विस्तारपूर्वक वर्णन करते हुए भगवान् श्रीकृष्ण कहते हैं–

श्रीभगवान् उवाच
अभयं सत्त्वसंशुद्धिर्ज्ञान योगव्यवस्थितिः ।
दानं दमश्च यज्ञश्च स्वाध्यायस्तप आर्जवम् ॥ 1 ॥

दैवी संपदायुक्त सात्त्विक पुरुषों के लक्षणों को बतलाते हुए भगवान् कहते हैं–इनमें भय का सर्वथा अभाव, अंतःकरण संपूर्णता के साथ निर्मल, तत्त्वज्ञान हेतु ध्यानयोग में निरंतर दृढ़ स्थिति, सात्त्विक दान, इन्द्रिय दमन, भगवान, देवता और गुरुजनों की पूजा तथा अग्निहोत्र आदि उत्तम कर्मों का आचरण एवं वेद-शास्त्रों का पठन-पाठन तथा भगवान् के नाम और गुणों का कीर्तन, स्वधर्म पालन हेतु कष्ट सहन करना और शारीरिक तथा ऐंद्रिक–दोनों की दृष्टियों से सरल होना।

दूसरे श्लोक में भगवान् श्रीकृष्ण सात्त्विक पुरुष के प्रकृतिगत लक्षणों को बतलाते हुए कहते हैं–

अहिंसा सत्यमक्रोधस्त्यागः शान्तिरपैशुनम् ।
दया भूतेष्वलोलुप्त्वं मार्दवं ह्रीरचापलम् ॥ 2 ॥

मनसा, वाचा, कर्मणा किसी को कष्ट नहीं देना, यथार्थ और प्रिय

बोलना, अपने अपकारी पर क्रोधित न होना। उनके कर्मों में कर्तापन के अभिमान का त्याग, चित्त में चंचलता का अभाव, किसी की भी निंदादि न करना, समस्त भूतप्राणियों में हेतुरहित दया, इन्द्रियों का विषयों के साथ संयोग होने पर भी आसक्तिरहित होना। कोमलता, लोक और शास्त्र के विपरीत आचरण में लज्जा और व्यर्थ की चेष्टाओं का अभाव।

तीसरे श्लोक में भगवान् श्रीकृष्ण द्वारा सात्त्विक पुरुष की दैवी संपदा का उल्लेख करते हुए कहा गया है–

तेज: क्षमा धृति: शौचमद्रोहो नातिमानिता ।
भवन्ति सम्पदं दैवीमभिजातस्य भारत ॥ 3 ॥

श्रेष्ठ पुरुषों की वह शक्ति जो अन्यायी को श्रेष्ठ कर्म के प्रति प्रेरित करती है– (तेज), क्षमा, धैर्य, बाह्य शुद्धि एवं किसी में शत्रु भाव का न होना और अपने में पूज्यता के अभिमान का आभाव, हे अर्जुन! दैवी संपदा को लेकर उत्पन्न हुए व्यक्ति के लक्षण हैं।

दैवी संपदा से युक्त पुरुष के लक्षणों के वर्णन के पश्चात् भगवान् श्रीकृष्ण द्वारा चौथे श्लोक में आसुरी प्रवृत्ति (आसुरी संपदा पुरुष के लक्षणों को संक्षेप में बतलाते हुए कहते हैं–

दम्भो दर्पोऽभिमानश्च क्रोध: पारुष्यमेव च ।
अज्ञानं चाभिजातस्य पार्थ सम्पदमासुरीम् ॥ 4 ॥

हे पार्थ! दंभ, दर्प, अभिमान, क्रोध कठोरता और अज्ञान–ये सभी असुर प्रकृति को लेकर उत्पन्न हुए पुरुष के लक्षण हैं।

इस तरह से दैवी प्रकृति और असुर प्रकृति से युक्त पुरुषों के लक्षणों का वर्णन करके 5वें श्लोक में भगवान् श्रीकृष्ण द्वारा दोनों प्रकृतियों (प्रवृत्तियों) का फल बतलाते हुए अर्जुन को दैवी प्रकृति से युक्त बतलाया है, भगवान् का कथन है–

दैवी सम्पद्विमोक्षाय निबन्धायासुरी मता ।
मा शुचः सम्पदं दैवीमभिजातोऽसि पाण्डव ॥ 5 ॥

दैवी संपदा के गुण (प्रवृत्ति) मुक्ति प्रदायी नर है और आसुरी संपदा (प्रवृत्ति) के गुण बंधन दिलाने के लिए हैं, इसलिए हे अर्जुन! तुम चिंता मत करो, क्योंकि तुम दैवी संपदा से युक्त गुण लेकर उत्पन्न हुए हो।

श्लोक संख्या-6 में आसुरी प्रकृति वाले मनुष्यों के स्वभाव और आचार-व्यवहार का विस्तारपूर्वक वर्णन करने के लिए भगवान् श्रीकृष्ण आसुरी प्रकृति की स्वाभाविक प्रस्तावना रखते हुए कहते हैं–

द्वौ भूतसर्गौ लोकेऽस्मिन्दैव आसुर एव च ।
दैवो विस्तरशः प्रोक्त आससुरं पार्थ मे शृणु ॥ 6 ॥

हे अर्जुन! इस संपूर्ण संसार में सृजित प्राणी दो प्रकार के हैं–एक तो दैवी प्रकृतिवाला और दूसरा आसुरी प्रकृतिवाला। मैं पूर्व में ही तुम्हें दैवी गुणों से परिचित करा चुका हूं। हे पार्थ! अब मैं तुम्हें आसुरी गुणों के विषय में बतला रहा हूं–

प्रवृत्तिं च निवृत्तिं च जना न विदुरासुराः ।
न शौचं नापि चाचारो न सत्यं तेषु विद्यते ॥ 7 ॥

असुर प्रवृत्ति के लोगों को यह पता नहीं रहता कि हमें क्या करना
चाहिए और क्या नहीं करना चाहिए। आसुरी प्रवृत्ति के लोगों में न
तो बाहरी और आंतरिक शुद्धि हैं, न श्रेष्ठ आचरण है और न ही
ये लोग सत्यभाषी होते हैं।

8वें श्लोक में भगवान् श्रीकृष्ण के द्वारा असुर प्रवृत्तिवालों में
विवेक, शौच और सदाचार आदि का अभाव बतलाकर असुर प्रवृत्ति
वालों के नास्तिक भाव का वर्णन करते हुए कहा गया है–

असत्यमप्रतिष्ठं ते जगदाहुरनीश्वरम् ।
अपरस्परसम्भूतं किमन्यत्कामहैतुकम् ॥ 8 ॥

वे आसुरी प्रकृतिवाले मनुष्य कहा करते हैं कि जगत् मिथ्या है,
इसका कोई आधार नहीं है और इसका नियमन किसी ईश्वर द्वारा
नहीं होता। उनका कहना है कि यह कामेच्छा से उत्पन्न होता है
और काम के अतिरिक्त कोई अन्य कारण नहीं है।

इस प्रकार ऐसे नास्तिक सिद्धांत माननेवालों के स्वभाव और
आचरण कैसे होते हैं? इस जिज्ञासा पर अब भगवान् श्रीकृष्ण 9वें,
10वें, 11वें और 12वें श्लोक में आसुरी लोगों के लक्षणों का वर्णन
करते हुए कहते हैं–

एतां दृष्टिमवष्टभ्य नष्टात्मानोऽल्पबुद्धयः ।
प्रभवन्त्युग्रकर्माणः क्षयाय जगतोऽहिताः ॥ 9 ॥

इस प्रकार से मिथ्या ज्ञान का अवलंबन करके आसुरी लोग जिन्होंने
आत्म-ज्ञान खो दिया है तथा जिनकी बुद्धि मंद एवं नष्ट हो गई है,
ऐसे अपकार करने वाले, अनुपयोगी और क्रूरकर्मी मनुष्य केवल
जगत् के नाश के लिए ही बने होते हैं।

10वें श्लोक में भगवान् श्रीकृष्ण नास्तिक सिद्धांत को मानने
वाले के लक्षणों का उल्लेख करते हुए कहते हैं–

काममाश्रित्य दुष्पूरं दम्भमानमदान्विताः ।
मोहाद्गृहीत्वासद्ग्राहान्प्रवर्तन्तेऽशुचिव्रताः ॥ 10 ॥

वे आसुरी प्रवृत्ति के लोग दंभ, मान और मद से युक्त किसी प्रकार
भी पूर्ण न होने वाली कामनाओं का आश्रय लेकर अज्ञान से मिथ्या
सिद्धांतों को ग्रहण करके और भ्रष्ट आचरणों को धारण कर संसार
में विचरण करते हैं।

11वें श्लोक में भौतिक एवं विषय केंद्रित असंख्य चिंताओं
का आश्रय ले जीवन जीते हुए आसुरी पुरुषों का उल्लेख करते
हुए कहा गया है–

चिन्तामपरिमेयां च प्रलयान्तामुपाश्रिताः ।
कामोपभोगपरमा एतावदिति निश्चिताः ॥ 11 ॥

वे आसुरी प्रवृत्ति वाले मृत्यु तक बनी रहने वाली असंख्य चिंताओं

का आश्रय लेने वाले विषय-भोगों के प्रति तत्पर रहने वाले और असीम भौतिक सुख की कामना करने वाले होते हैं।

12वें श्लोक में भगवान् श्रीकृष्ण द्वारा आसुरी पुरुषों के धनादि संग्रह पर प्रकाश डालते हुए कहा गया है-

आशापाशशतैर्बद्धाः कामक्रोधपरायणाः ।
ईहन्ते कामभोगार्थमन्यायेनार्थसञ्चयान् ॥ 12 ॥

वे आसुरी पुरुष आशा की सैकड़ों फांसियों से बंधे हुए मनुष्य काम-क्रोधादि के परायण होकर विषयादि भोगों हेतु अन्यादि प्रकार के धनादि पदार्थों को संगृहीत करने की चेष्टा में हमेशा स्वयं को लगाए रहते हैं।

उपर्युक्त चार श्लोकों में आसुरी प्रवृत्ति वाले मनुष्यों के लक्षण और आचरण को बतलाकर अब आगे के श्लोक में उनके अहंता, ममता और मोह युक्त संकल्पों का निरूपण करते हुए इस प्रवृत्ति के मनुष्यों की दुर्गति का वर्णन करते हुए भगवान श्रीकृष्ण कहते हैं-

इदमद्य मया लब्धमिमं प्राप्स्ये मनोरथम् ।
इदमस्तीदमपि मे भविस्यति पुनर्धनम् ॥ 13 ॥

आसुरी प्रवृत्ति वाले लोग यह सोचा करते हैं कि मेरे द्वारा आज यह प्राप्त कर लिया गया है और इसके द्वारा मैं अपने इस मनोरथ को निश्चय ही प्राप्त कर लूंगा। मेरे पास आज यह इतना धन है और फिर इससे यह अवश्य ही प्राप्त हो जाएगा।

14वें श्लोक में आसुरी प्रवृत्ति वाले पुरुषों के संकल्पों को बतलाते हुए भगवान् श्रीकृष्ण कहते हैं–

असौ मया हतः शत्रुर्हनिष्ये चापरानपि ।
ईश्वरोऽहमहं भोगी सिद्धोऽहं बलवान्सुखी ॥ 14 ॥

मैं इस जगत् में ईश्वर हूं और ऐश्वर्य को सम्यक् ढंग से भोगने वाला हूं। उस शत्रु का मेरे द्वारा संहार कर दिया गया है और अन्य दूसरे शत्रुओं को भी मैं मार ही डालूंगा। मैं समस्त सिद्धियों से युक्त हूं और अति बलवान तथा सुखी भी हूं।

15वें श्लोक में अज्ञान रूपी ज्ञान से मोहित होने वाले आसुरी प्रवृत्तिवाले जनों के संकल्पों का उल्लेख करते हुए भगवान् श्रीकृष्ण कहते हैं–

आढ्योऽभिजनवानस्मि कोऽन्योऽस्ति सदृशो मया ।
यक्ष्ये दास्यामि मोदिष्य इत्यज्ञानविमोहिताः ॥ 15 ॥

आसुरी प्रवृत्ति वाले लोग अज्ञान रूपी ज्ञान से मोहित रहने वाले होते हैं तथा स्वयं को बड़ा धनी तथा बड़े कुटुंब वाला मानते हैं। मेरे समान दूसरा कौन है? अर्थात् मेरे समान दूसरा कोई नहीं है। मैं यज्ञ करूंगा, दान दूंगा और मैं आमोद-प्रमोद करूंगा। वे इसी भौतिक समृद्धि को संपूर्ण ज्ञान समझते हैं।

16वें श्लोक में भगवान् श्रीकृष्ण के द्वारा आसुरी प्रवृत्ति के कारण इनके अपवित्र नरक में गिरने की बात बतलाते हुए कहा गया है–

अनेक चित्तविभ्रान्ता मोहजालसमावृत्ताः ।
प्रसक्ताः कामभोगेषु पतन्ति नरकेऽशुचौ ॥ 16 ॥

अनेक प्रकार के भ्रमित चित्त वाले ये आसुरी प्रवृत्ति के जन मोह रूपी
जाल से समावृत्त और विषय-भोगों के प्रति अति अनुरक्ति रखते हैं,
इसीलिए इस प्रकार की प्रवृत्तियुक्त लोग अपवित्र नरक में गिरते हैं।

15वें श्लोक में भगवान् श्रीकृष्ण के द्वारा यह कहा गया था
कि वे लोग 'यज्ञ करूंगा' ऐसा कहते हैं, इसलिए 17वें श्लोक के
यज्ञ का स्वरूप बतलाते हुए कहा गया है–

आत्मसम्भाविताः स्तब्धा धनमानमदान्विताः ।
यजन्ते नामयज्ञैस्ते दम्भेनाविधिपूर्वकम् ॥ 17 ॥

अपने आपको ही सदैव श्रेष्ठ मानने वाले असुर प्रवृत्ति वाले घमंडी
पुरुष संपत्ति तथा मिथ्या मान-प्रतिष्ठा से मोहग्रस्त होकर किसी
भी प्रकार के विधि-विधानों का पालन न करते हुए कभी-कभी
नाम-मात्र के लिए शास्त्रविधि रहित यज्ञ बड़े गर्व के साथ करते हैं।

भगवान् श्रीकृष्ण के द्वारा आसुरी प्रवृत्ति से युक्त मनुष्यों के यज्ञ
का स्वरूप बतलाने के पश्चात् 18वें श्लोक में उनकी दुर्गति के
कारण रूपी स्वभाव का वर्णन करते हुए कहा गया है–

अहङ्कारं बलं दर्पं कामं क्रोधं च संश्रिताः ।
मामात्मपरदेहेषु प्रद्विषन्तोऽभ्यसूयकाः ॥ 18 ॥

आसुरी प्रवृत्ति के लोग अहंकार, बल, घमंड, इच्छा और क्रोधादि

के परायण करने वाले होते हैं। इसके साथ ही दूसरों की निंदा करने वाले पुरुष उन्हें अपने, लेकिन दूसरे के शरीर में अवस्थित अंतर्यामी परमात्मा अर्थात् मुझसे वे द्वेष करने वाले होते हैं।

इस प्रकार से सातवें श्लोक से लेकर अट्ठारहवें श्लोक तक आसुरी प्रवृत्ति वाले लोगों के दुराभाव, दुर्गण और दुराचार आदि का वर्णन करके अब 19वें और 20वें श्लोक में भगवान् श्रीकृष्ण द्वारा आसुरी प्रवृत्ति वाले लोगों की घोर निंदा की गई है और उनकी दुर्गति का वर्णन करते हुए कहा गया है–

तानहं द्विषतः क्रूरान्संसारेषु नराधमान् ।
क्षिपाम्यजस्त्रमशुभानासुरीष्वेव योनिषु ॥ 19 ॥

आसुरी प्रवृत्ति से युक्त उन द्वेषपूर्ण स्थिति रखने वाले और करने वाले पापाचारी और क्रूरकर्मी नराधमों को मैं इस संसार में निरंतर विभिन्न आसुरी योनियों में और भवसागर में ही डालता रहता हूं।

20वें श्लोक में भगवान् श्रीकृष्ण द्वारा आसुरी प्रवृत्ति से युक्त लोगों से स्वयं की अप्राप्ति को बतलाते हुए कहा गया है–

आसुरीं योनिमापन्ना मूढा जन्मनि जन्मनि ।
मामप्राप्यैव कौन्तेय ततो यान्त्यधमां गतिम् ॥ 20 ॥

हे अर्जुन! ऐसे आसुरी प्रवृत्ति युक्त व्यक्ति जन्म-जन्मांतर तक आसुरी योनि में जन्म प्राप्त करते रहते हैं और कभी भी मुझे प्राप्त नहीं कर पाते। इसके साथ ही वे नीच, अति नीच इत्यादि गतियों को प्राप्त कर धीरे-धीरे अत्यंत अधम गति को प्राप्त करते हैं।

आसुरी संपदा (प्रवृत्ति) से युक्त मनुष्यों को लगातार आसुरी योनियों में अधमाधम गति की प्राप्ति और घोर नरक को प्राप्त होने की बात को सुनकर, यह जिज्ञासा स्वाभाविक हो सकती है कि आसुरी प्रवृत्ति वाले जन इस दुर्गति से बचकर परम गति को प्राप्त कर पाएं, इसके लिए कोई उपाय है? अगर उपाय है तो क्या है? इस जिज्ञासा को शांत करते हुए 21वें तथा 22वें श्लोक में भगवान् श्रीकृष्ण के द्वारा समस्त दुर्गतियों के प्रधान कारण रूपी आसुरी संपदा के त्रिविध दोषों के त्याग की बात करते हुए परम गति की प्राप्ति के उपायों को बतलाते हुए कहा गया है–

त्रिविधं नरकस्येदं द्वारं नाशनमात्मनः ।
कामः क्रोधस्तथा लोभस्तस्मादेतत्त्रयं त्यजेत् ॥ 21 ॥

आसुरी प्रवृत्ति वाले जनों को काम, क्रोध तथा लोभ–ये तीन विकार नरक के द्वार तक भी आत्मा का नाश करने वाले होते हैं अर्थात् उन्हें अधोगति तक पहुंचाने वाले होते हैं, इसलिए इन तीनों का परित्याग कर देना चाहिए।

22वें श्लोक में भगवान् श्रीकृष्ण इन तीनों नारकीय प्रवृत्तियों के त्याग के पश्चात् अर्जुन से कहते हैं–

एतैर्विमुक्तः कौन्तेय तमोद्वारैस्त्रिभिर्नरः ।
आचरत्यात्मनः श्रेयस्ततो याति परां गतिम् ॥ 22 ॥

हे कुंतीपुत्र अर्जुन! जो नर इन तीनों नरक द्वारों (काम, क्रोध, लोभ) से बच जाने में सफल हो जाता है, वह निश्चित रूप से

आत्म-साक्षात्कार हेतु जगत् के कल्याण से संबंधित आचरण एवं
कार्यों को करता है और क्रमश: इसके बल पर वह परम गति को
प्राप्त होता है अर्थात् मुझको प्राप्त करता है।

जो जन पूर्व में वर्णित दैवी संपदा (प्रवृत्ति) के आचरण न
करके जागतिक मान्यता के अनुसार अपने कर्मों को सतत् करता
है, वह परम गति को प्राप्त होता है अथवा नहीं? इस जिज्ञासा को
ध्यान में रखकर 23वें श्लोक में भगवान् श्रीकृष्ण कहते हैं–

य: शास्त्रविधिमुत्सृज्य वर्तते कामकारत: ।
न स सिद्धिमवाप्नोति न सुखं न परांगतिम् ॥ 23 ॥

जिस प्राणी अथवा मनुष्य के द्वारा शास्त्रविहित विधियों को त्यागकर
अपनी इच्छानुसार मन में आने वाली इच्छाओं को ध्यान में रखकर
आचरण किया जाता है। उसके द्वारा न तो अभीष्ट सिद्धि की प्राप्ति
की जाती है, न परम गति की और न ही ऐसे व्यक्ति द्वारा सुख
की ही प्राप्ति की जाती है।

इस अध्याय के अंतिम 24वें श्लोक में शास्त्रविधि को त्यागकर
किए जाने वाले समस्त कर्म निष्फल होते हैं, ऐसी स्थिति में
जिज्ञासा उत्पन्न होती है कि क्या करना चाहिए? भगवान् श्रीकृष्ण
इस जिज्ञासा को शांत करते हुए कहते हैं–

तस्माच्छास्त्रं प्रमाणं ते कार्याकार्यव्यवस्थितौ ।
ज्ञात्वा शास्त्रविधानोक्तं कर्म कर्तुमिहार्हसि ॥ 24 ॥

अर्जुन को बतलाते हुए भगवान् कहते हैं–मनुष्य को यह जानना

चाहिए कि शास्त्र के विधानानुसार क्या कर्तव्य है और क्या अकर्तव्य है। इस प्रकार आरंभ से ही उसे ऐसे विधि-विधानों को जानकर, समझकर ही अपना कर्म करना चाहिए, जिससे धीरे-धीरे कर्मानुसार वह स्वयं को ऊंचा उठा सके।

इस प्रकार सोलहवें अध्याय के अंतर्गत परमेश्वर से संबंध रखने वाले तथा उनकी प्राप्ति करा देने वाले सद्गुणों एवं सदाचारों का उल्लेख है। इन गुणों को जानकर और धारण कर जन दैवी संपदा से युक्त हो जाते हैं। दूसरी तरफ आसुरी प्रवृत्ति से युक्त दुर्गुणों, दुराचारों आदि का भी उल्लेख परमात्मा द्वारा किया गया है।

इस अध्याय में भगवान् के द्वारा दैवी एवं आसुरी दोनों ही संपदा में से किसी एक के चयन की स्वतंत्रता तो है, लेकिन अगर जीव को ब्रह्मतत्त्व की प्राप्ति करनी है तो शास्त्रानुसार जीवन जीने की प्रक्रिया को पूर्णत: अपनाना होगा।

॥ ॐ तत्सदिति श्रीमद्भगवद्गीतासूपनिषत्सु ब्रह्मविद्यायां योगशास्त्रे श्रीकृष्णार्जुनसंवादे दैवासुरसम्पद्विभागयोगो नाम षोडशोऽध्याय ॥

अध्याय-17

श्रद्धात्रयविभागयोग

सोलहवें अध्याय में भगवान् श्रीकृष्ण के द्वारा निष्काम भाव से सेवित शास्त्र विहित गुण और आचरणों का दैवी संपदा के अंतर्गत एवं शास्त्र विपरीत को आसुरी संपदा के अंतर्गत बतलाया है। भगवान् ने यह भी कहा है कि मनुष्य शास्त्रविधि का त्याग करके, मनमाने ढंग से अपनी समझ से जिसे अच्छा कर्म समझता है, वही करता है। उसे अपने उन कर्मों का फल नहीं मिलता। अगर उसके द्वारा सिद्धि हेतु कर्म किया जाता है, तो सिद्धि नहीं मिलती। सुखेच्छा से किए गए कर्म से न तो सुख मिलता है और परम गति तो मिलती ही नहीं। भगवान् द्वारा शास्त्रानुसार कर्म करने हेतु निष्काम कर्म करने का आदेश दिया गया है।

अर्जुन द्वारा इस अध्याय में भगवान् श्रीकृष्ण से शास्त्रविधि का त्याग कर श्रद्धापूर्वक यज्ञ आदि करने वालों की निष्ठा पूछी है। भगवान् श्रीकृष्ण द्वारा गुणों के अनुसार त्रिविध स्वाभाविक श्रद्धा का वर्णन किया गया है, श्रद्धा पुरुष का स्वरूप, सात्त्विक, राजसी एवं तामसी पुरुषों द्वारा देव, यक्ष, राक्षस और भूत-प्रेतादि के पूजे जाने की बात कही गई है।

शास्त्रविरुद्ध घोर तप करने वालों की निंदा की गई है। सात्त्विक, राजसी, तामसी आहार का वर्णन एवं इन तीनों यज्ञों के लक्षण पर प्रकाश डाला गया है। शारीरिक, वाचिक एवं मानसिक तप का वर्णन करते हुए सात्त्विक पक्ष के लक्षण बतलाए गए हैं।

इसके पश्चात् भगवान् के द्वारा 'ॐ तत्सत्' की महिमा एवं ॐ, तत् व सत् शब्दों के प्रयोग की व्याख्या की गई है। भगवान् अंत में बिना श्रद्धा के किए हुए यज्ञ, दान, तप इत्यादि कर्मों को इहलोक एवं परलोक हेतु निष्फल बतलाए हैं।

पहले श्लोक में अर्जुन के द्वारा इस जिज्ञासा के साथ कि जो

लोग शास्त्रविधि को त्यागकर अपने मन से कर्म करते हैं, उनके कर्म व्यर्थ होते हैं—यह तो ठीक है। हे परमात्मा! ऐसे भी तो लोग हो सकते हैं, जो शास्त्रविधि को न जानने के चलते या किसी अन्य कारण के चलते त्याग कर बैठते हैं, लेकिन यज्ञ-पूजादि शुभ कर्मों को श्रद्धापूर्वक करते हैं, उनकी क्या स्थिति होती है? इस जिज्ञासा को अर्जुन भगवान् श्रीकृष्ण से पूछते हुए कहते हैं–

अर्जुन उवाच
ये शास्त्रविधिमुत्सृज्य यजन्ते श्रद्धयान्विताः ।
तेषां निष्ठा तु का कृष्ण सत्त्वमाहो रजस्तमः ॥ 1 ॥

अर्जुन ने कहा–हे कृष्ण! जो मानव शास्त्रोक्त विधियों को त्यागकर और श्रद्धा से युक्त होकर देवता आदि का पूजन करते हैं, उनकी स्थिति फिर कौन-सी होती है? वे सात्त्विकी है, राजसी है या तामसी है।

अर्जुन द्वारा पूछे गए प्रश्नों को सुनने के पश्चात् भगवान् द्वारा दूसरे एवं तीसरे श्लोकों में इसका संक्षिप्त उत्तर देते हुए कहा गया है–

श्रीभगवान् उवाच
त्रिविधा भवति श्रद्धा देहिनां सा स्वभावजा ।
सात्त्विकी राजसी चैव तामसी चेति तां शृणु ॥ 2 ॥

श्रीभगवान् बोले–किसी भी देहधारी मनुष्य द्वारा अर्जित गुणों के आधार पर उसकी श्रद्धा तीन प्रकार की होती है–सतोगुणी,

रजोगुणी और तमोगुणी। हे अर्जुन! अब तुम इसके विषय में मुझसे सुनो।

तीसरे श्लोक में विभिन्न गुणाधारित श्रद्धा को बतलाते हुए भगवान् श्रीकृष्ण कहते हैं–

सत्त्वानुरूपा सर्वस्य श्रद्धा भवति भारत ।
श्रद्धामयोऽयं पुरुषो यो यच्छ्रध्दः स एव सः ॥ 3 ॥

हे भरत-पुत्र! समस्त मानव की श्रद्धा उनके अंतःकरण के अनुरूप होती है। विभिन्न गुणों के आधार पर अपने-अपने अस्तित्व के अनुसार मानव एक विशेष प्रकार की श्रद्धा विकसित करता है। अपने द्वारा अर्जित गुणानुसार ही जीव को विशेष श्रद्धा से युक्त कहा जाता है।

श्रद्धा के अनुसार मनुष्यों के निष्ठामूलक स्वरूप को बतलाया गया है। यहां यह जिज्ञासा हो सकती है कि मनुष्यों में यह पहचान कैसे हो कि कौन किस निष्ठा वाला है–इसे बतलाते हुए चौथे श्लोक में भगवान् श्रीकृष्ण कहते हैं–

यजन्ते सात्त्विका देवान्यक्षरक्षांसि राजसाः ।
प्रेतान्भूतगणांश्चान्ये यजन्ते तामसा जनाः ॥ 4 ॥

सात्त्विक गुणों से युक्त पुरुष देवताओं को पूजते हैं। रजोगुणी पुरुष द्वारा यक्ष और राक्षसों का पूजन किया जाता है और तमोगुणी पुरुषों के द्वारा भूत एवं प्रेतों का पूजन किया जाता है।

अज्ञानी होने के कारण शास्त्रविधि का त्याग करके त्रिविध

स्वाभाविक श्रद्धा के साथ यज्ञ करने वालों का वर्णन किया गया है।

शास्त्रविधि का त्याग करने वाले अश्रद्धालु मनुष्यों के संबंध में कुछ नहीं कहा गया है, इसलिए जिज्ञासा यह उत्पन्न होती है कि जिनमें श्रद्धा भी नहीं है और जो शास्त्रविधि को न मानते हुए भी घोर तपादि कर्मों को करते हैं, उन्हें किस गुण की श्रेणी में रखना चाहिए? इस प्रश्न का उत्तर श्लोक संख्या-5 एवं 6 में देते हुए भगवान् श्रीकृष्ण कहते हैं-

अशास्त्रविहितं घोरं तप्यन्ते ये तपो जनाः ।
दम्भाहङ्कारसंयुक्ताः कामरागबलान्विताः ॥ 5 ॥

जिस मानव के द्वारा शास्त्रविधि का परित्याग कर केवल मन में कल्पित घोर तप किया जाता है; वह दंभ और अहंकार से युक्त होते हुए कामना, आसक्ति एवं बल के अभियान से युक्त होता है।

छठे श्लोक में भगवान् श्रीकृष्ण कहते हैं-

कर्शयन्तः शरीरस्थं भूतग्राममचेतसः ।
मां चैवान्तःशरीरस्थं तान्विद्ध्यासुरनिश्चयान् ॥ 6 ॥

जो मन-कल्पित घोर तप को करते हैं, वे शरीर रूप में स्थित भूत समुदाय को और अंतःकरण में स्थित परमात्मा को भी कष्ट पहुंचाने का कार्य करते हैं। हे पार्थ! ऐसे अज्ञानी को भी तुम असुर स्वभाव का ही समझो।

सातवें श्लोक में भगवान् श्रीकृष्ण सात्त्विक का ग्रहण तथा राजस एवं तामस का त्याग करने के उद्देश्य से सात्त्विक, राजस

तथा तामस आहार, यज्ञ, तप और दान के भेदों को सुनने हेतु अर्जुन को आज्ञा देते हुए कहते हैं–

आहारस्त्वपि सर्वस्य त्रिविधो भवति प्रियः ।
यज्ञस्तपस्तथा दानं तेषां भेदमिमं शृणु ॥ 7 ॥

यहां तक कि प्रकृति-प्रदत्त गुणों के अनुसार ही तीनों प्रकार के व्यक्तियों के द्वारा अपने भोजन को पसंद किया जाता है और ठीक यही प्रकृतिगत बात तीनों पुरुषों के द्वारा किए जाने वाले यज्ञ, तपस्या और दान के विषय में भी सत्य है। अब मैं तुम्हें उनके भेदों के विषय में बतलाना चाहूंगा।

उपर्युक्त श्लोक में भगवान् श्रीकृष्ण ने आहार, यज्ञ, तप और दान का वर्णन किया है। 8वें श्लोक में श्रीभगवान् ग्रहण करने योग्य सात्त्विक आहार का वर्णन करते हुए कहते हैं–

आयुः सत्त्वबलारोग्यसुखप्रीतिविवर्धनाः ।
रस्याः स्निग्धाः स्थिरा हृद्या आहाराः सात्त्विकप्रियाः ॥ 8 ॥

आयु, बुद्धि, बल, आरोग्य, सुख और प्रेम को बढ़ाने वाले, रस से परिपूर्ण, चिकने तथा स्थिर रहने वाले तथा स्वभावतः ही मन को प्रिय लगने वाले आहार अर्थात् भोजन करने के पदार्थ सात्त्विक पुरुष को अत्यधिक प्रिय होते हैं।

सात्त्विक आहार से युक्त सात्त्विक पुरुषों का वर्णन करके अब श्लोक संख्या-9 में राजसी पुरुष के द्वारा ग्रहण किए जाने वाले आहार का वर्णन करते हुए भगवान् श्रीकृष्ण कहते हैं–

कट्वम्ललवणात्युष्णतीक्ष्णरूक्षविदाहिनः ।
आहारा राजस्येष्टा दुःखशोकामयप्रदाः ॥ 9 ॥

अधिकाधिक तीखे, खट्टे, नमकीन, गरम, चटपटे, शुष्क और जलन उत्पन्न करने वाले भोजन रजोगुणी स्वभाव के व्यक्तियों को प्रिय होते हैं। इस प्रकार के भोजन राजस पुरुषों को दुःख, शोक तथा रोग उत्पन्न करने वाले हैं।

10वें श्लोक में तामसिक पुरुषों द्वारा प्रयोग किए जा रहे तामसिक आहार का वर्णन करते हुए भगवान् श्रीकृष्ण कहते हैं–

यातयामं गतरसं पूति पर्युषितं च यत् ।
उच्छिष्टमपि चामेध्यं भोजनं तामसप्रियम् ॥ 10 ॥

वह भोजन जो अधपका हो, रसरहित हो, दुर्गंधयुक्त हो, बासी हो और उच्छिष्ट तथा अपवित्र भी हो, वह भोजन तामस पुरुष को प्रिय होता है।

उपर्युक्त तीन श्लोकों में भोजन के तीन भेद बतलाकर अब यज्ञ के तीन प्रकारों को बतलाया गया है। श्लोक संख्या-11 में भगवान् श्रीकृष्ण के द्वारा सात्त्विक यज्ञ के लक्षण को बतलाते हुए कहा गया है–

अफलाकाङ्क्षिभिर्यज्ञो विधिदृष्टो य इज्यते ।
यष्टव्यमेवेति मनः समाधाय स सात्त्विकः ॥ 11 ॥

वह यज्ञ जो यज्ञफल की कामना न करने वाले पुरुषों के द्वारा मन

को नियंत्रित कर शास्त्रीय विधि से सांगोपांग हो किया जाता है, वह सात्त्विक यज्ञ है।

12वें श्लोक में राजस यज्ञ का लक्षण बतलाते हुए भगवान् श्रीकृष्ण कहते हैं–

अभिसन्धाय तु फलं दम्भार्थमपि चैव यत् ।
इज्यते भरतश्रेष्ठ तं यज्ञं विद्धि राजसम् ॥ 12 ॥

हे भरतवंशी अर्जुन! वह यज्ञ जो केवल दंभाचरण का अनुसरण करते हुए भौतिक लाभ के लिए अथवा फल को दृष्टि में रखकर किया जाता है, राजस यज्ञ कहलाता है।

13वें श्लोक में तामस यज्ञ के लक्षण को बतलाते हुए, जो सर्वथा त्याज्य है, भगवान् श्रीकृष्ण कहते हैं–

विधिहीनमसृष्टान्नं मंत्रहीनमदक्षिणम् ।
श्रद्धाविरहितं यज्ञं तामसं परिचक्षते ॥ 13 ॥

शास्त्रीय विधि से विरत, अन्नदान से हीन, बिना मंत्रों के, बिना दक्षिणा के और बिना वांछित श्रद्धा को धारण किया जानेवला यज्ञ तामस यज्ञ कहलाता है।

उपर्युक्त तीन श्लोकों में तीन प्रकार के यज्ञों के लक्षण को बतलाने के पश्चात् अब भगवान् श्रीकृष्ण श्लोक संख्या-13, 14, 15 एवं 16 में सात्त्विक तप के लक्षणों को बतलाते हुए कहते हैं–

14वें श्लोक में शारीरिक तप के संदर्भ में भगवान् श्रीकृष्ण कहते हैं–

देवद्विजगुरुप्राज्ञपूजनं शौचमार्जवम् ।
ब्रह्मचर्यमहिंसा च शारीरं तप उच्यते ॥ 14 ॥

शरीर संबंधी तप की चर्चा करते हुए कहा गया है—देवता, ब्राह्मण, गुरु और ज्ञानीजनों का पूजन, पवित्रता, सरलता, ब्रह्मचर्य और अहिंसा ये शारीरिक तप के अंतर्गत आते हैं।

15वें श्लोक में वाणी संबंधी तप के स्वरूप को बतलाते हुए भगवान् श्रीकृष्ण कहते हैं—

अनुद्वेगकरं वाक्यं सत्यं प्रियहितं च यत् ।
स्वाध्यायाभ्यसनं चैव वाङ्मयं तप उच्यते ॥ 15 ॥

वाणी का तप वह है जिसमें वाणी का प्रयोग करने वाले सच्चे, प्रिय, हितकर वचन कहते हैं, वह वाणी जो अन्य को क्षुब्ध न करने वाली हो। कल्याण संबंधित वाक्यों का प्रयोग किया जाए तथा वैदिक साहित्य का जिसके द्वारा नियमित परायण हो।

16वें श्लोक में मन संबंधी तप का स्वरूप बतलाते हुए भगवान् श्रीकृष्ण कहते हैं—

मनः प्रसादः सौम्यत्वं मौनमात्मविनिग्रहः ।
भावसंशुद्धिरित्येतत्तपो मानसमुच्यते ॥ 16 ॥

मन संबंधी तप के अंतर्गत मन की प्रसन्नता, शांत भाव, भगवद्चिंतन करने का स्वभाव, मन का निग्रह और अंतःकरण में सन्निहित भावों की भली-भांति पवित्रता आते हैं।

17वें श्लोक में सात्त्विक तप के लक्षणों पर प्रकाश डालते हुए भगवान् श्रीकृष्ण अर्जुन से कहते हैं–

श्रद्धया परया तप्तं तपस्तत्त्रिविधं नरैः ।
अफलाकाङ्क्षिभिर्युक्तैः सात्त्विकं परिचक्षते ॥ 17 ॥

फल की कामना से मुक्त योगी पुरुषों द्वारा परम श्रद्धायुक्त भाव से शरीर संबंधी तप, वाणी संबंधी तप और मन संबंधी तप का अनुपालन किया जाता है, वे सात्त्विक कहलाते हैं।

18वें श्लोक में राजस तप के लक्षणों पर प्रकाश डालते हुए भगवान् श्रीकृष्ण कहते हैं–

सत्कारमानपूजार्थं तपो दम्भेन चैव यत् ।
क्रियते तदिह प्रोक्तं राजसं चलमध्रुवम् ॥ 18 ॥

जहां पर सत्कार, सम्मान और पूजा के लिए तथा अन्य किसी स्वार्थ के लिए पाखंड के माध्यम से प्रदर्शन किया जाता है, वैसा तप क्षणिक फलवाला तप होता है, वह राजस तप कहलाता है।

भगवान् श्रीकृष्ण के द्वारा 19वें श्लोक में 'तामस तप' के लक्षणों को स्पष्ट करते हुए इस तप को सभी प्रकार से त्याज्य बतलाया है–

मूढग्राहेणात्मनो यत्पीडया क्रियते तपः ।
परस्योत्सादनार्थं वा तत्तामसमुदाहृतम् ॥ 19 ॥

जिस तप को मूढ़तापूर्वक हठ करके, मन, वाणी और शरीर की पीड़ा के साथ अथवा दूसरों का अनिष्ट करने के लिए किया जाता है, वह तामस तप कहलाता है।

उपर्युक्त तीन श्लोकों में त्रयतापों के लक्षण बतलाने के पश्चात् श्लोक संख्या-20, 21 और 22 में तीनों दानों के भेदों के ऊपर प्रकाश भगवान् श्रीकृष्ण द्वारा प्रकाश डाला गया है।

श्लोक संख्या-20 में सात्त्विक दान के लक्षण को बतलाते हुए भगवान् श्रीकृष्ण कहते हैं–

दातव्यमिति यद्दानं दीयतेऽनुपकारिणे ।
देशेकाले च पात्रे त तद्दानं सात्त्विकं स्मृतम् ॥ 20 ॥

दान देने की प्रवृत्ति को कर्तव्य मानकर जो दान देश, काल और पात्र के प्राप्त होने पर उपकार न करने वालों के प्रति दिया जाता है, वह दान सात्त्विक दान कहलाता है। 21वें श्लोक में भगवान् श्रीकृष्ण के द्वारा राजसी दान का लक्षण बतलाते हुए कहा गया है–

यत्तु प्रत्युपकारार्थं फलमुद्दिश्य वा पुनः ।
दीयते च परिक्लष्टं तद्दानं राजसं स्मृतम् ॥ 21 ॥

वह दान जो देने वाले दानी के द्वारा क्लेशपूर्वक एवं दूसरे को

उपकृत करते हुए अथवा दान फल को दृष्टि में रखकर किसी को दिया जाता है, उसे राजस दान कहते हैं।

22वें श्लोक में भगवान् श्रीकृष्ण द्वारा तामस दान के लक्षणों का उल्लेख करते हुए कहा गया है–

अदेशकाले यद्दानमपात्रेभ्यश्च दीयते ।
असत्कृतमवज्ञातं तत्तामसमुदाहृतम् ॥ 22 ॥

वह दान जिसे बिना किसी सत्कार के अथवा तिरस्कारपूर्वक तथा किसी अपवित्र स्थान में और अनुचित समय में किसी अयोग्य व्यक्ति को दिया गया हो, तामस दान कहलाता है।

इस प्रकार सात्त्विक यज्ञ, तप और दान आदि को संपादन करने योग्य बतलाने के उद्देश्य से और राजस तथा तामस को त्याज्य बतलाने के उद्देश्य से उन सभी के तीन-तीन भेद किए गए। अब भगवान् श्रीकृष्ण के द्वारा सात्त्विक यज्ञ, दान और तप की उपादेयता, भगवान् से उसका संबंध तथा सात्त्विक यज्ञ, तप और दान में यदि कोई अंग, वैगुण्य हो जाए तो उसकी पूर्ति के क्या तरीके हैं, इसकी चर्चा 23वें श्लोक में करते हुए भगवान् श्रीकृष्ण कहते हैं–

ॐ तत्सदिति निर्देशो ब्रह्मणस्त्रिविधः स्मृतः ।
ब्राह्मणास्तेन वेदाश्च यज्ञाश्च विहिताः पुरा ॥ 23 ॥

सृष्टि के आदिकाल से ॐ, तत्, सत् ये तीनों शब्द सच्चिदानंदघन ब्रह्म को सूचित करने के लिए प्रयुक्त किए जाते रहे हैं। ये तीनों सांकेतिक अभिव्यक्तियां ब्राह्मणों द्वारा वैदिक मंत्रों का उच्चारण

करते समय तथा ब्रह्म को संतुष्ट करने के लिए यज्ञों के समय प्रयुक्त होती थीं।

सच्चिदानंघन ब्रह्म के ॐ, तत् और सत्–इन तीनों नामों का यज्ञ, दान तपादि के साथ क्या संबंध है? इस प्रकार की जिज्ञासा को शांत करने हेतु सर्वप्रथम ॐ के प्रयोग की बात करते हुए 24वें श्लोक में भगवान् श्रीकृष्ण कहते हैं–

तस्मादोमित्युदाहृत्य यज्ञदानतपः क्रियाः ।
प्रवर्तन्ते विधानोक्ताः सततं ब्रह्मवादिनाम् ॥ 24 ॥

योगिजनों के द्वारा ब्रह्म की प्राप्ति हेतु शास्त्रीय विधिसम्मत स्थितियों का अनुसरण करते हुए यज्ञ, दान, तपादि की क्रियाओं का शुभारंभ सदैव 'ॐ' (ओंकार) के द्वारा किया जाता है।

'ॐ' तद् विष्णोः परमं पदम् ऋग्वेद (1.22.20) श्री विष्णु के चरण-कमल परम भक्ति के आश्रय हैं, जिससे प्रत्येक कर्म की सिद्धि वांछित हो जाती है।

25वें श्लोक में भगवान् श्रीकृष्ण के द्वारा 'तत्' नाम के प्रयोग का वर्णन करते हुए कहा गया है–

तदित्यनभिसन्धाय फलं यज्ञतपःक्रियाः ।
दानक्रियाश्च विविधाः क्रियन्ते मोक्षकाङ्क्षिभिः ॥ 25 ॥

मानव-मात्र को चाहिए कि कर्मफल की इच्छा किए बिना ही विविध प्रकार के यज्ञ एवं दान को 'तत्' शब्द के माध्यम से संपन्न करें। इस प्रकार की दिव्य क्रियाओं के प्रयोग के द्वारा मानव

समूह भव-बंधन से सदा-सर्वदा के लिए मुक्त हो जाते हैं। मनुष्य की विशिष्ट उपलब्धि तभी है, जब किए जाने वाले समस्त कार्य भगवान् के परम धाम को ध्यान में रखकर किए जाएं।

'तत्' नाम के प्रयोगार्थ को समझने के पश्चात् भगवान् द्वारा 26वें एवं 27वें श्लोक में 'सत्' नाम के प्रयोगार्थ पर चर्चा करते हुए कहा गया है–

सद्भावे साधुभावे च सदित्येतत्प्रयुज्यते ।
प्रशस्ते कर्मणि तथा सच्छब्दः पार्थ युज्यते ॥ 26 ॥

'सत्' रूपी परमात्मा का वाचक नाम सत्य भाव और श्रेष्ठ भाव में प्रयुक्त किया जाता है तथा हे पार्थ! उत्तम कर्म में भी सदा-सर्वदा 'सत्' शब्द का प्रयोग किया जाता है।

उपर्युक्त क्रम को जारी रखते हुए भगवान् श्रीकृष्ण द्वारा 27वें श्लोक में कहा गया है–

यज्ञे तपसि दाने च स्थितिः सदिति चोच्यते ।
कर्म चैव तदर्थीयं सदित्येवाभिधीयते ॥ 27 ॥

इसके अतिरिक्त यज्ञ, तप और दान में जो स्थिति है, वह भी 'सत्' कहलाता है। परम पुरुष सच्चिदानंदघन को प्रसन्न करने हेतु निश्चयपूर्वक किए गए समस्त कर्म 'सत्' की श्रेणी में आते हैं।

इस प्रकार से श्रद्धापूर्वक किए गए समस्त शास्त्रविहित यज्ञ, तप, दान आदि कर्मों के महत्त्व बतलाने के पश्चात् अब जिज्ञासा यह उत्पन्न होती है, शास्त्रविहित यज्ञादि कर्म अगर श्रद्धा बिना किए

जाते हैं तो उनका क्या फल होता है? इस पर भगवान् श्रीकृष्ण द्वारा अध्याय का उपसंहार करते हुए 28वें श्लोक में कहा गया है–

अश्रद्धया हुतं दत्तं तपस्तप्तं कृतं च यत् ।
असदित्युच्यते पार्थ न च तत्प्रेत्य नो इह ॥ 28 ॥

हे पार्थ! बिना श्रद्धा के किया हुआ हवन अथवा यज्ञ, दिया गया दान एवं तपाया हुआ तप तथा इसके अतिरिक्त जो कुछ भी मानव के द्वारा किए गए शुभ कर्म हैं, वे समस्त 'असत्' कहलाते हैं, इसीलिए ये सभी न तो इस जन्म में और न ही मरने के पश्चात् प्राणी के लिए लाभप्रद होते हैं।

अगर सत्रहवें अध्याय का ध्यानपूर्वक अध्ययन करें तो इस अध्याय के अंतर्गत अर्जुन द्वारा श्रद्धायुक्त पुरुषों की निष्ठा से संदर्भित प्रश्न पूछे गए हैं। इन्हीं प्रश्नों का उत्तर देते हुए भगवान् श्रीकृष्ण द्वारा तीन प्रकार की श्रद्धा एवं श्रद्धानुसार पुरुषों के स्वरूप की विवेचना की गई है। तदुपरांत इस अध्याय के अंतर्गत पूजा, जप, तप, यज्ञ आदि का संबंध श्रद्धा के साथ दिखलाते हुए श्रद्धावानों के वैशिष्ट्य को बतलाया गया है। अध्याय के अंतिम श्लोक में श्रद्धारहित पुरुषों के समस्त कर्मों को असत् बतलाया गया है।

इस अध्याय में त्रिविध श्रद्धा की विभागपूर्वक व्याख्या की गई है, इसलिए विद्वानों ने इसका नाम 'श्रद्धात्रयविभाग योग' रखा है।

॥ ॐ तत्सदिति श्रीमद्भगवद्गीतासूपनिषत्सु ब्रह्मविद्यायां
योगशास्त्रे श्रीकृष्णार्जुनसंवादे श्रद्धात्रयविभागयोगो
नाम सप्तदशोऽध्यायः ॥

अध्याय-18

मोक्षसंन्यासयोग

अट्ठाहरवें अध्याय के आरंभ में ही अर्जुन के द्वारा संन्यास एवं त्याग के तत्त्वों को जानने की इच्छा प्रकट की गई है। भगवान् श्रीकृष्ण के द्वारा अर्जुन से इस संदर्भ में दिए गए विद्वत् मत को प्रस्तुत किया गया है। इसके पश्चात् भगवान् द्वारा त्याग के विषय में अपना निश्चय सुनाते हुए कर्तव्य-कर्मों को न त्यागने की बात कही गई है। इसके बाद सात्त्विक, राजस और तामस त्याग के लक्षणों को बतलाया गया है, साथ ही सात्त्विक त्यागी के लक्षणों का भी उल्लेख किया गया है और त्यागी पुरुषों के महत्त्व को भी प्रतिपादित किया गया है।

संन्यास (सांख्य) सिद्धांत के अंतर्गत कर्मों की सिद्धि में अधिष्ठानादि पांचों कारणों का उल्लेख किया गया है। आत्मा को कर्ता समझने वालों की निंदा तथा अभिमान रहित होकर कर्म करने की प्रशंसा की गई है। कर्म प्रेरणा तथा कर्म-संग्रह का स्वरूप, ज्ञान, कर्म एवं कर्त्ता के त्रिविध भेदों को बतलाया गया है। बुद्धि एव धृति के त्रिविध भेदों की चर्चा, सात्त्विक, राजसी एवं तामसी भेदों का वर्णन और सुख के सात्त्विक, राजसी, तामस आदि तीन भेद भी बतलाए गए हैं। समस्त जगत् त्रिगुणमय है, इसे बतलाने के पश्चात् चारों वर्ण, वर्णों के स्वाभाविक कर्म का वर्णन किया गया है। वर्ण धर्म पालन एवं परम सिद्धि प्राप्ति विधि की चर्चा एवं स्वधर्म की प्रशंसा की गई है।

संन्यास से परम सिद्धि प्राप्ति तक की यात्रा, ज्ञान की पराकाष्ठा, ज्ञाननिष्ठा का वर्णन भक्ति प्रधान कर्मयोग के वर्णन के अंतर्गत महत्त्व एवं फल को बतलाया गया है। इसके पश्चात् इस अध्याय में परमेश्वर के सर्वनियंता, सर्वांतर्यामी स्वरूप को बतलाकर शरणागत होने की बात कही गई है। अनन्य शरणागतिरूप एवं सर्वगुह्यतम

उपदेश से भी भगवान् द्वारा अर्जुन को परिचित कराया गया है। भगवान् द्वारा अर्जुन को शरणागत होने की आज्ञा दी गई है। गीता के महत्त्व एवं रहस्य का स्वाभाविक वर्णन भी किया गया है। गीता के उपदेश से उन्हें अभिसिंचित न करने की भी बात कही गई है, जो चतुर्विध अनधिकारी है। गीता अधिकारियों द्वारा गीता प्रचार, गीता अध्ययन, गीता श्रवण आदि के माहात्म्य का वर्णन भी किया गया है। अर्जुन द्वारा गीतोपदेश के पश्चात् मोहनाश, संशयरहित होने की स्थिति का वर्णन किया गया है। भगवद् आज्ञानुपालन के पश्चात् श्रीकृष्ण-अर्जुन संवाद रूपी गीता शास्त्र के उपदेश की महिमा का बखान किया गया है। अंत में भगवान् श्रीकृष्ण एवं अर्जुन जिस पक्ष में हैं, उसकी विजय निश्चित है, के साथ ही श्रीमद्भगवद्गीता ग्रंथ पूर्ण हुआ है।

जैसा कि हमें पता है, ग्यारहवें श्लोक से श्रीमद्भगवद्गीता के उपदेश की शुरुआत भगवान् श्रीकृष्ण द्वारा की गई है। इसी अध्याय के तीसवें श्लोक तक भगवान् द्वारा ज्ञानतत्त्व रूपी योग का उपदेश दिया गया है। प्रसंगवश क्षात्रधर्म की दृष्टि से युद्ध करने की कर्तव्यता का प्रतिपादन करके 39वें श्लोक से लेकर इस अध्याय की समाप्ति तक कर्म तत्त्व प्रधान योग का उपदेश दिया है। तीसरे अध्याय से लेकर सत्रहवें अध्याय तक कहीं ज्ञानयोग दृष्टि से और कहीं कर्मयोग दृष्टि से परमात्मा की प्राप्ति के बहुत से साधन बतलाए हैं। उन सबको सुनने के पश्चात् अब अर्जुन द्वारा इस अट्ठारहवें अध्याय के अंतर्गत समस्त अध्यायों के उपदेश का सार जानने के उद्देश्य से भगवान् त्याग और फलासक्ति के त्याग रूपी कर्मयोग का तत्त्व भली-भांति अलग-अलग जानने की इच्छा प्रकट करते हुए पहले श्लोक में कहा गया हैं–

अर्जुन् उवाच

संन्यासस्य महाबाहो तत्त्वमिच्छामि वेदितुम् ।
त्यागस्य च हृषीकेश पृथक्केशिनिषूदन ॥ 1 ॥

अर्जुन ने भगवान् श्रीकृष्ण से कहा—हे महाबाहो! हे अंतर्यामी! हे वासुदेव! मैं संन्यास और त्याग के तत्त्व को अलग-अलग जानना चाहता हूं।

इस प्रकार अर्जुन द्वारा पूछे जाने पर भगवान् श्रीकृष्ण अपना मंतव्य प्रकट करने से पहले संन्यास और त्याग के विषय में श्लोक संख्या-2 एवं 3 में दूसरे विद्वानों से अलग-अलग मतों को बतलाते हुए कहते हैं—

श्रीभगवान् उवाच

काम्यानां कर्मणां न्यासं संन्यासं कवयो विदुः ।
सर्वकर्मफलत्यागं प्राहुस्त्यागं विचक्षणाः ॥ 2 ॥

श्रीभगवान् ने कहा—कुछ विद्वान् लोग भौतिक इच्छा पर आधारित कर्मों के परित्याग को संन्यास मानते हैं। त्याग के विषय में विद्वत्जन के शब्दों में भगवान् कहते हैं—समस्त कर्मों के फल-त्याग को बुद्धिमान लोग त्याग कहते हैं।

तीसरे श्लोक में भगवान् श्रीकृष्ण द्वारा उक्त क्रम को जारी रखते हुए कहा गया है—

त्याज्यं दोषवदित्येके कर्म प्राहुर्मनीषिणः ।
यज्ञदानतपः कर्म न त्याज्यमिति चापरे ॥ 3 ॥

कुछ विद्वान ऐसा मानते हैं कि सभी प्रकार के सकाम कर्मों को दोषपूर्ण समझकर त्याग देना चाहिए, किंतु कुछ अन्य विद्वान मानते हैं कि यज्ञ, दान तथा तपस्या के कर्मों को कभी नहीं त्यागना चाहिए।

इस प्रकार से संन्यास और त्याग दोनों विषयों में विद्वानों के अलग-अलग मत बतलाकर अब भगवान् त्याग के विषय में अपना मंतव्य बतलाते हुए चौथे श्लोक में कहते हैं–

निश्चयं शृणु मे तत्र त्यागे भरतसत्तम ।
त्यागो हि पुरुषव्याघ्र त्रिविधः सम्प्रकीर्तितः ॥ 4 ॥

हे पुरुष श्रेष्ठ अर्जुन! संन्यास एवं त्याग इन दोनों में से पहले त्याग के विषय में मैं तुम्हें अपना मत रखते हुए बतलाना चाहूंगा, त्याग के तीन भेद माने गए हैं–सात्त्विक, राजसी एवं तामस।

अब भगवान् श्रीकृष्ण द्वारा श्लोक संख्या-5 एवं 6 में त्याग के स्वरूप का उल्लेख करते हुए कहा गया है–

यज्ञदानतपः कर्म न त्याज्यं कार्यमेव तत् ।
यज्ञो दानं तपश्चैव पावनानि मनीषिणाम् ॥ 5 ॥

यज्ञ, दान और तप रूपी कर्म त्याग करने के योग्य नहीं हैं, बल्कि ये सभी आवश्यक कर्तव्य हैं, क्योंकि यज्ञ, दान और तप–ये तीनों ही कर्म बुद्धिमान पुरुषों को शुचि अथवा पवित्र करने वाले हैं।

श्लोक संख्या-6 में भगवान् श्रीकृष्ण त्याग के स्वरूप की क्रमिक स्थिति प्रस्तुत करते हुए कहते हैं–

एतान्यपि तु कर्माणि सङ्गं त्यक्त्वा फलानि च ।
कर्तव्यानीति मे पार्थ निश्चितं मतमुत्तमम् ॥ 6 ॥

हे अर्जुन! यज्ञ, दान और तप रूपी इन कर्मों को संपूर्ण कर्तव्य-कर्मों के प्रति आसक्ति एवं समस्त फलों का परित्याग कर व्यक्ति को अवश्य ही निष्ठापूर्वक करना चाहिए। निश्चित रूप से यही मेरा निश्चय किया हुआ श्रेष्ठ मत है।

भगवान् द्वारा अपना निश्चित मत बतलाने के पश्चात् अब शास्त्रों में वर्णित तामस, राजस एवं सात्त्विक इन तीनों त्यागों में सात्त्विक त्याग को वास्तविक एवं कर्तव्य धारित त्याग बतलाते हुए भगवान् इसे कर्तव्यपूर्ण करने की सलाह देते हैं। राजसी एवं तामस त्याग वास्तविक एवं करणीय नहीं है। इस स्थिति को समझाते हुए तथा स्वमत की शास्त्रों के साथ एक वाक्यता दिखलाने के लिए 7वें, 8वें और 9वें श्लोक में क्रमशः तीन प्रकार के निकृष्ट कोटि में आने वाले तामस त्याग के लक्षणों को बतलाते हुए भगवान् श्रीकृष्ण कहते हैं–

नियतस्य तु संन्यास कर्मणो नोपपद्यते ।
मोहात्तस्य परित्यागस्तामसः परिकीर्तितः ॥ 7 ॥

नियत अथवा निर्दिष्ट कर्मों का स्वभावतः त्याग करना उचित नहीं है। यदि कोई व्यक्ति मोहवश अपने नियत कर्मों का परित्याग कर देता है, तो इस प्रकार के त्याग को तामस त्याग कहा जाता है।

8वें श्लोक में भगवान् श्रीकृष्ण के द्वारा राजस त्याग के लक्षण को बतलाते हुए कहा गया है–

दुःखमित्येव यत्कर्म कायक्लेशभयात्त्यजेत् ।
स कृत्वा राजसं त्यागं नैव त्यागफलं लभेत् ॥ 8 ॥

जो कुछ भी कर्म है, वह सब दुःख रूप है। जो व्यक्ति नियत कर्मों को दुःखप्रद या कष्टप्रद समझकर अथवा शारीरिक क्लेश के भय से त्याग देता है, उसके लिए कहा जाता है कि उसके द्वारा यह त्याग रजोगुण के कारण किया गया है। ऐसा करने वाले पुरुष को कभी भी उच्च फल की प्राप्ति नहीं होती।

9वें श्लोक में भगवान् श्रीकृष्ण के द्वारा उत्तम श्रेणी के सात्त्विक त्याग के लक्षण को बतलाते हुए कहा गया है–

कार्यमित्येव यत्कर्म नियतं क्रियतेऽर्जुन ।
संङ्ग त्यक्त्वा फलं चैव स त्यागः सात्त्विको मतः ॥ 9 ॥

हे अर्जुन! वह शास्त्रविहित कर्म जो कर्तव्य के भाव से फल और आसक्ति का त्याग करके किया जाता है, ऐसे ही त्याग को सात्त्विक त्याग माना गया है।

उपर्युक्त सात्त्विक त्याग को करने वाले पुरुष का निषिद्ध और काम्य कर्मों के स्वरूप को छोड़ने में और कर्तव्य-कर्मों के करने में कैसा भाव रहता है, भगवान् श्रीकृष्ण 10वें श्लोक में सात्त्विक त्यागी पुरुष की अंतिम स्थिति के लक्षण बतलाते हुए कहते हैं–

न द्वेष्ट्यकुशलं कर्म कुशले नानुषज्जते ।
त्यागी सत्त्व समाविष्टो मेधावी छिन्नसंशयः ॥ 10 ॥

वह पुरुष जो सतोगुण संपन्न बुद्धिमान व त्यागी होता है, उसके द्वारा न तो कभी अशुभ कर्मों से घृणा की जाती है और न ही वह शुभकर्मों में लिप्त होता है। उसके द्वारा कर्म के विषय में कोई संशय नहीं किया जाता है।

उपर्युक्त श्लोक में श्रीभगवान् द्वारा सात्त्विक त्यागी को अर्थात् निष्काम भाव से कर्तव्य-कर्म का अनुष्ठान करने वाले कर्मयोगी को सच्चा त्यागी बतलाया गया है। इस पर जिज्ञासा होती है कि निषिद्ध और काम्य कर्मों की ही तरह अन्य समस्त कर्मों का स्वरूपतः त्याग कर देने वाला मनुष्य भी सच्चा त्यागी हो सकता है, फिर निष्काम भाव से ही कर्म करने वाले पुरुष को सच्चा त्यागी क्यों कहा जाता है? इस जिज्ञासा को शांत करते हुए 11वें श्लोक में भगवान् श्रीकृष्ण कहते हैं–

न हि देहभृता शक्यं त्यक्तुं कर्माण्यशेषतः ।
यस्तु कर्मफलत्यागी स त्यागीत्यभिधीयते ॥ 11 ॥

इसमें कोई भी संदेह नहीं है कि किसी भी देहधारी प्राणी के लिए अपने समस्त कर्मों का परित्याग कर पाना असंभव है, लेकिन जिस प्राणी के द्वारा कर्मफल का परित्याग कर दिया जाता है, वह वास्तव में त्यागी कहलाने का अधिकारी है।

उपर्युक्त श्लोक में इस बात पर प्रकाश डाला गया है कि जो पुरुष कर्मफल का त्यागी है, वही सर्वश्रेष्ठ त्यागी है। इस पर जिज्ञासा

यह उत्पन्न होती है कि कर्मों का फल न चाहने पर भी किए हुए कर्म अपना फल दिए बिना नष्ट नहीं हो सकते। यह स्थिति ठीक उसी प्रकार की है, जैसे बोया हुआ बीज समय पर अपने-आप वृक्ष को उत्पन्न कर देता है, वैसे ही किए हुए कर्मों का फल भी किसी-न-किसी जन्म में समस्त प्राणी को अवश्य ही भोगना पड़ता है, इसलिए केवल कर्मफल के त्याग से मनुष्य त्यागी अर्थात् 'कर्मबंधन से रहित' कैसे हो सकता है। अर्जुन की इसी जिज्ञासा को शांत करते हुए 12वें श्लोक में भगवान् श्रीकृष्ण कहते हैं–

अनिष्टमिष्टं मिश्रं च त्रिविधं कर्मणः फलम् ।
भवत्यत्यागिनां प्रेत्य न तु संन्यासिनां क्वचित् ॥ 12 ॥

कर्मफल का त्याग न करने वाले मनुष्यों के कर्मों का फल अच्छा, बुरा और मिला हुआ होता है। इस प्रकार के तीनों कर्मों का फल मरने के बाद भी मनुष्यों को अवश्य मिलता है। दूसरी तरफ जो मनुष्य कर्मफल का त्याग कर देता है, उसके कर्मों का फल उसे किसी भी काल में नहीं होता।

अगर हम ध्यानपूर्वक विचार करें तो पहले श्लोक में अर्जुन द्वारा संन्यास और त्याग के तत्त्वों को जानने की अलग-अलग इच्छा प्रकट की गई। भगवान् श्रीकृष्ण द्वारा दूसरे से 12वें श्लोक तक त्याग को यानी कर्मयोग के तत्त्वों को भली-भांति समझाया गया है। अब भगवान् श्रीकृष्ण द्वारा संन्यास (सांख्य) के तत्त्वों को समझाने के लिए कर्मों के पांच हेतुओं को बतलाया गया है–

13वें श्लोक में अर्जुन को संबोधित करते हुए पांच हेतुओं को बतलाने की चर्चा करते हुए भगवान् श्रीकृष्ण कहते हैं–

पञ्चैतानि महाबाहो कारणानि निबोध मे ।
साङ्ख्ये कृतान्ते प्रोक्तानि सिद्धये सर्वकर्मणाम् ॥ 13 ॥

हे महाबाहो अर्जुन! समस्त कर्मों की सिद्धि के ये पांच हेतु सांख्य (संन्यास) शास्त्र के अंतर्गत कर्मों का अंत करने के लिए उपाय बतलाने वाले कहे गए हैं। अब मैं तुम्हें इनके विषय में अच्छी तरह बतला रहा हूं–

14वें श्लोक में पांचों हेतुओं के नाम बतलाते हुए भगवान् श्रीकृष्ण कहते हैं–

अधिष्ठानं तथा कर्ता करणं च पृथग्विधम् ।
विविधाश्च पृथक्चेष्टा दैवं चैवात्र पञ्चमम् ॥ 14 ॥

पांच कर्म के कारणों में प्रथम कर्म का स्थान अर्थात् शरीर, दूसरा कर्ता, तीसरा विभिन्न इन्द्रियां, चौथा अनेक प्रकार की चेष्टाएं तथा पांचवां परमात्मा है।

- **अधिष्ठानम्** पद का प्रयोग शरीर के लिए किया गया है।
- **कर्ता पद** का प्रयोग प्रकृतिस्थ पुरुष के लिए किया गया है।
- **प्रथग्विधम्** समस्त इन्द्रियां पृथग्विधम् का वाचक है।

15वें श्लोक में समस्त प्रकार के मानवीय कर्मों के मूल इन पांच कारणों को मानते हुए श्रीभगवान् कहते हैं–

शरीरवाङ्मनोभिर्यत्कर्म प्रारभते नरः ।
न्याय्यं वा विपरीतं वा पञ्चैते तस्य हेतवः ॥ 15 ॥

मनुष्य के द्वारा अपने मन, वचन और वाणी से जो भी शास्त्रानुकूल
अथवा शास्त्र विपरीत कर्म किए जाते हैं अर्थात् मनुष्य जो भी
उचित या अनुचित कर्म करता है, वह मूलतः इन पांच कारणों के
द्वारा ही संपन्न होता है।

इस प्रकार से सांख्ययोग के सिद्धांत से समस्त कर्मों की सिद्धि
के अधिष्ठानादि पांच कारणों का निरूपण करके अब, वास्तव
में आत्मा का कर्मों से कोई संबंध नहीं है। आत्मा हमेशा शुद्ध,
निर्विकार और अकर्ता है। इस बात को समझाने के लिए भगवान्
श्रीकृष्ण 16वें श्लोक में आत्मा को कर्ता मानने वालों की निंदा
करते हुए कहते हैं–

तत्रैवं सति कर्तारमात्मानं केवलं तु यः ।
पश्यत्यकृतबुद्धित्वान्न स पश्यति दुर्मतिः ॥ 16 ॥

जिसके द्वारा इन पांचों कारणों को न मानकर अपने आपको ही
एकमात्र कर्ता मानता है, वह निश्चित रूप से बुद्धिमान नहीं होता
और वस्तुओं को सही रूप में नहीं देख सकता।

मतलब यह कि मूर्ख के द्वारा यह नहीं समझा जाता कि उसके
अंतर में परमात्मा बैठा है और उसके द्वारा कर्मों का संचालन कर
रहा है। वह अन्य कारणों के साथ परमात्मा को भी कर्ता नहीं
मानता है, केवल स्वयं को ही कर्ता मानता है, जो उसकी मूर्खता है।

आत्मा सर्वथा शुद्ध, निर्विकार और अकर्ता है–इस बात को

समझाने के लिए आत्मा को 'कर्ता' मानने वालों की निंदा करने के पश्चात् अब भगवान् श्रीकृष्ण द्वारा 17वें श्लोक में आत्मा के यथार्थ स्वरूप को समझाकर उसे अकर्ता समझने वालों की प्रशंसा करते हुए कहा गया है–

यस्य नाहङ्कृतो भावो बुद्धिर्यस्य न लिप्यते ।
हत्वापि स इमांल्लोकान्न हन्ति न निबध्यते ॥ 17 ॥

जिस पुरुष के अंतःकरण में 'मैं कर्ता हूं' ऐसा भाव नहीं है तथा जिसकी बुद्धि सांसारिक पदार्थों में और कर्मों में लिप्यमान नहीं होती, वह पुरुष इन सब लोकों को मारकर भी वास्तव में न तो मारता है और न ही पाप से बंधता है।

उपर्युक्त श्लोक में ज्ञानयोग (संन्यास) का तत्त्व समझाने के लिए आत्मा के अकर्तापन का प्रतिपादन करके 18वें श्लोक में भगवान् श्रीकृष्ण द्वारा अंग-प्रत्यंगों को भली-भांति समझाने के लिए कर्म-प्रेरणा और कर्म-संग्रह का प्रतिपादन करते हुए कहा गया है–

ज्ञानं ज्ञेयं परिज्ञाता त्रिविधाः कर्मचोदना ।
करणं कर्म कर्तेति त्रिविधः कर्मसंग्रहः ॥ 18 ॥

ज्ञान, ज्ञेय और ज्ञाता–ये तीनों कर्म को प्रेरणा देने वाले महत्त्वपूर्ण कारण हैं। इन्द्रियां (करण), कर्म और कर्ता–ये तीनों कर्म के महत्त्वपूर्ण संघटक हैं।

इस प्रकार से सांख्य योग के सिद्धांत कर्म-प्रेरणा और कर्म-संग्रह का निरूपण करके अब 19वें श्लोक में भगवान् श्रीकृष्ण द्वारा

तत्त्वज्ञान में सहायक सात्त्विक भाव को ग्रहण कराने हेतु और विरोधी राजस, तामस भावों का त्याग कराने के लिए उपर्युक्त कर्म-प्रेरणा और कर्म-संग्रह के नाम से बतलाए हुए ज्ञान आदि में से ज्ञान, कर्म और कर्ता के सात्त्विक, राजस और तामस–त्रिविध भेद क्रम से बतलाते हुए कहते हैं–

ज्ञानं कर्म च कर्ता च त्रिधैव गुणभेदतः ।
प्रोच्यते गुणसङ्ख्याने यथावच्छृणु तान्यपि ॥ 19 ॥

प्रकृति के तीन गुणों के अनुसार ही ज्ञान, कर्म तथा कर्ता के तीन-तीन भेद हैं। अब इन भेदों को तुम मुझसे सुनो।

20वें श्लोक में भगवान् श्रीकृष्ण द्वारा सात्त्विक ज्ञान के लक्षणों को बतलाते हुए कहा गया है–

सर्वभूतेषु येनैकं भावमव्ययमीक्षते ।
अविभक्तं विभक्तेषु तज्ज्ञानं विद्धि सात्त्विकम् ॥ 20 ॥

जिस ज्ञान के माध्यम से मनुष्य द्वारा अलग-अलग समस्त भूतों (प्राणियों) में एक अविनाशी परमात्म भाव को विभाग रहित समभाव से देखा जाता है, उस ज्ञान को तुम सात्त्विक ज्ञान मानो।

21वें श्लोक में भगवान् श्रीकृष्ण द्वारा राजस ज्ञान के लक्षणों को बतलाते हुए कहा गया है–

पृथक्त्वेन तु यज्ज्ञानं नानाभावान्पृथग्विधान् ।
वेत्ति सर्वेषु भूतेषु तज्ज्ञानं विद्धि राजसम् ॥ 21 ॥

जिस ज्ञान के द्वारा मनुष्य संपूर्ण भूतों (प्राणियों) में भिन्न-भिन्न
प्रकार के अनेक भावों को अलग अलग जानता है, उस ज्ञान को
राजस ज्ञान कहते हैं।

22वें श्लोक में भगवान् श्रीकृष्ण द्वारा तामस ज्ञान के लक्षणों
को बतलाते हुए कहा गया है–

यत्तु कृत्स्नवदेकस्मिन्कार्ये सक्तमहैतुकम् ।
अतत्त्वार्थवदल्पं च तत्तामसमुदाहृतम् ॥ 22 ॥

हे अर्जुन! जो ज्ञान एक कार्यरूप शरीर में ही संपूर्ण के सदृश
आसक्त है, साथ ही जो बिना युक्तिवाला, तात्त्विक अर्थ से रहित
और तुच्छ है, वह तामस त्याग कहलाता है।

23वें श्लोक में भगवान् श्रीकृष्ण द्वारा सात्त्विक कर्मों के लक्षणों
को बतलाते हुए कहा गया है–

नियतं सङ्गरहितमरागद्वेषतः कृतम् ।
अफलप्रेप्सुना कर्म यत्तत्सात्त्विकमुच्यते ॥ 23 ॥

वह कर्म जिसे शास्त्रविधि के द्वारा नियत किया गया हो और जो
कर्तापन के अभिमान से रहित हो तथा फल न चाहने वाले पुरुष
के द्वारा बिना किसी राग-द्वेष के संपन्न हुआ हो, उसे सात्त्विक
कर्म कहा जता है।

24वें श्लोक में भगवान् श्रीकृष्ण के द्वारा राजसी कर्म के लक्षणों पर प्रकाश डालते हुए कहा गया है–

यत्तु कामेप्सुना कर्म साहंकारेण वा पुनः ।
क्रियते बहुलायासं तद्राजसमुदाहृतम् ॥ 24 ॥

वह कर्म जो अत्यंत कठिन श्रम द्वारा संपन्न किया जाता है और साथ ही जिसे भोगों को चाहने वाले व्यक्ति के द्वारा अथवा अहंकारयुक्त व्यक्ति के द्वारा किया जाता है, इस प्रकार के कर्म को राजस कर्म कहा जाता है।

25वें श्लोक में भगवान् श्रीकृष्ण के द्वारा तामस कर्म के लक्षण को बतलाते हुए कहा गया है–

अनुबन्धं क्षयं हिंसामनवेक्ष्य च पौरुषम् ।
मोहादारभ्यते कर्म यत्तत्तामसमुच्यते ॥ 25 ॥

जिस कर्म की शुरुआत बिना किसी परिणाम, हानि, हिंसा और सामर्थ्य का विचार कर केवल अज्ञान से की जाती है, वह कर्म तामस कर्म कहलाता है। यह कर्म पूर्णतः मोहयुक्त होता है।

कर्म के लक्षणों को बतलाने के पश्चात् अब भगवान् श्रीकृष्ण द्वारा सात्त्विक, राजसी और तामस कर्ताओं के लक्षणों को बतलाया गया है। 26वें श्लोक में भगवान् सात्त्विक कर्ता के लक्षण को बतलाते हुए कहते हैं–

मुक्तसङ्गोऽनहंवादी धृत्युत्साहसमन्वितः ।
सिद्ध्यसिद्ध्योर्निर्विकारः कर्ता सात्त्विक उच्यते ॥ 26 ॥

जो पुरुष भौतिक गुणों के संसर्ग के बिना अहंकाररहित, संकल्प तथा उत्साहपूर्वक अपने कर्म करता है और किए गए कर्म के बदले सफलता अथवा असफलता की स्थिति से अविचलित रहता है, वह पुरुष सात्त्विक कर्ता कहलाता है।

27वें श्लोक में राजस कर्ता के लक्षणों को बतलाते हुए भगवान् श्रीकृष्ण कहते हैं—

रागी कर्मफलप्रेप्सुर्लुब्धो हिंसात्मकोऽशुचिः ।
हर्षशोकान्वितः कर्ता राजसः परिकीर्तितः ॥ 27 ॥

वह कर्ता जो कर्म एवं कर्मफल के प्रति आसक्त होकर कर्मफलों का भोग करने की इच्छा रखता है तथा जिसके अंतःकरण में लोभ, सर्वदा ईर्ष्यालु प्रवृत्ति, अपवित्रता और सुख-दुख आदि में विचलित होने वाला भाव विद्यमान रहता है, वह राजसी कर्ता कहलाता है।

28वें श्लोक में भगवान् श्रीकृष्ण द्वार तामस कर्ता के लक्षणों को बतलाते हुए कहा गया है—

अयुक्तः प्राकृतः स्तब्धः शठो नैष्कृतिकोऽलसः ।
विषादी दीर्घसूत्री च कर्ता तामस उच्यते ॥ 28 ॥

जो कर्ता अयुक्त (जिसकी इन्द्रियां वश में न हों) शिक्षा से रहित,

घमंडी, धूर्त और दूसरों की जीविका का नाश करने वाला तथा शोक करने वाला, आलसी और दीर्घ सूत्रीय होता है, वह तामस कर्ता कहलाता है।

इस प्रकार से तत्त्व ज्ञान में सहायक सात्त्विक भाव को ग्रहण कराने के लिए और उसके विरोधी राजस-तामस आदि भावों का त्याग कराने के लिए कर्म-प्रेरणा और कर्म-संग्रहों में से ज्ञान, कर्म और कर्ता के सात्त्विक आदि तीन-तीन भेद क्रम अब बतलाने के बाद अब भगवान् श्रीकृष्ण 29वें श्लोक में बुद्धि और धृति के सात्त्विक, राजस एवं तामस इन त्रिविध भेदों को बतलाने हेतु प्रस्तावना करते हुए अर्जुन से कहते हैं–

बुद्धेर्भेदं धृतेश्चैव गुणतस्त्रिविधं शृणु ।
प्रोच्यमानमशेषेण पृथक्त्वेन धनञ्जय ॥ 29 ॥

हे धनंजय! अब मैं प्रकृति के तीनों गुणों के अनुसार तुम्हें विभिन्न प्रकार की बुद्धि तथा धृति के विषय में विस्तार से बतलाउंगा–तुम इसे ध्यानपूर्वक सुनो।

30वें श्लोक में भगवान् श्रीकृष्ण द्वारा सात्त्विक बुद्धि के लक्षण को बतलाते हुए कहा गया है–

प्रवृत्तिं च निवृत्तिं च कार्याकार्ये भयाभये ।
बन्धं मोक्षं च या वेत्ति बुद्धिः सा पार्थ सात्त्विकी ॥ 30 ॥

हे पृथा-पुत्र! वह बुद्धि सतोगुणी है, जिसके द्वारा यह जाना जाता है कि क्या करणीय है और क्या करणीय नहीं है। किससे डरना

चाहिए और किससे नहीं डरना चाहिए। क्या बांधने वाला है और क्या हमें मुक्ति प्रदान करने वाला है।

31वें श्लोक में भगवान् श्रीकृष्ण राजसी बुद्धि के लक्षणों को बतलाते हुए कहते हैं–

यया धर्ममधर्मं च कार्यं चाकार्यमेव च ।
अयथावत्प्रजानाति बुद्धिः सा पार्थ राजसी ॥ 31 ॥

हे पार्थ! मनुष्य द्वारा जिस बुद्धि के माध्यम से धर्म और अधर्म तथा कर्तव्य और अकर्तव्य के यथार्थ स्वरूप को नहीं पहचाना जाता अर्थात् भेद नहीं किया जा सकता, वैसी बुद्धि राजसी कहलाती है।

32वें श्लोक में तामसी बुद्धि के लक्षण को बतलाते हुए भगवान् श्रीकृष्ण कहते हैं–

अधर्मं धर्ममिति या मन्यते तमसावृता ।
सर्वार्थान्विपरीतांश्च बुद्धिः सा पार्थ तामसी ॥ 32 ॥

हे अर्जुन! तमोगुण से घिरी हुई बुद्धि द्वारा अधर्म को भी धर्म मान लिया जाता है तथा इसी तरह इस बुद्धि द्वारा अन्य संपूर्ण पदार्थों को भी विपरीत मान लिया जाता है। अज्ञानता से आप्लावित इस प्रकार की बुद्धि तामसी है।

33वें श्लोक में भगवान् श्रीकृष्ण के द्वारा सात्त्विकी धृति (धैर्य) के लक्षण बतलाते हुए कहा गया है–

धृत्या यया धारयते मनः प्राणेन्द्रियक्रियाः ।
योगेनाव्यभिचारिण्या धृतिः सा पार्थसात्त्विकी ॥ 33 ॥

हे पृथापुत्र! जो धृति अटूट है तथा जिसे योगाभ्यास द्वारा अचल रहकर धारण किया जाता है, साथ ही जो समन्वयात्मक आधार पर मन, प्राण तथा इन्द्रियों के प्रत्येक कार्यकलापों को वश में रखती है, वह धृति सात्त्विकी धृति कहलाती है।

34वें श्लोक में भगवान् श्रीकृष्ण राजस धृति के लक्षणों पर प्रकाश डालते हुए कहते हैं–

यया तु धर्मकामार्थान्धृत्या धारयतेऽर्जुन ।
प्रसङ्गेन फलाकाङ्क्षी धृतिः सा पार्थ राजसी ॥ 34 ॥

हे पृथापुत्र अर्जुन! फल की इच्छा वाला मानव जिस धारणा-शक्ति के माध्यम से अत्यंत आसक्ति से युक्त होकर धर्म, अर्थ और काम को धारण करता है, वह धारणा-शक्ति राजसी कहलाती है।

35वें श्लोक में भगवान् श्रीकृष्ण के द्वारा तामसी धृति के लक्षण को बतलाते हुए कहा गया है–

यया स्वप्नं भयं शोकं विषादं मदमेव च ।
न विमुञ्चति दुर्मेधा धृतिः सा पार्थ तामसी ॥ 35 ॥

हे पार्थ! जो धृति (धारणा शक्ति-धैर्य) स्वप्न, भय, शोक, विषाद तथा मोह से कभी अलग नहीं होती, केवल इन्हीं में सन्निहित रहती है, वह धारणा शक्ति तामस धृति कहलाती है।

36वें श्लोक में भगवान् श्रीकृष्ण के द्वारा तीन प्रकार के सुखों (सात्त्विक, राजस एवं तामसिक) की प्रस्तावना को स्थापित करते हुए कहा गया है–

सुखं त्विदानीं त्रिविधं शृणु मे भरतर्षभ ।
अभ्यासाद्रमते यत्र दुःखान्तं च निगच्छति ॥ 36 ॥

हे भरतश्रेष्ठ अर्जुन! अब तुम मुझसे तीन प्रकार के सुखों के विषय में सुनो, जिनके द्वारा बंधा हुआ जीव भोग करता है और जिसके माध्यम से कभी-कभी दुःखों का अंत हो जाता है।

37वें श्लोक में सात्त्विक सुख के लक्षण को बतलाते हुए भगवान् श्रीकृष्ण कहते हैं–

यत्तदग्रे विषमिव परिणामेऽमृतोपमम् ।
तत्सुखं सात्त्विकं प्रोक्तमात्मबुद्धिप्रसादजम् ॥ 37 ॥

वह सुख जो आरंभ में विष जैसा लगता हो, लेकिन अंत में अमृत के सदृश हो तथा जिसके द्वारा मनुष्य को आत्म-साक्षात्कार हेतु जगाने का कार्य संपन्न किया जाता हो, वह सात्त्विक सुख कहलाता है।

38वें श्लोक में भगवान् श्रीकृष्ण द्वारा राजस सुख के लक्षण को बतलाते हुए कहा गया है–

विषयेन्द्रियसंयोगाद्यत्तदग्रेऽमृतोपमम् ।
परिणामे विषमिव तत्सुखं राजसं स्मृतम् ॥ 38 ॥

जो सुख विषय और इन्द्रियों के संयोग से उत्पन्न होता है, वह पहले भोगकाल में अमृत के तुल्य प्रतीत होने पर भी परिणाम में विष के तुल्य होता है, इसीलिए वह सुख राजस कहा जाता है।

39वें श्लोक में तामस सुख का लक्षण बतलाते हुए भगवान् श्रीकृष्ण अर्जुन से कहते हैं–

यदग्रे चानुबन्धे च सुखं मोहनमात्मनः ।
निद्रालस्यप्रमादोत्थं तत्तामसमुदाहृतम् ॥ 39 ॥

निद्रा, आलस्य और प्रमाद से उत्पन्न सुख जो भोगकाल में तथा परिणाम में भी आत्मा को मोहित करने वाला हो, तामस सुख कहलाता है।

न तदस्ति पृथिव्यां वा दिवि देवेषु वा पुनः ।
सत्त्वं प्रकृतिजैर्मुक्तं यदेभिः स्यात्त्रिभिर्गुणै ॥ 40 ॥

पृथ्वी, आकाश अथवा देवताओं में या इनके अलावा कहीं भी ऐसा कोई सत्त्व नहीं है, जो प्रकृति से उत्पन्न इन तीनों गुणों से रहित हो।

इसी अध्याय के सातवें श्लोक में भगवान् श्रीकृष्ण ने त्याग का स्वरूप बतलाते समय यह बात की है कि नियत कर्म का स्वरूप से त्याग उचित नहीं है और नौवें श्लोक में भगवान् ने कहा है कि नियत कर्मों को आसक्ति और फल का त्याग करते

रहना ही वास्तविक त्याग है। वहां यह बात नहीं बतलाई है कि किसके लिए कौन-सा कर्म नियत है। अत: अब संक्षेप में नियत कर्मों का स्वरूप, त्याग के नाम से वर्णित कर्मयोग में भक्ति का सहयोग और उसका फल परम सिद्धि की प्राप्ति बतलाने के लिए पुन: उसी त्याग रूपी कर्मयोग का प्रकरण आरंभ करते हुए ब्राह्मण, क्षत्रिय, वैश्य और शूद्रों के स्वाभाविक नियत कर्म बतलाने की प्रस्तावना 41वें श्लोक में करते हुए भगवान श्रीकृष्ण कहते हैं–

ब्राह्मणक्षत्रियविशां शूद्राणां च परन्तप ।
कर्माणि प्रविभक्तानि स्वभावप्रभवैर्गुणैः ॥ 41 ॥

हे परंतप! ब्राह्मणों, क्षत्रियों, वैश्यों तथा शूद्रों को उनके स्वभाव द्वारा उत्पन्न गुणों के माध्यम से विभक्त किया जाता है।

उपर्युक्त श्लोक में की हुई प्रस्तावना के अनुसार 42वें श्लोक में ब्राह्मण के स्वाभाविक कर्म की चर्चा करते हुए भगवान् श्रीकृष्ण कहते हैं–

शमो दमस्तप: शौचं क्षान्तिरार्जवमेव च ।
ज्ञानं विज्ञानमास्तिक्यं ब्रह्मकर्म स्वभावजम् ॥ 42 ॥

ब्राह्मण के स्वाभाविक कर्म अंत:करण का निग्रह करना; इन्द्रियों का दमन करना; धर्मपालन के लिए कष्ट सहना; बाहर-भीतर से शुद्ध रहना, दूसरों के अपराधों को क्षमा करना; मन, इन्द्रिय और शरीर को सरल रखना; वेद-शास्त्र, ईश्वर और परलोक आदि में श्रद्धा

रखना, वेद-शास्त्रादि का अध्ययन-अध्यापन करना और परमात्मा तत्त्व का अनुभव करना है।

43वें श्लोक में भगवान् श्रीकृष्ण द्वारा क्षत्रियों के स्वाभाविक कर्म को बतलाते हुए कहा गया है–

शौर्यं तेजो धृतिर्दाक्ष्यं युद्धे चाप्यपलायनम् ।
दानमीश्वरभावश्च क्षात्रं कर्म स्वाभावजम् ॥ 43 ॥

क्षत्रियों के स्वाभिवक कर्मों के अंतर्गत शूरवीरता, तेज, धैर्य, चतुराई और युद्ध में शत्रु का डटकर मुकाबला, दान देना और स्वाभिमानी होना आते हैं।

44वें श्लोक में भगवान् श्रीकृष्ण द्वारा वैश्य एवं शूद्रों के स्वाभाविक कर्म को बतलाते हुए कहा गया है–

कृषिगौरक्ष्यवाणिज्यं वैश्यकर्म स्वभावजम् ।
परिचर्यात्मकं कर्म शूद्रस्यापि स्वभावजम् ॥ 44 ॥

वैश्यों के स्वाभाविक कर्म के अंतर्गत खेती करना, गोपालन, क्रय-विक्रय करना और सत्यवादिता से संदर्भित कर्म आते हैं।

शूद्रों के स्वाभाविक कर्म के अंतर्गत सभी वर्णों की सेवा करना आता है।

उपर्युक्त तीनों श्लोकों में चारो वर्णों के स्वाभाविक कर्मों का वर्णन करके आगे भक्तियुक्त कर्मयोग का स्वरूप और फल बतलाने हेतु, उन कर्मों का किस प्रकार आचरण करने से मनुष्य अनायास ही परम सिद्धि को प्राप्त कर लेता है, बतलाया गया है।

इस संदर्भ श्लोक संख्या-45 एवं 46 में भगवान् श्रीकृष्ण चर्चा करते हुए कहते हैं–

स्वे स्वे कर्मण्यभिरतः संसिद्धिं लभते नरः ।
स्वकर्मनिरतः सिद्धिं यथा विन्दति तच्छृणु ॥ 45 ॥

अपने-अपने कर्म के गुणों के अनुसार तत्परता से पालन करते हुए, प्रत्येक व्यक्ति परम सिद्धि को प्राप्त हो जाता है। अर्जुन को संबोधित करते हुए भगवान् श्रीकृष्ण कहते हैं–अब तुम मुझसे सुनो कि यह किस प्रकार संभव है।

46वें श्लोक में परम सिद्धि प्राप्ति का मार्ग बतलाते हुए भगवान् श्रीकृष्ण कहते हैं–

यतः प्रवृत्तिर्भूतानां येन सर्वमिदं ततम् ।
स्वकर्मणा तमभ्यर्च्य सिद्धिं विन्दति मानवः ॥ 46 ॥

जिस परमपिता परमेश्वर से समस्त प्राणियों की उत्पत्ति हुई है अर्थात् जो सभी प्राणियों के उद्गम है और जिस परमात्मा से यह समस्त जगत् सिंचित है, उस सर्वव्यापी भगवान् की अपने स्वाभाविक कर्मों द्वारा पूजा करके मनुष्य परम सिद्धि को प्राप्त हो जाता है।

उपर्युक्त श्लोक में यह बात बतलाई गई है कि मनुष्य अपने स्वाभाविक कर्मों द्वारा परमेश्वर की पूजा करके परम सिद्धि को प्राप्त कर लेता है। इस पर जिज्ञासा यह उत्पन्न होती है कि यदि कोई क्षत्रिय अपने युद्धादि कर्मों को छोड़कर ब्राह्मण की भांति अध्यापनादि शांतिमय कर्मों के माध्यम से परमात्मा को प्राप्त करने

की चेष्टा करता है या कोई वैश्य अथवा शूद्र अपने कर्मों को उच्च वर्णों के कर्मों से हीन समझकर उनका त्याग कर दें और उच्च वर्णों की वृत्ति से अपना जीवन निर्वाह करके परमात्मा को प्राप्त करने का प्रयास करे तो यह उचित है अथवा नहीं? भगवान् श्रीकृष्ण द्वारा 47वें श्लोक में दूसरे के धर्म की अपेक्षा स्वधर्म को श्रेष्ठ बतलाकर उसके त्याग का निषेध करते हुए कहा गया है–

श्रेयान्स्वधर्मो विगुणः परधर्मात्स्वनुष्ठितात् ।
स्वभावनियतं कर्म कुर्वन्नाप्नोति किल्बिषम् ॥ 47 ॥

अपने वृत्तिपरक स्वाभाविक कार्य सभी को संपादित करने चाहिए, चाहे वे कितने ही त्रुटिपूर्ण ढंग से क्यों न किए जाएं, अन्य किसी के कार्य को स्वीकार करने और अच्छी प्रकार से करने की अपेक्षा यह अत्यधिक श्रेष्ठ है। अपने स्वभाव के अनुसार निर्दिष्ट कर्म कभी भी पाप से प्रभावित नहीं होते।

48वें श्लोक में सहज कर्म अर्थात् स्वाभाविक कर्म को न त्यागने की बात करते हुए भगवान् श्रीकृष्ण द्वारा कहा गया है–

सहजं कर्म कौन्तेय सदोषमपि न त्यजेत् ।
सर्वारम्भा ही दोषेण धूमेनाग्निरिवावृताः ॥ 48 ॥

हे कुंतीपुत्र! दोषमय होने पर भी व्यक्ति को सहज कर्मों का त्याग नहीं करना चाहिए, क्योंकि जिस प्रकार अग्नि धुएं से किसी-न-किसी रूप से आच्छादित है, उसी प्रकार सभी कर्म भी किसी-न-किसी दोष से युक्त हैं।

41वें श्लोक से 48वें श्लोक तक कर्मयोग रूपी त्याग का तत्त्व समझाने हेतु स्वाभाविक कर्मों का स्वरूप और उसकी अवश्य कर्तव्यता का निर्देश करके तथा कर्मयोग में भक्ति का सहयोग दिखलाकर उसका फल भगवत्-प्राप्ति बतलाया है, लेकिन वहां संन्यास के प्रसंग में इस बात का उल्लेख नहीं हुआ है कि संन्यास का क्या फल होता है और कर्मों में कर्तापन का अभिमान त्यागकर उपासना के साथ सांख्य योग का किस प्रकार साधन करना चाहिए? 49वें श्लोक में भगवान् श्रीकृष्ण द्वारा उपासना सहित विवेक और वैराग्यपूर्ण एकांत में रहकर साधन करने की विधि और उसका फल बतलाने हेतु पुनः सांख्ययोग के प्रकरण का आरंभ करते हुए कहा गया है–

असक्तबुद्धिः सर्वत्र जितात्मा विगतस्पृहः ।
नैष्कर्म्यसिद्धिं परमां संन्यासेनाधिगच्छति ॥ 49 ॥

जो पुरुष सर्वत्र आत्म-संयमी और आसक्तिरहित बुद्धिवाला है और जिसके द्वारा समस्त भौतिक भोगों की परवाह नहीं की जाती, वह पुरुष संन्यास के अभ्यास द्वारा कर्मफल से मुक्ति की सर्वोच्चं सिद्धावस्था प्राप्त कर सकता है।

49वें श्लोक में यह बात बतलाई गई है कि संन्यास के द्वारा मनुष्य परम नैष्कर्म्य सिद्धि को प्राप्त कर लेता है, इस पर जिज्ञासा यह उत्पन्न होती है कि उस संन्यास (सांख्ययोग) का क्या स्वरूप है और उसके द्वारा किस प्रकार मनुष्य क्रमशः सिद्धि को प्राप्त कर ब्रह्म को प्राप्त करता है।

50वें श्लोक में भगवान् श्रीकृष्ण द्वारा अर्जुन से इन सभी बातों को बतलाने की प्रस्तावना करते हुए कहा गया है–

सिद्धिं प्राप्तो यथा ब्रह्म तथाप्नोति निबोध मे ।
समासेनैव कौन्तेय निष्ठा ज्ञानस्य या परा ॥ 50 ॥

हे कुंतीपुत्र! जिस प्रकार कर्मफल की सिद्धि को प्राप्त हुआ व्यक्ति
परम सिद्धावस्था अर्थात् ब्रह्म को जो सर्वोच्च ज्ञान की अवस्था है,
को प्राप्त करता है, उसका मैं संक्षिप्त रूप से तुमसे वर्णन करूंगा,
ध्यानपूर्वक इसे ग्रहण करो और जानो।

50वें श्लोक में की गई प्रस्तावना के अनुसार 51वें, 52वें और
53वें श्लोकों में अंग-प्रत्यंगों सहित ज्ञानयोग का वर्णन करते हुए
भगवान् श्रीकृष्ण द्वारा कहा गया है–

बुद्ध्या विशुद्धया युक्तो धृत्यात्मानं नियम्य च ।
शब्दादीन्विषयांस्त्यक्त्वा रागद्वेषो व्युदस्य च ॥ 51 ॥
विविक्तसेवी लघ्वाशी यतवाक्कायमानसः ।
ध्यानयोगपरो नित्यं वैराग्यं समुपाश्रित ॥ 52 ॥
अहङ्कारं बलं दर्पं कामं क्रोधं परिग्रहम् ।
विमुच्य निर्ममः शान्तो ब्रह्मभूयाय कल्पते ॥ 53 ॥

विशुद्ध बुद्धि से युक्त तथा शुद्ध एवं हल्का, सात्त्विक और नियमित
भोजन करने वाला, शब्दादि (इन्द्रियादि) विषयों का त्याग करके
एकांत और शुद्ध देश का सेवन करने वाला, सात्त्विकता रूपी
धारणा शक्ति के द्वारा अंतःकरण और इन्द्रियों का संयम करके
मन, वाणी और शरीर को वश में कर लेने वाला, राग-द्वेष को
सर्वथा नष्ट करके भली-भांति दृढ़ वैराग्य की शरण लेने वाला तथा
अहंकार, बल, घमंड, काम, क्रोध और परिग्रह का त्याग करके

हमेशा ध्यानयोग का परायणी, ममता से हीन और शांति से युक्त पुरुष सच्चिदानंद ब्रह्म में बिना किसी अलगाव के स्थित होने का पात्र होता है।

- **विशुद्ध बुद्धि**–पूर्व में अर्जित पापयुक्त संस्कारों से रहित अंत:करण को विशुद्ध बुद्धि कहते हैं।

उपर्युक्त तीनों श्लोकों में अंग-प्रत्यंगों सहित संन्यास का यानी सांख्ययोग का स्वरूप बतलाकर अब 54वें श्लोक में उस साधन द्वारा ब्रह्मभाव को प्राप्त हुए योगी के लक्षण और उसे ज्ञानयोग की परिनिष्ठा रूपी परम-भक्ति का प्राप्त होना बतलाते हुए भगवान् श्रीकृष्ण कहते हैं–

ब्रह्मभूत: प्रसन्नात्मा न शोचति न काङ्क्षति ।
सम: सर्वेषु भूतेषु मद्भक्तिं लभते पराम् ॥ 54 ॥

जो योगी उपर्युक्त श्लोकों में बतलाए गए दिव्य पद पर स्थित है, वह तुरंत परब्रह्म का अनुभव करता है, पूर्ण तथा प्रसन्न होता है। ऐसा योगी कभी शोक नहीं करता तथा इसके द्वारा न कभी किसी वस्तु की कामना की जाती है। वह प्रत्येक जीवों पर समान भाव रखने वाला होता है। योगी की इस अवस्था के द्वारा मेरी शुद्ध भक्ति को प्राप्त किया जाता है।

55वें श्लोक में योगेश्वर भगवान् श्रीकृष्ण के द्वारा पराभक्ति के फल को बतलाते हुए कहा गया है–

भक्त्या मामभिजानाति यावान्यश्चास्मि तत्त्वतः ।
ततो मां तत्त्वतो ज्ञात्वा विशते तदनन्तरम् ॥ 55 ॥

पराभक्ति के प्रभाव से वह योगी मुझ परमात्मा को, मैं जो हूं तथा
जितना हूं, ठीक उसी प्रकार से, वैसा-का-वैसा ही तत्त्वतः जान
लेता है और उस भक्ति के माध्यम से वह बिना किसी प्रतीक्षा के
तत्काल मुझमें प्रवेश कर जाता है।

इस प्रकार से अर्जुन की समस्त जिज्ञासाओं के अनुसार त्याग
का यानी कर्मयोग का और संन्यास का यानी सांख्ययोग का तत्त्व
अलग-अलग समझाकर यहां तक उस प्रकरण को समाप्त कर
दिया, किंतु इस वर्णन में भगवान् ने यह बात नहीं कही है कि
दोनों में से अमुक साधन कर्तव्य है। अतः अर्जुन को भक्तिप्रधान
कर्मयोग ग्रहण कराने के उद्देश्य से 56वें श्लोक में भगवान्
श्रीकृष्ण भक्तिप्रधान कर्मयोग की महिमा बतलाते हुए कहते हैं–

सर्वकर्माण्यपि सदा कुर्वाणो मद्व्यपाश्रयः ।
मत्प्रसादादवाप्नोति शाश्वतं पदमव्ययम् ॥ 56 ॥

मेरे परायण हुआ कर्मयोगी अपने संपूर्ण कर्मों को हमेशा करता हुआ
भी मेरी कृपा से सनातन अविनाशी परम पद को प्राप्त करता है।

57वें श्लोक में भगवान् श्रीकृष्ण अर्जुन को भक्तिप्रधान
कर्मयोगी बनने की आज्ञा देते हुए हुए कहते हैं–

चेतसा सर्वकर्माणि मयि संन्यस्य मत्परः ।
बुद्धियोगमुपाश्रित्य मच्चित्तः सततं भवः ॥ 57 ॥

तुम अपने समस्त कर्मों को मन से मुझमें अर्पण कर दो तथा समत्व बुद्धि रूपी योगी को अवलंबन बनाकर मेरा परायण करो और निरंतर मुझमें चित्त लगाओ।

57वें श्लोक में भगवान् श्रीकृष्ण द्वारा अर्जुन को भक्तिप्रधान कर्मयोगी बनने की आज्ञा देने के पश्चात् अब 58वें श्लोक में उस आज्ञा के पालन करने का फल बतलाते हुए उसे न मानने में बहुत बड़ी हानि दर्शाते हुए कहते हैं–

मच्चित्तः सर्वदुर्गाणि मत्प्रसादात्तरिष्यसि ।
अथ चेत्त्वमहङ्कारान्न श्रोष्यसि विनङ्क्ष्यसि ॥ 58 ॥

यदि तुम मेरे अंदर दत्तचित होकर भावनाभावित होओगे, तो मेरी कृपा से तुम्हारे द्वारा इस बंधे हुए जीवन के समस्त अवरोधों को लांघ लिया जाएगा, लेकिन यदि तुम मिथ्या अहंकार के वश में होकर मेरे वचनों को नहीं सुनोगे तो नष्ट हो जाओगे अर्थात् परमार्थ से भ्रष्ट हो जाओगे और विनष्ट हो जाओगे।

उपर्युक्त श्लोक में अहंकारवश भगवान् की आज्ञा न मानने वालों के नष्ट होने की बात कही गई है। इसी तत्त्व की पुष्टि हेतु भगवान् श्रीकृष्ण 59वें श्लोक में अर्जुन की मान्यता में दोष दिखाते हुए कहते हैं–

यदहङ्कारमाश्रित्य न योत्स्य इति मन्यसे ।
मिथ्यैष व्यवसायस्ते प्रकृतिस्त्वां नियोक्ष्यति ॥ 59 ॥

यह जो तू अहंकार के अधीन होकर मान रहे हो कि 'मैं युद्ध नहीं
करूंगा'। अर्जुन, तेरा यह निश्चय मिथ्या है, क्योंकि तेरा स्वभाव
तुझे जबरदस्ती युद्ध में लगा देगा ।

   60वें श्लोक में भगवान् श्रीकृष्ण अर्जुन की मान्यता में दोष
दिखलाते हुए कहते हैं–

स्वभावजेन कौन्तेय निबद्ध: स्वेन कर्मणा ।
कर्तुं नेच्छसि यन्मोहात्करिष्यस्यवशोऽपि तत् ॥ 60 ॥

हे कुंतीपुत्र! जिस कर्म को तू मोह के कारण करना नहीं चाहता,
उसको भी तू अपने पूर्वकृत स्वाभाविक कर्म से बंधा हुआ और
परवश होकर करेगा।

   उपर्युक्त श्लोकों में कर्म करने में भी मनुष्य को स्वभाव के
अधीन बतलाया गया है। इस पर एक जिज्ञासा होती है कि प्रकृति
या स्वभाव जड़ है, वह किसी को अपने वश में कैसे कर सकता
है? इसलिए 61वें श्लोक में भगवान् श्रीकृष्ण कहते हैं–

ईश्वर: सर्वभूतानां हृद्देशेऽर्जुन तिष्ठति ।
भ्रामयन्सर्वभूतानि यन्त्रारूढानि मायया ॥ 61 ॥

हे अर्जुन! शरीर रूपी यंत्र में आरूढ़ हुए संपूर्ण प्राणियों को

अंतर्यामी परमपिता परमेश्वर अपनी माया से उनके कर्मों के अनुसार भ्रमण कराता हुआ सभी प्राणियों के हृदय में अवस्थित है।

उपर्युक्त श्लोक से यह बात सिद्ध हो गई है कि मनुष्य द्वारा कर्मों का त्याग भी स्वतंत्रता के साथ नहीं किया जा सकता। मनुष्य को अपने स्वभाव के वश में होकर स्वाभाविक कर्मों में प्रवृत्त होना ही पड़ता है। सर्वशक्तिमान् सर्वांतर्यामी परमेश्वर स्वयं समस्त प्राणियों के हृदय में स्थित होकर उनकी प्रकृति के अनुसार उनको भ्रमण कराते हैं और उनकी प्रेरणा का प्रतिवाद करना मनुष्य के लिए अशक्य है। इस पर जिज्ञासा यह उत्पन्न होती है कि यदि इस प्रकार की बात है तो फिर कर्म-बंधन से छूटकर परम शांति लाभ करने के लिए मनुष्य को क्या करना चाहिए? इस पर भगवान् श्रीकृष्ण द्वारा 62वें श्लोक में अर्जुन को उनका कर्तव्य बतलाते हुए कहा गया है–

तमेव शरणं गच्छ सर्वभावेन भारत ।
तत्प्रसादात्परां शान्तिं स्थानं प्राप्स्यसि शाश्वतम् ॥ 62 ॥

हे भारत! तुम सभी तरह से उस परमपिता परमेश्वर के शरणार्थी बनो। उस परब्रह्म परमेश्वर की कृपादृष्टि से ही तुम्हारे द्वारा परम शांति तथा सनातन परम धाम की प्राप्ति की जा सकती है।

उपर्युक्त श्लोक में अर्जुन को अंतर्यामी आज्ञा देने के पश्चात् 63वें श्लोक में भगवान् श्रीकृष्ण उक्त उपदेश का उपसंहार करते हुए कहते हैं–

इति ते ज्ञानमाख्यातं गुह्याद्गुह्यतरं मया ।
विमृश्यैतदशेषेण यथेच्छसि तथा कुरु ॥ 63 ॥

हे अर्जुन! इस प्रकार से मेरे द्वारा यह गोपनीय से भी अति गोपनीय
ज्ञान तुझसे कहा गया। हे पार्थ! अब तू इस रहस्ययुक्त ज्ञान को
पूर्णतया भली-भांति विचार कर जैसी तेरी इच्छा हो, वैसा कर।

भगवान् श्रीकृष्ण द्वारा अर्जुन को उपर्युक्त श्लोक में विचार
करके अपना कर्तव्य निर्धारित करने के लिए कहे जाने पर भी
अर्जुन द्वारा किसी प्रकार का उत्तर नहीं दिया गया। अर्जुन अपने
को अनधिकारी तथा कर्तव्य निश्चय करने में असमर्थ समझकर
खिन्नचित्त और चकित-से हो गए, तब सभी के हृदय की बात
जानने वाले अंतर्यामी भगवान् स्वयं ही अर्जुन पर दया करके उन्हें
समस्त गीता के उपदेश का सार बतलाते हुए कहते हैं–

सर्वगुह्यतमं भूयः शृणु मे परमं वचः ।
इष्टोऽसि मे दृढमिति ततो वक्ष्यामि ते हितम् ॥ 64 ॥

हे अर्जुन! तुम संपूर्ण गोपनीय में भी अति गोपनीय मेरे परम
रहस्ययुक्त वचन को पुनः ध्यान से श्रवण करो। तुम मेरे लिए अत्यंत
प्रिय हो, इसलिए अब यह परम हितकारक वचन मैं तुझसे कहूंगा।

64वें श्लोक में जिस अत्यंत गूढ़ बात को कहने हेतु भगवान् ने
वचन दिया है; 65वें श्लोक में उसे बतलाते हुए भगवान् श्रीकृष्ण
कहते हैं–

मन्मना भव मद्भक्तो मद्याजी मां नमस्कुरु ।
मामेवैष्यसि सत्यं ते प्रतिजाने प्रियोऽसि मे ॥ 65 ॥

हे अर्जुन! तुम मेरा सदैव चिंतन करो, मेरे अनन्य भक्त बनो, मेरा
पूजन करो और मुझे नमन करो। इस उद्योग से तुम निश्चित रूप
से मेरे पास आ जाओगे। चूंकि तुम मेरे अत्यधिक प्रिय मित्र हो,
इसलिए मैं तुम्हें यह वचन देता हूं।

अर्जुन के माध्यम से भगवान् द्वारा उन भक्तजनों को जो सदैव
भगवान् के चिंतन-मनन में लगे रहते हैं, उनको भी संदेश दिया गया है।

66वें श्लोक में भगवान् श्रीकृष्ण ने समस्त कर्तव्य-कर्मों को
त्यागकर शरणागत होने के लिए अर्जुन को आदेशित करते हुए
कहा है–

सर्वधर्मान्परित्यज्य मामेकं शरणं व्रज ।
अहं त्वा सर्वपापेभ्यो मोक्षयिष्यामि मा शुचः ॥ 66 ॥

हे अर्जुन! संपूर्ण धर्मों को अर्थात् अपने समस्त कर्तव्य-कर्मों को
त्यागकर तुम केवल मुझ सर्वशक्तिमान, सर्वाधार परमेश्वर की शरण
में आ जाओ। मैं तुम्हें सभी पापों से मुक्त कर दूंगा। हे अर्जुन! तुम
शोक मत करो।

इस प्रकार भगवान् श्रीकृष्ण द्वारा गीता के उपदेश का उपसंहार
करने के पश्चात् अब 67वें श्लोक में उस उपदेश के अध्यापन और
अध्ययन आदि का माहात्म्य बतलाने के लिए पहले अनधिकारी के
लक्षण बतलाते हुए उनको परम पवित्र गीता का उपदेश सुनाने हेतु
मना करते हुए कहते हैं–

इदं ते नातपस्काय नाभक्ताय कदाचन ।
न चाशुश्रूषवे वाच्यं न च मां योऽभ्यसूयति ॥ 67 ॥

यह गीता रूपी गुह्यज्ञान और रहस्ययुक्त उपदेश उनको कभी न
बतलाया अथवा सुनाया जाए, जो लोग न तो आत्म-संयमी हैं, न
ही एकनिष्ठ हैं, न भक्तिरत हैं और न ही कभी उसे सुनाया जाए,
जो मुझसे द्वेष करते हों।

इस प्रकार उपर्युक्त श्लोक में गीतोक्त उपदेश के अनधिकारी
के लक्षण बतलाकर अब भगवान् श्रीकृष्ण 68वें और 69वें श्लोक
में अपने भक्तों के मध्य इस उपदेश के वर्णन का फल एवं
माहात्म्य बतलाते हुए कहते हैं–

य इमं परमं गुह्यं मद्भक्तेष्वभिधास्यति ।
भक्तिं मयि परां कृत्वा मामेवैष्यत्यसंशयः ॥ 68 ॥

जो व्यक्ति मुझसे परम प्रेम और श्रद्धायुक्त होकर इस परम
रहस्ययुक्त गीताशास्त्र को मेरे श्रद्धालु भक्तों से कहेगा, वह निश्चित
रूप से मुझको ही प्राप्त होगा, इसमें किसी भी प्रकार का कोई
संशय नहीं है।

69वें श्लोक में भगवान् श्रीकृष्ण गीतावाचक से अपनी निकटता
को बतलाते हुए कहते हैं–

न च तस्मान्मनुष्येषु कश्चिन्मे प्रियकृत्तमः ।
भविता न च मे तस्मादन्यः प्रियतरो भुवि ॥ 69 ॥

गीता का प्रचार-प्रसार करने वाले व्यक्ति से बढ़कर मेरा प्रिय कार्य करने वाला मनुष्यों में कोई भी नहीं है और साथ ही पृथ्वी पर उससे बढ़कर अन्य कोई भी मेरा प्रिय नहीं हो सकता।

उपर्युक्त दोनों श्लोकों में गीताशास्त्र का श्रद्धा एवं भक्तिपूर्वक भगवद्-भक्तों में विस्तार करने एवं उन्हें सुनाने का फल और माहात्म्य बतलाने के पश्चात् भगवान् श्रीकृष्ण कहते हैं कि सभी मनुष्यों द्वारा इस कार्य को संपन्न नहीं किया जा सकता। यह तो किसी विरले उत्कृष्ट अधिकारी द्वारा संपन्न किया जाता है। 70वें श्लोक में भगवान् द्वारा गीताशास्त्र के अध्ययन के माहात्म्य को बतलाते हुए कहा गया है–

अध्येष्यते च य इमं धर्म्यं सम्वादमावयोः ।
ज्ञानयज्ञेन तेनाहमिष्टः स्यामिति मे मतिः ॥ 70 ॥

जिस पुरुष के द्वारा हम दोनों के संवाद रूपी धर्ममय गीताशास्त्र का अध्ययन किया जाएगा, मेरा मानना है कि उस पुरुष के द्वारा भी मैं ज्ञान रूपी यज्ञ से पूजित होऊंगा ।

इस प्रकार 70वें श्लोक में गीताशास्त्र के अध्ययन के माहात्म्य को बतलाया है। 71वें श्लोक में जो गीताशास्त्र का अध्ययन करने में सक्षम नहीं है, ऐसे व्यक्तियों के लिए गीताशास्त्र के श्रवण का फल बतलाते हुए श्रीभगवान् कहते हैं–

श्रद्धावाननसूयश्च शृणुयादपि यो नरः ।
सोऽपि मुक्तः शुभांल्लोकान्प्राप्नुयात्पुण्यकर्मणाम् ॥ 71 ॥

जिस व्यक्ति के द्वारा श्रद्धायुक्त एवं दोषदृष्टि से रहित होकर इस गीताशास्त्र के श्रवण का कार्य किया जाएगा, वह व्यक्ति भी पापों से मुक्त होकर उत्तम कर्म करने वालों के श्रेष्ठ लोकों को प्राप्त करेगा।

इस प्रकार से ऊपर के तीन श्लोकों में भगवान् श्रीकृष्ण द्वारा गीताशास्त्र के कथन, पठन और श्रवण का माहात्म्य बतलाने के बाद 72वें श्लोक में अर्जुन को सचेत करने के लिए उससे उसकी स्थिति पूछते हुए कहा गया है–

कच्चिदेतच्छ्रुतं पार्थ त्वयैकाग्रेण चेतसा ।
कच्चिदज्ञानसम्मोहः प्रनष्टस्ते धनञ्जय ॥ 72 ॥

हे पार्थ! क्या गीताशास्त्र को तूने एकाग्रचित्त होकर सुना है और हे धनंजय! क्या तुम्हारा अज्ञानजनित मोह समाप्त हो गया है? इस प्रकार से भगवान् श्रीकृष्ण के पूछने पर अब भगवान् के प्रति कृतज्ञता प्रकट करते हुए अर्जुन अपनी स्थिति का वर्णन करते हुए 73वें श्लोक में कहते हैं–

अर्जुन् उवाच

नष्टो मोहः स्मृतिर्लब्धा त्वत्प्रसादान्मयाच्युत ।
स्थितोऽस्मि गतसन्देहः करिष्ये वचनं तव ॥ 73 ॥

अर्जुन ने कहा–हे अच्युत! आपकी कृपा के चलते मेरा मोह पूर्णतः नष्ट हो गया है और अब मैंने अपनी स्मरणशक्ति वापस पा ली है। अब मैं संशयरहित तथा स्थिर व्यक्तित्व से पूर्णतः संपन्न हो गया हूं और हे केशव! अब मैं आपके आदेश के अनुसार कर्म करने हेतु तैयार हूं।

अर्जुन द्वारा दिए गए उत्तर से भगवान् पूर्णतया संतुष्ट हो जाते हैं। दिव्य दृष्टि से संपन्न संजय भगवान् श्रीकृष्ण एवं अर्जुन के संवाद रूपी गीताशास्त्र को धृतराष्ट्र से बतला रहे हैं। अब 74वें एवं 75वें श्लोक में संजय के द्वारा धृतराष्ट्र के समक्ष गीताशास्त्र के महत्त्व को प्रकट करते हुए कहा गया है–

सञ्जय उवाच

इत्यहं वासुदेवस्य पार्थस्य च महात्मनः
संवादमिममश्रौषमद्भुतं रोमहर्षणम् ॥ 74 ॥

संजय ने कहा–इस प्रकार मैंने श्रीकृष्ण तथा अर्जुन–इन दोनों महान व्यक्तित्व से संपन्न महापुरुषों की वार्ता सुनी। श्रीकृष्ण द्वारा अर्जुन को सुनाया गया यह संवाद अद्‌भुत रहस्ययुक्त है और इस संवाद रूपी संदेश का श्रवण कर मैं रोमांचित हो रहा हूं।

आगे संजय द्वारा दिव्य दृष्टिप्रदाता व्यास के प्रति कृतज्ञता प्रकट करते हुए कहा गया है–

व्यासप्रसादाच्छ्रुतवानेतद्गुह्यमहं परम् ।
योगं योगेश्वरात्कृष्णात्साक्षात्कथयतः स्वयम् ॥ 75 ॥

व्यासजी की अनुपम कृपा के कारण मैंने दिव्य दृष्टि प्राप्त कर इस परम गोपनीय और गूढ़ बातों को साक्षात् योगेश्वर भगवान् श्रीकृष्ण के मुख से अर्जुन के प्रति कहते हुए प्रत्यक्ष सुना है।

अब संजय के द्वारा 76वें श्लोक में अपनी स्थिति का वर्णन करते हुए अति दुर्लभ गीताशास्त्र का महत्त्व एवं उसके उपदेश को प्रकट करते हुए धृतराष्ट्र से कहा गया है–

राजन्संस्मृत्य संस्मृत्य संवादमिममद्भुतम् ।
केशवार्जुनयोः पुण्यं हृष्यामि च मुहुर्मुहुः ॥ 76 ॥

हे राजन्! परब्रह्म परमेश्वर भगवान् श्रीकृष्ण के अद्भुत रूप का स्मरण करके और इस रहस्ययुक्त और कल्याणकारक संवाद का श्रवण कर मैं बार-बार हर्ष और आनंद के सागर में गोता लगा रहा हूं।

गीताशास्त्र की स्मृति के महत्त्व को प्रतिपादित करने के पश्चात् 77वें श्लोक में संजय द्वारा अपनी स्थिति का वर्णन करते हुए भगवान् श्रीकृष्ण के अद्भुत एवं विराट् स्वरूप की स्मृति का महत्त्व बतलाते हुए कहा गया है–

तच्च संस्मृत्य संस्मृत्य रूपमत्यद्भुत हरेः ।
विस्मयो मे महान्राजन्हृष्यामि च पुनः पुनः ॥ 77 ॥

हे राजन्! श्रीहरि भगवान् श्रीकृष्ण के उस अद्‌भुत दिव्य एवं अत्यंत विलक्षण रूप को बार-बार याद करके मेरे चित्त में महान आश्चर्य होता है और मैं पुनः पुनः हर्ष की स्थिति में निमग्न हो जाता हूं।

इस प्रकार अपनी स्थिति का वर्णन करने एवं भगवान् श्रीकृष्ण के अद्‌भुत रूप की स्मृति के महत्त्व को प्रतिपादित करने के पश्चात् गीताशास्त्र के 18वें अध्याय के 78वें श्लोक में संजय द्वारा धृतराष्ट्र से पांडवों के विजय श्री की निश्चित संभावना प्रकट करते हुए गीताशास्त्र का उपसंहार किया गया है-

यत्र योगेश्वरः कृष्णो यत्र पार्थो धनुर्धरः ।
तत्र श्रीर्विजयो भूतिर्ध्रुवा नीतिर्मतिर्मम ॥ 78 ॥

हे राजन्! ऐसा मेरा मत है कि जहां परम ब्रह्म योगेश्वर भगवान् श्रीकृष्ण हैं और जहां परम धनुर्धर अर्जुन हैं; वहीं पर विजय, विभूति, अलौकिक शक्ति और अचल नीति भी है।

श्रीमद्‌भगवद्‌गीता के अट्‌ठारहवें अध्याय में जन्म एवं मरण रूपी संसार के बंधन से सदा के लिए छूटकर परमानंदस्वरूप परमात्मा को प्राप्त कर लेने का नाम मोक्ष है, इसे बतलाया गया है। इस अध्याय के अंतर्गत पूर्वोक्त समस्त अध्यायों का सार-संग्रह करके मोक्ष के उपायभूत सांख्ययोग का संन्यास के नाम से और कर्मयोग का त्याग के नाम से अंग-प्रत्यंग सहित वर्णन किया गया है।

अगर ध्यानपूर्वक हम देखें तो श्रीमद्भगवद्गीता में मुख्यत: भगवान्, भौतिक प्रकृति, जीव, शाश्वतकाल तथा समस्त कर्म–इन पांच प्रमुख विषयों की व्याख्या की गई है। परम सत्य की समस्त धारणाएं अनुभूतियां–भगवान् के ज्ञान की कोटि में सन्निहित हैं। हालांकि अक्षर से भगवान्, जीव, प्रकृति तथा काल भिन्न प्रतीत होते हैं, लेकिन ब्रह्म से कुछ भी अलग नहीं है, हालांकि ब्रह्म सदैव समस्त वस्तुओं से अलग हैं। जहां तक जीव की बात है, जीव मूलत: शुद्ध आत्मा है और आत्मा परमात्मा का एक परमाणु –मात्र है।

श्रीमद्भगवद्गीता साक्षात् सच्चिदानंदघन परब्रह्म परमात्मा भगवान् श्रीकृष्ण की अमृतमयी दिव्य वाणी के शाश्वत रहस्यों से पूर्ण है। जो व्यक्ति परम श्रद्धा और प्रेममयी विशुद्ध भक्ति से अपने हृदय को भरकर गीताशास्त्र का अध्ययन-मनन करते हैं, वे ही प्रत्यक्ष अनुभव करके गीता के स्वरूप का किसी रूप में दर्शन कर सकते हैं।

श्रीमद्भगवद्गीता के अध्ययन एवं मनन से अध्ययनकर्ता के अंत:करण में नए-नए परम आनंददायक, अनुपम और दिव्य भावों का जागरण होता है, जिससे अकर्म-कर्म, अधर्म-धर्म, कर्तव्य-अकर्तव्य, सत्य-असत्य, न्याय-अन्याय, पाप-पुण्य आदि समस्त स्थितियों के अंतर को पहचानकर जीव स्वयं को आत्मिक पहचान से जोड़कर परमात्मा की प्राप्ति में सफल होता है।

॥ ॐ तत्सदिति श्रीमद्भगवद्गीतासूपनिषत्सु ब्रह्मविद्यायां योगशास्त्रे श्रीकृष्णार्जुनसंवादे मोक्षसंन्यासयोगो नामाष्टादशोऽध्याय: ॥